Herrmann/Michl · Europarecht. Staatsrecht III

UNIREP JURA

Herausgegeben von Prof. Dr. Mathias Habersack

Examens-Repetitorium Europarecht. Staatsrecht III

von

Dr. Christoph Herrmann

LL.M. European Law (London), Wirtschaftsjurist (Univ. Bayreuth)
o. Professor an der Universität Passau

und

Dr. Walther Michl

LL.M. European Law (London),
Universitätsprofessor an der Universität der Bundeswehr München

8., neu bearbeitete Auflage

C.F. Müller

Christoph Herrmann, Jahrgang 1973, Studium der Rechtswissenschaften mit wirtschaftswissenschaftlicher Zusatzausbildung in Bayreuth und London (LL.M. 2000), Promotion in Bayreuth (2002), Assessorexamen in Bayern (2005), Habilitation in München (2009). Seit 2009 Inhaber des Lehrstuhls für Staats- und Verwaltungsrecht, Europarecht, Europäisches und Internationales Wirtschaftsrecht an der Universität Passau.

Ausgewählte Veröffentlichungen: Richtlinienumsetzung durch die Rechtsprechung, 2003; Welthandelsrecht, 2. Aufl. 2007 (zusammen mit *W. Weiß* und *C. Ohler*); Der Vertrag von Lissabon zur Reform der EU, 3. Aufl. 2010 (zusammen mit *R. Streinz* und *C. Ohler*); Währungshoheit, Währungsverfassung und subjektive Rechte, 2010; Europäisches Prozessrecht, 2019 (zusammen mit *H. Rosenfeldt*); Klausurenkurs im Europäischen und Internationalen Wirtschaftsrecht, 2019 (zusammen mit *A. Würdemann*).

Walther Michl, Jahrgang 1984, Studium der Rechtswissenschaften an der LMU München (Erste Juristische Prüfung 2008) und am King's College London (LL.M. in European Law 2010), Promotion (2012) und Assessorexamen (2013) in München, danach als Habilitand bei Prof. Dr. Rudolf Streinz tätig; nach diversen Lehrstuhlvertretungen seit 1.10.2021 Inhaber der Professur für Öffentliches Recht und Europarecht an der Universität der Bundeswehr München.

Ausgewählte Veröffentlichungen: Die Überprüfung des Unionsrechts am Maßstab der EMRK, 2014; Kommentierung der Art. 51-54 GRC in R. Streinz (Hrsg.), EUV/AEUV, 3. Aufl. 2018; Kommentierung der Art. 17-19 AEUV, 21 GRC in *M. Pechstein/C. Nowak/U. Häde* (Hrsg.), Frankfurter Kommentar EUV/GRC/AEUV, 2017; Die formellen Voraussetzungen für den Austritt des Vereinigten Königreichs aus der Europäischen Union, NVwZ 2016, S. 1365 ff.; Die Neuausrichtung des Bundesverfassungs-gerichts in der digitalisierten Grundrechtelandschaft, JURA 2020, S. 479 ff.

Bibliografische Information der Deutschen Nationalbibliothek
Die Deutsche Nationalbibliothek verzeichnet diese Publikation in der Deutschen Nationalbibliografie; detaillierte bibliografische Daten sind im Internet über http://dnb.d-nb.de abrufbar.

Print: ISBN 978-3-8114-5839-0
ePub: ISBN 978-3-8114-5935-9

E-Mail: kundenservice@cfmueller.de
Telefon: +49 6221 1859 599
Telefax: +49 6221 1859 598

www.cfmueller.de

Satz: preXtension, Grafrath
Druck: Stückle, Ettenheim

Vorwort

An Lehrbüchern zum Europarecht herrscht gewiss kein Mangel. Auch zu den völkerrechtlichen Bezügen des Grundgesetzes (Staatsrecht III/Verfassungsrecht III) finden interessierte Studierende immer mehr Lehrbuchliteratur. Gerade in der Zeit der Examensvorbereitung, also der komprimierten und vertieften Wiederholung des im Studium angeeigneten Rechtsstoffs, fehlt aber meist die Zeit zur Lektüre eines „klassischen" Lehrbuchs. Sowohl im Europarecht als auch im Staatsrecht III wird von vielen Studierenden auch aus diesem Grund oftmals „auf Lücke gesetzt". Der vorliegende Band der Reihe „Unirep Jura" will die eingeführten Lehrbücher keinesfalls ersetzen. Dazu sind die Ausführungen viel zu knapp und dicht gehalten; sie setzen Vorkenntnisse der behandelten Materien (an sich) voraus. Vielmehr habe ich versucht, die Darstellung auf diejenigen Problemfelder zu beschränken, die von Examenskandidaten im Pflichtstoff tatsächlich erwartet werden (können). Zugleich habe ich mich darum bemüht, die auch für das Verständnis des Europarechts notwendigen Grundlagen der völkerrechtlichen Bezüge des GG integriert zu behandeln. Die Darstellung folgt dabei nicht dem klassischen Aufbau typischer Lehrbücher, sondern gliedert sich nach der Perspektive der jeweiligen Rechtsanwender, d.h. der deutschen Fachgerichtsbarkeit, des GHEU, des BVerfG und des EGMR. Diese Struktur ist ähnlich als *Anspruchsaufbau* oder *Aufbau nach Klagearten* aus anderen Rechtsgebieten hinreichend bekannt. Aus meiner Sicht erleichtert sie den Studierenden gerade bei der examensnahen Wiederholung die Einordnung der Probleme, ohne zugleich die Nachteile des vorrangigen Lernens nur anhand von Fällen mit sich zu bringen.

Mit der achten Auflage tritt *Walther Michl* als Mitautor in das Werk mit ein. Seit der Europarechtsübung an der Ludwig-Maximilians-Universität München, aus der dieses Werk vor über 15 Jahren hervorgegangen ist, verbindet uns ein langer gemeinsamer Weg – erst im Verhältnis Dozent–Student, dann am gleichen Lehrstuhl als Habilitand und Stud. Hilfskraft, und nun als Freunde und Kollegen. Nach sieben Auflagen in Alleinautorenschaft tut dem Werk ein wenig „frisches Autorenblut" vielleicht ganz gut. In den nächsten Jahren werden wir die Autorenschaft gemeinsam tragen, bevor *Walther Michl* dann zu einem späteren Zeitpunkt allein „das Ruder" übernehmen wird.

Für die achte Auflage haben wir das Buch umfassend aktualisiert. Insbesondere die Rspr. des BVerfG (PSPP, Recht auf Vergessen I und II) machte einige Anpassungen erforderlich. Wesentliche Rechtsänderungen und Gerichtsentscheidungen wurden bis Juli 2022 berücksichtigt.

Für die Unterstützung bei der Überarbeitung danken wir dem gesamten Lehrstuhlteam in Passau, namentlich Wiss. Mitarbeiter *Simon Miller*, sowie Wiss. Mitarbeiterin *Isabel Vicaría Barker* in München.

Über Anregungen und Kritik freuen wir uns weiterhin (christoph.herrmann@uni-passau.de; walther.michl@unibw.de).

Passau/München, im August 2022

Christoph Herrmann
Walther Michl

Inhaltsverzeichnis

Teil 3
Europa- und völkerrechtliche Bezüge in Verfahren vor dem Bundesverfassungsgericht

Teil 4
Verfahren vor dem EGMR und Grundzüge der Europäischen Menschenrechtskonvention (EMRK)

Einführung

Europarecht und Staatsrecht III als Gegenstand der juristischen Staatsprüfungen

Das vorliegende Examinatorium behandelt das Europarecht und das Staatsrecht III, soweit diese zum Pflichtstoff in den juristischen Staatsexamina gehören. Zwar bestehen hinsichtlich der Prüfungsgebiete geringfügige Unterschiede zwischen den Ausbildungs- und Prüfungsordnungen der einzelnen Bundesländer; regelmäßig verlangt werden jedoch Kenntnisse der **völkerrechtlichen Bezüge des Verfassungsrechts** (Staatsrecht III). Im Mittelpunkt steht dabei zumeist die Frage nach der Berücksichtigungsfähigkeit von Rechtsnormen völkerrechtlichen Ursprungs durch deutsche Gerichte. Aus dem **Europarecht** werden sowohl im Ersten wie im Zweiten Staatsexamen zumeist (Grund-)Kenntnisse der Rechtsquellen des Unionsrechts, des Verhältnisses zwischen Unionsrecht und nationalem Recht, der Organe der Europäischen Union, der Grundfreiheiten sowie des Rechtsschutzsystems erwartet. Vereinzelt nennen die Prüfungsordnungen auch die Grundrechte des Unionsrechts, die Kompetenzen sowie das Rechtssetzungsverfahren als Pflichtstoff[1]. Die Verwendung des Begriffs „Europarecht“ ist dabei uneinheitlich. Mit dem Inkrafttreten des Vertrags von Lissabon 2009 (VvL) hat sich diese Unterschiedlichkeit jedoch weitgehend erledigt. Während in manchen Bundesländern bisher nur das „Europäische Gemeinschaftsrecht“ gemeint war, erstreckte sich der Prüfungsstoff z.B. in Bayern schon vor 2009 auch auf das „Recht der Europäischen Union“ (zur Unterscheidung, die mit dem Inkrafttreten des Vertrags von Lissabon (s. unten Rn. 6 f.) weitgehend hinfällig wurde, vgl. unten Rn. 20). Nunmehr umfasst der Prüfungsstoff das Recht der Europäischen Union. Jedem Examenskandidaten[2] sei insoweit ein Blick in die maßgebliche Prüfungsordnung angeraten, um sich über den genauen Umfang der erwarteten Kenntnisse zu informieren. 1

Zur Konzeption dieses Buches

Hinsichtlich des behandelten Stoffs ist das vorliegende Examinatorium konsequent auf den unter Rn. 1 beschriebenen **Pflichtstoff** der Ersten und Zweiten Staatsprüfung beschränkt. Es erhebt keinen Anspruch auf Vollständigkeit im Sinne der erschöpfenden Behandlung der unter den Begriffen „Europarecht“ und „Staatsrecht III“ sonst noch zu verortenden Teilmaterien, wie sie in universitären Vorlesungen gelehrt werden. Diesbezügliche Kenntnisse werden regelmäßig nur in entsprechenden Schwerpunktbereichen oder Masterstudiengängen mit unterschiedlichem Zuschnitt abverlangt. An einzelnen Stellen mag der Pflichtstoffbereich geringfügig überschritten werden. So wird im Examen (auf absehbare Zeit) kaum eine Klausur eine Individualbeschwerde zum Europäischen Gerichtshof für Menschenrechte (EGMR) zum Gegenstand haben (vgl. dazu unten Rn. 311 ff.). Es erscheint jedoch nicht abwegig, eine Frage danach zumindest als Zusatz- 2

1 Vgl. dazu auch die entsprechende Aufzählung bei *Musil/Burchard*, Klausurenkurs im Europarecht, 6. Aufl. 2022, S. 4 ff.

2 Soweit im vorliegenden Band Personen- oder Amtsbezeichnungen im generischen Maskulinum verwendet werden, sind damit selbstverständlich Personen aller Geschlechter (m/w/d) gemeint.

frage in einer Grundrechteklausur auch im Pflichtstoffbereich zu stellen. Auch die zunehmende Bedeutung der Rechtsprechung des EGMR für die Verwirklichung und Weiterentwicklung des europäischen Grundrechtsschutzes, die durch die Anlehnung der Rechte aus der Europäischen Grundrechtecharta an ihre Pendants aus der EMRK (Art. 52 III GRC) geprägt ist (vgl. Rn. 21), rechtfertigt die Behandlung in einem Examinatorium.

3 Seiner Konzeption nach dient das vorliegende Buch vorrangig der **examensnahen Wiederholung** von **Kernproblemen** und **Grundstrukturen**. Es ersetzt nicht die vorlesungsbegleitende Lektüre einschlägiger Lehrbücher (z.B. aus der Reihe Start ins Rechtsgebiet *Fischer/Fetzer*, Europarecht, 12. Aufl. 2019 sowie aus der Schwerpunkte-Reihe *Streinz*, Europarecht, 11. Aufl. 2019, *Schweitzer/Dederer*, Staatsrecht III, 12. Aufl. 2020 und *v. Arnauld*, Völkerrecht, 5. Aufl. 2022) während des Studiums, sondern setzt diese vielmehr voraus. Die **20 kurzen Fälle** sollen dabei die klausurmäßige Behandlung von völker- und europarechtlich gelagerten Fallkonstellationen[3] knapp veranschaulichen. Während der Examensvorbereitung sollte jeder Kandidat größere Examensfälle eigenständig lösen und überdies so häufig wie irgend möglich Examensklausuren unter Klausurbedingungen schreiben (d.h. vor allem nur mit den erlaubten Hilfsmitteln, ohne Erörterung der Probleme mit anderen Teilnehmern und innerhalb der vorgegebenen Zeit – besser sogar unter Abzug einer halben Stunde)[4]. Neben den universitären und außeruniversitären Klausurenkursen bieten sich für die Arbeit in einer privaten Arbeitsgemeinschaft die zahlreichen Klausur- und Fallsammlungen zum Europarecht an (z.B. *Fischer/Fetzer*, Fälle zum Europarecht, 9. Aufl. 2019; *Musil/Burchard*, Klausurenkurs im Europarecht, 6. Aufl. 2022; etwas spezieller auch *Herrmann/Würdemann*, Klausurenkurs im Europäischen und Internationalen Wirtschaftsrecht, 2019 (Fälle 2-7 und 9); Ludwigs/Schmidt-Preuß (Hrsg.), Klausurenkurs Europäische Grundrechte und Grundfreiheiten, 2016). Besonders geeignete Übungsklausuren aus Übungszeitschriften werden im Anschluss auf den S. 121 ff. aufgeführt. Ebenfalls für die private Arbeitsgemeinschaft eignet sich die mündliche Aussprache über die auf S. 117 ff. abgedruckten **Übungsfragen**. Oftmals erkennt man erst in der Auseinandersetzung mit einer konkreten Fragestellung mangelndes eigenes Verständnis und die fehlende Fähigkeit zum gelehrten Gespräch über den Stoff, wie es in der mündlichen Prüfung gepflegt bzw. erwartet wird[5].

4 Eine Besonderheit des Europarechts bildet seine **Relevanz in allen drei Kernrechtsgebieten** (Zivilrecht, Strafrecht und Öffentliches Recht), wenngleich sich dies aus den Prüfungsordnungen nicht immer eindeutig ergibt und das Europarecht dort häufig als Teil des Öffentlichen Rechts ausgewiesen wird[6]. Im „schlimmsten" Fall kann es im Staatsexamen also durchaus passieren, dass gleich mehrere Klausuren europarechtliche Fragen aufwerfen. So muss im Zivilrecht z.B. die Wirkung von Richtlinien auch in horizontalen Rechtsverhältnissen sicher beherrscht werden (vgl. dazu unten Rn. 50 ff., 74 ff.). Ähnli-

3 Vertiefend *Musil/Burchard*, Klausurenkurs im Europarecht, 5. Aufl. 2019, S. 27–41.

4 Vgl. allgemein zur sinnvollen Examensvorbereitung *Möllers*, Juristische Arbeitstechnik und wissenschaftliches Arbeiten, 10. Aufl. 2021, § 1 Rn. 47 ff.

5 Diesbezüglich sei auf *Petersen*, Die mündliche Prüfung im ersten juristischen Staatsexamen, 4. Aufl. 2020, verwiesen.

6 Eine Pflichtklausur im Europarecht wird – soweit ersichtlich – nur von den Juristenausbildungsordnungen Berlins und Brandenburgs verlangt und ist an weitere Voraussetzungen geknüpft (s. § 5 III 2 BlnJAO, § 5 III 2 BbgJAO).

ches gilt mit Abstrichen im Strafrecht. Auch grundfreiheitliche Bezüge lassen sich im Zivilrecht und im Strafrecht ebenso leicht herstellen wie im Öffentlichen Recht.

Bsp. (BGH, 3 StR 395/04): Die Verurteilung eines Arztes, dessen deutsche Berufszulassung wegen Unzuverlässigkeit ruht, der aber überdies über eine belgische Zulassung verfügt, wegen Körperverletzung nach § 223 StGB für die gelegentliche Durchführung von Behandlungen in Deutschland, verstößt gegen die Dienstleistungsfreiheit nach Art. 56 ff. AEUV.

Wenngleich in der jüngeren Vergangenheit eine stärkere Ausrichtung der juristischen Ausbildung auf den Anwaltsberuf stattgefunden hat, ändert dies nichts daran, dass im schriftlichen Teil beider Staatsprüfungen regelmäßig Klausuren gestellt werden, die die gutachtliche (bzw. urteils- oder schriftsatzförmige) Lösung von Fällen zum Gegenstand haben. Es handelt sich somit um **Rechtsanwendungsklausuren**, denen die Vorstellung von einem gedachten Rechtsanwender zugrunde liegt. Jeder Rechtsanwender nähert sich einem Fall aus der Perspektive des jeweils auf den Fall anwendbaren Rechts. In rein nationalrechtlich gelagerten Sachverhalten handelt es sich hierbei um eine schiere Selbstverständlichkeit. Sobald jedoch im Sachverhalt Rechtsnormen völkerrechtlichen oder europarechtlichen Ursprungs auftauchen, kann sich die Frage der Anwendbarkeit dieser Normen zu einem zentralen Problem der Klausur auswachsen (vgl. hierzu eingehend Rn. 10 ff.). Daher ist zunächst zu klären, aus welcher Perspektive die Klausur anzufertigen ist. So macht es einen erheblichen Unterschied, ob ein Gutachten zur Vorbereitung der Entscheidung eines deutschen Fachgerichts, des Bundesverfassungsgerichts (BVerfG) oder des Gerichtshofs der Europäischen Union (GHEU) (bestehend aus dem Gerichtshof [EuGH] und dem Gericht [EuG], vgl. Art. 19 I UAbs. 1 S. 1 EUV – von der darin i.V.m. Art. 257 AEUV vorgesehenen Möglichkeit der Errichtung von Fachgerichten wird seit der Auflösung des Gerichts für den öffentlichen Dienst (GöD) zum 1.9.2016 derzeit kein Gebrauch mehr gemacht[7]) zu erstellen ist. Für deutsche Gerichte ist die Anwendung eines völkerrechtlichen Vertrags (zum Begriff vgl. unten Rn. 18) wie des Vertrags über die Arbeitsweise der Europäischen Union (AEUV) angesichts der **Bindung an Recht und Gesetz** (Art. 20 III, 97 I GG) keineswegs unproblematisch, wohingegen dem GHEU diese Aufgabe in Art. 19 I UAbs. 1 S. 2 EUV ganz selbstverständlich zugewiesen ist. Das vorliegende Examinatorium zerfällt dementsprechend in vier Hauptteile, die den Stoff aus der Perspektive von nationalen Fachgerichten, BVerfG, GHEU und EGMR behandeln. Jede dieser Perspektiven bringt typische Fragestellungen mit sich, die sich aus den jeweils anderen Perspektiven entweder nicht oder zumindest seltener stellen. Der Schwerpunkt der Darstellung liegt dabei – entsprechend der höheren Examensbedeutung im Pflichtstoffbereich – auf der Perspektive der nationalen Fachgerichte. 5

Entwicklung des Europarechts

Das Europarecht im engeren Sinne (zu den Begrifflichkeiten s. unten Rn. 20) bildet eine Materie, die in besonderer Weise einem fortschreitenden Wandel durch den Fortgang des europäischen Integrationsprozesses ausgesetzt ist. Die ursprünglichen drei Gemein- 6

7 S. Verordnung (EU, Euratom) 2015/2422 vom 16. Dezember 2015 zur Änderung des Protokolls Nr. 3 über die Satzung des Gerichtshofs der Europäischen Union, ABl. 2015 Nr. L 341/14 sowie Verordnung (EU, Euratom) 2016/1192 vom 6. Juli 2016 über die Übertragung der Zuständigkeit für die Entscheidung im ersten Rechtszug über die Rechtsstreitigkeiten zwischen der Europäischen Union und ihren Bediensteten auf das Gericht, ABl. 2016 Nr. L 200/137.

schaftsverträge (EGKSV[8], EWGV[9] und EAGV[10] – das sog. „Gemeinschaftsrecht") wurden seit 1951/1952 bzw. 1957/1958 mehrfach geändert und 1992/1993 mit dem gemeinsamen „Dach" des Vertrags über die Europäische Union (EUV)[11] versehen, der seitdem selbst wiederum mehrfach durch Änderungsverträge (**Vertrag von Amsterdam**, 1997/1999[12]; **Vertrag von Nizza**, 2001/2003[13]) bzw. Beitrittsverträge neuer Mitgliedstaaten geändert wurde. Während der mehr als 60 Jahre europäischer Integration hat sich die Zahl der Mitgliedstaaten zudem von ursprünglich nur sechs (B, D, F, I, LUX, NL) auf zwischenzeitlich 28 erhöht und wegen des Austritts des Vereinigten Königreichs Großbritannien und Nordirland (VK) wieder auf 27 reduziert. Gleichzeitig hat sich der weltpolitische Kontext der europäischen Integration insbesondere durch den Fall des Eisernen Vorhangs 1990 fundamental gewandelt. Seit Mitte der 1990er-Jahre hatten sich die Mitgliedstaaten der EU daher um eine grundlegende Reform insbesondere der Institutionen und Entscheidungsprozesse der EU bemüht, um die Handlungsfähigkeit der EU zu stärken, sie auf die absehbaren Erweiterungen vorzubereiten und ihre Entscheidungen transparenter werden zu lassen[14]. Nachdem der 2004 unterzeichnete **Vertrag über eine Verfassung für Europa**[15], durch den das Primärrecht neu strukturiert, in vielerlei Hinsicht geändert und zugleich in einem einheitlichen neuen Vertrag konsolidiert werden sollte[16], im Juni 2005 an den ablehnenden Referenden in Frankreich und den Niederlanden gescheitert war, wurde von den Mitgliedstaaten am 13.12.2007 der **Vertrag von Lissabon (VvL)**[17] unterzeichnet. Er trat nach erheblichen Schwierigkeiten – zunächst gescheitertes, dann erfolgreich wiederholtes Referendum in Irland; Verfassungsklagen u.a. in Deutschland – am 1.12.2009 in Kraft und bildet seither den maßgeblichen Rechtsstand für die vertraglichen Grundlagen der Europäischen Union.

7 Durch den VvL wurde vor allem die bisherige sog. „Tempelstruktur" des Unionsrechts beseitigt; die verschiedenen „Säulen" der Europäischen Union wurden in einen einheitlichen vertraglichen Rahmen integriert. Dieser besteht aus dem **Vertrag über die Europäische Union (EUV)** und dem **Vertrag über die Arbeitsweise der Europäischen Union** (**AEUV**; dabei handelt es sich um die Neubezeichnung des früheren Vertrags zur Gründung der Europäischen [Wirtschafts-]Gemeinschaft [EGV])[18]. Der VvL brachte zudem

---

8 Vertrag zur Gründung der Europäischen Gemeinschaft für Kohle und Stahl, BGBl. 1952 II, S. 445, in Kraft getreten am 23.7.1952, wegen Zeitablaufs außer Kraft getreten am 23.7.2002 (vgl. Art. 97 EGKSV).

9 Vertrag zur Gründung der Europäischen Wirtschaftsgemeinschaft, BGBl. 1957 II, S. 766, in Kraft getreten am 1.1.1958; durch den Vertrag von Maastricht umbenannt in Vertrag zur Gründung der Europäischen Gemeinschaft; durch den Vertrag von Lissabon umbenannt in Vertrag über die Arbeitsweise der Europäischen Union.

10 Vertrag zur Gründung der Europäischen Atomgemeinschaft, BGBl. 1957 II, S. 1014, in Kraft getreten am 1.1.1958.

11 Vertrag von Maastricht über die Europäische Union, ABl. 1992 Nr. C 191/1, in Kraft getreten am 1.11.1993.

12 Vertrag von Amsterdam zur Änderung des Vertrags über die Europäische Union, der Verträge zur Gründung der Europäischen Gemeinschaften sowie einiger damit zusammenhängender Rechtsakte, ABl. 1997 Nr. C 340/1, in Kraft getreten am 1.5.1999.

13 Vertrag von Nizza zur Änderung des Vertrags über die Europäische Union, der Verträge zur Gründung der Europäischen Gemeinschaften sowie einiger damit zusammenhängender Rechtsakte, ABl. 2001 Nr. C 80/1, in Kraft getreten am 1.2.2003.

14 *Oppermann/Classen/Nettesheim*, Europarecht, 9. Aufl. 2021, § 3.

15 ABl. 2004 Nr. C 310/1.

16 Umfassend hierzu *Streinz/Ohler/Herrmann*, Die neue Verfassung für Europa, 2005.

17 Vertrag von Lissabon zur Änderung des Vertrags über die Europäische Union und des Vertrags zur Gründung der Europäischen Gemeinschaft, unterzeichnet am 13.12.2007, ABl. 2007 Nr. C 306/1.

18 Eine konsolidierte Fassung des EUV n.F. sowie des AEUV ist veröffentlicht in ABl. 2012 Nr. C 326/1.

wichtige Änderungen des institutionellen Gefüges der Europäischen Union mit sich und zahlreiche weitere inhaltliche Änderungen, deren Bedeutung erst langsam zur Gänze deutlich wird[19].

Im Rahmen der **europäischen Staatsschuldenkrise** ist das Unionsrecht zwar im Bereich der Bestimmungen über die Wirtschafts- und Währungsunion grundlegend ergänzt und modifiziert worden. Die meisten dieser Änderungen fanden jedoch auf der Ebene des Unionssekundärrechts statt (zum Begriff s. unten Rn. 22). Lediglich in Art. 136 AEUV wurde ein (klarstellender)[20] neuer Absatz 3 eingefügt, der den ab 1.1.2023 20 Mitgliedstaaten der Eurozone gestattet, einen Stabilitätsmechanismus zu errichten, der Mitgliedstaaten finanziellen Beistand unter wirtschaftspolitischen Auflagen leisten kann[21]. Der **Europäische Stabilitätsmechanismus (ESM)** selbst wurde hingegen durch einen völkerrechtlichen Vertrag vom 2. Februar 2012 errichtet[22]. Ebenfalls einen völkerrechtlichen Vertrag stellt der Vertrag über Stabilität, Koordinierung und Steuerung[23] (sog. **Fiskalpakt**) vom 2. März 2012 dar. Nähere Kenntnisse dieser Reform der europäischen Währungsverfassung und der Bankenunion (gemeinsame Bankenaufsicht und einheitliche Bankenabwicklung) können im Pflichtstoff nicht verlangt werden[24]. 8

Im Sommer 2015 kam mit der **Flüchtlingskrise** eine weitere Herausforderung für die Unionsrechtsordnung hinzu, die aber bislang keine Auswirkungen auf der Primärrechtsebene gezeitigt hat, sondern im Wesentlichen Fragen nach der zutreffenden Sekundärrechtsauslegung bzw. Reform im Bereich des **Schengenraums** (Zulässigkeit von Grenzkontrollen) sowie des sog. **Dublin-Systems** (Zuständigkeit für Asylverfahren innerhalb der EU)[25] aufwirft. Kenntnisse dieser Teilgebiete des Unionsrechts werden grundsätzlich nicht erwartet. Sofern – ausnahmsweise[26] – doch einmal Fragen aus diesen Gebieten in 8a

---

19 Dazu *Herrmann*, Der Vertrag von Lissabon – Ein Überblick, JURA 2010, S. 161 ff.; *Mayer*, Der Vertrag von Lissabon im Überblick, JuS 2010, S. 189 ff.; umfassend *Streinz/Ohler/Herrmann*, Der Vertrag von Lissabon zur Reform der EU, 3. Aufl. 2010.

20 Der Europäische Gerichtshof (EuGH) hat in einem Urteil vom 27.11.2012 zur Rs. C-370/12, Pringle, ECLI:EU:C:2012:756, festgestellt, dass die europarechtliche Zulässigkeit der Errichtung des ESM nicht vom Inkrafttreten des neuen Art. 136 III AEUV abhängig war, da die Regelung lediglich deklaratorischen Charakter hat. Zuvor war streitig gewesen, ob die sog. No-bailout-Klausel (Art. 125 I AEUV) die verschiedenen finanziellen „Rettungspakete“ zur Bewältigung der Staatsschuldenkrise verbietet.

21 S. Beschluss 2011/199/EU des Europäischen Rates v. 25.3.2011, ABl. 2011 Nr. L 91/1 sowie dazu das Gesetz v. 13.9.2012, BGBl. 2012 II, S. 978.

22 BGBl. 2012 II, S. 981, in Kraft getreten am 8.10.2012; zur Verfassungsmäßigkeit des ESM-Vertrags s. BVerfG, NJW 2012, S. 3145 ff. und NJW 2014, S. 1505 ff.; zur Ausgestaltung des ESM vgl. *Bark/Gilles*, Der ESM in der Praxis: Rechtsgrundlagen und Funktionsweise, EuZW 2013, S. 367 ff.

23 BGBl. 2012 II, S. 1008.

24 Zu den verschiedenen Fragestellungen s. *Herrmann*, Griechische Tragödie – der währungsverfassungsrechtliche Rahmen für die Rettung, den Austritt oder den Ausschluss von überschuldeten Staaten aus der Eurozone, EuZW 2010, S. 413 ff.; *ders.*, Die Bewältigung der Euro-Staatsschulden-Krise an den Grenzen des deutschen und europäischen Währungsverfassungsrechts, EuZW 2012, S. 805 ff.; *Calliess/Schoenfleisch*, Die Bankenunion, der ESM und die Rekapitalisierung von Banken, JZ 2015, S. 113 ff.; zur Vereinbarkeit der Bankenunion mit dem Grundgesetz BVerfGE 151, 202 mit Bespr. *Ruffert*, JuS 2019, 1033.

25 S. dazu *Stumpf*, Der Ruf nach der „Rückkehr zum Recht“ bei der Bewältigung der Flüchtlingskrise, DÖV 2016, S. 357 ff.; *Thym/Hailbronner*, Grenzenloses Asylrecht? Die Flüchtlingskrise als Problem europäischer Rechtsintegration, JZ 2016, S. 753 ff.

26 So behandelte z.B. eine Aufgabe der Ersten Juristischen Staatsprüfung (EJS) in Bayern im März 2016 auch Fragen des Schengener Grenzkodex. Dieser Teil der Aufgabe stellte aber nur einen Nebenaspekt dar und es war lediglich eine Auseinandersetzung mit den einschlägigen drei Normen des Grenzkodex abverlangt (s. dazu *Herrmann/Rosenfeldt*, „Der Schlagbaum muss weg!“, Originalexamensklausur Referendarexamen, JURA 2018, S. 398 ff.); zu den staatsrechtlichen Fragen der Grenzöffnung im Herbst 2015 s. *Herrmann/Sauter*, Examensklausur: Flüchtlingskrise, ZJS 2016, S. 450 ff.

einer Examensprüfung auftauchen, müssen die maßgeblichen Sekundärrechtsakte jedenfalls im Sachverhalt abgedruckt werden; mehr als eine vertretbare Auslegung der Vorschriften kann dann billigerweise nicht erwartet werden.

8b Für die europäische Integration noch grundsätzlichere Fragen stellen sich im Hinblick auf den künftigen Kreis der Mitglieder. Der Unterschied zwischen souveränen Staaten und der Europäischen Union liegt in der freiwilligen Natur des Zusammenschlusses. Im Zuge des britischen Austritts aus der EU **(Brexit)**[27] judizierte der EuGH, dass der austretende Mitgliedstaat die Erklärung innerhalb der in Art. 50 III EUV statuierten Zwei-Jahres-Frist (oder deren gemäß Art. 50 III EUV beschlossener Verlängerung) bzw. bis zum Inkrafttreten des Austrittsabkommens jederzeit zurücknehmen kann. Dies begründete er mit dem Wortlaut des Art. 50 I EUV sowie der Souveränität der Mitgliedstaaten. Weil das souveräne Recht zum einseitigen Austritt bei den Mitgliedstaaten liege, müssten sie auch einseitig wieder hiervon absehen können[28]. Umgekehrt zeigt sich jedoch bei einem Wunsch nach **Beitritt zur Europäischen Union** – Stichwort: ukrainischer Aufnahmeantrag – die Freiwilligkeit des Zusammenschlusses darin, dass neben den übrigen Tatbestandsvoraussetzungen des Art. 49 EUV sowohl eine einstimmige Entscheidung im Rat als auch die Ratifizierung des Beitrittsvertrags durch alle Mitgliedstaaten erforderlich ist. Dem geht schon wegen der Vielzahl an Materien, die durch Vorgaben des EU-Rechts berührt werden, ein über viele Jahre dauernder Annäherungsprozess voraus. Ein **Ausschluss aus der Europäischen Union**, wie er mitunter als Ultima Ratio im Hinblick auf die problematische Entwicklung der Rechtsstaatlichkeit in Polen und Ungarn gefordert wird, ist in den Verträgen jedoch nicht ausdrücklich vorgesehen[29].

8c Mit der **Konferenz zur Zukunft Europas**, die von April 2021 bis Mai 2022 stattfand, hat in der EU zumindest ein neues Nachdenken über das Erfordernis einer Weiterentwicklung der Verträge begonnen. Die Konferenz selber stand dabei außerhalb des Vertragsänderungsmechanismus des Art. 48 EUV und diente vor allem einer Einbindung der Unionsbürgerinnen und Unionsbürger. Die Ergebnisse sind in einem Abschlussbericht festgehalten[30]. Dieser wurde vom Europäischen Rat auch begrüßt; zur Einberufung eines Konvents oder einer Regierungskonferenz zur Änderung der Verträge (Art. 48 III, IV EUV) konnte sich der Europäische Rat im Juni 2022 allerdings (noch) nicht entschließen[31]. Die **teilweise weitreichenden Vorstellungen** z.B. des französischen Staatspräsidenten Macron stoßen in der EU nur teilweise auf Unterstützung. Hinzu kommt, dass der Ukraine-Krieg, die Bekämpfung der energiepolitischen Abhängigkeit von Russland, die Dekarbonisierung der Energie- und Verkehrspolitik („Green Deal"), die nach wie vor ungelöste Rechtsstaatskrise (Polen, Ungarn) sowie die Folgen des Brexit und der Corona-Pandemie derzeit nach wie vor eher **kurzfristige Krisenreaktionen** als **langfristige Integrationsvisionen** erfordern, wenngleich gerade die genannten Krisen die Notwendigkeit weiterer Integrationsschritte sowie Änderungen am Governance-Modus der EU offenlegen.

---

27 S. dazu *W. Michl*, Die formellen Voraussetzungen für den Austritt des Vereinigten Königreichs aus der Europäischen Union, NVwZ 2016, S. 1365 ff.

28 EuGH, Rs. C-621/18, Wightman u.a., ECLI:EU:C:2018:999; kritisch zu dieser Position des EuGH *Herrmann*, JZ 2019, S. 352 ff.

29 S. dazu *Calliess*, in: Calliess/Ruffert, EUV/AEUV, 6. Aufl. 2022, Art. 50 EUV, Rn. 52 f.

30 Abrufbar unter https://ec.europa.eu/info/strategy/priorities-2019-2024/new-push-european-democracy/conference-future-europe_de.

31 S. Schlussfolgerungen des Europäischen Rates vom 23./24. Juni 2022, EUCO 24/22, Ziff. 27 ff.

Teil 1

Völker- und europarechtliche Bezüge in Verfahren vor den deutschen Fachgerichten

In Examensklausuren kommen völker- und europarechtliche Bezüge am häufigsten eingebettet in einen nach nationalem Recht zu begutachtenden Fall vor. Dies entspricht dem Ausbildungsleitbild der „Befähigung zum [deutschen] Richteramt“ (vgl. § 5 I DRiG) und der zu erwartenden Berufspraxis für die große Mehrzahl von Absolventen als Rechtsanwälte in Deutschland. Auch lässt sich auf diese Weise am ehesten die prüfungsrechtliche Beschränkung auf „Grundzüge“ des Europarechts einhalten. Eines der zentralen Probleme in derartigen Fallkonstellationen ist regelmäßig die Frage, welche Bedeutung Bestimmungen des Völker- oder Europarechts für die Entscheidung des Falls zukommt, d.h. in welchem Verhältnis diese zum deutschen Recht stehen. 9

§ 1 Verhältnis des deutschen Rechts zum Völker- und Europarecht

Fall 1: F, eine nach US-amerikanischem Recht gegründete Kapitalgesellschaft mit Sitz in Deutschland, stützt sich in einem Zivilprozess zur Begründung ihrer Parteifähigkeit nach § 50 I ZPO auf Art. XXV des Deutsch-Amerikanischen Freundschafts-, Handels- und Schifffahrtsvertrags, wonach Gesellschaften, die nach den Vorschriften einer der Vertragsparteien gegründet sind, von der anderen anzuerkennen sind. Muss das Gericht diese Vorschrift zugunsten der Gesellschaft beachten? 10

Fall 2: S reist als geladener Zeuge aus dem Ausland in die Bundesrepublik Deutschland ein, um in einem Strafprozess auszusagen. Er wird dann aber selbst wegen einer Reihe früherer Straftaten in einem Strafverfahren angeklagt. S macht geltend, ein Verfahren gegen ihn könne nicht geführt werden. Nach Völkergewohnheitsrecht habe er „freies Geleit“ gehabt. Das Verfahren müsse daher nach § 260 III StPO wegen Vorliegens eines dauerhaften Verfahrenshindernisses durch Prozessurteil eingestellt werden. Was muss das Gericht tun?

Fall 3: Eine deutsche Boulevardzeitung veröffentlicht einen ausführlichen Bericht über das „Lotterleben“ des Fußballbundestrainers K in Kalifornien. Der Bericht enthält auch Bilder, die K mit seiner Frau und seinen Kindern am Strand zeigen. K wehrt sich gegen die Veröffentlichungen erfolglos vor den deutschen Zivilgerichten. Nach Ansicht der Gerichte sei er als Bundestrainer eine Person der Zeitgeschichte, so dass ein öffentliches Interesse an freier Medienberichterstattung bestehe. K erhebt Verfassungsbeschwerde mit der Begründung, der Bundesgerichtshof (BGH) habe die Bedeutung des Persönlichkeitsrechtes grundlegend verkannt. Hier sei Art. 8 EMRK zu beachten gewesen, der das Privatleben schütze. Der EGMR habe – was zutrifft – dem Schutz des Privatlebens weitgehenden Vorrang vor der Pressefreiheit eingeräumt. Welche Bedeutung hat diese Rechtsprechung des EGMR für die Verfassungsbeschwerde des K?

Fall 4: A importiert Rotwein aus Frankreich nach Deutschland. Kurz zuvor hatte die Regierungskoalition sich darauf verständigt, die Finanznot des Bundes durch die Erhebung von Einfuhrzöllen auf Luxusgüter i.H.v. 300% zu lindern. Ein entsprechendes Gesetz hat der Bundesgesetzgeber bereits formal ordnungsgemäß erlassen. A will den Zoll aber nicht bezahlen und wendet ein, dieser würde gegen Art. 28 und 30 AEUV verstoßen. Muss A den Zoll bezahlen?

Fall 5: Eine EU-Verordnung über die gemeinsame Marktorganisation für Getreide sieht vor, dass bei Erteilung von Ausfuhrlizenzen vom Exporteur eine hohe Kaution zu hinterlegen ist, die verfällt, wenn der Exporteur von der erteilten Lizenz bis zu einem Stichtag keinen Gebrauch macht, d.h. kein Getreide in entsprechender Menge exportiert. Als C seine Kaution zurückhaben möchte, obwohl er die Ausfuhrlizenz nicht genutzt hat, verweigert die zuständige Behörde die Rückzahlung unter Berufung auf die EU-Verordnung. C erhebt Klage vor dem Verwaltungsgericht (VG). Er ist der Auffassung, die EU-Verordnung verstoße gegen die Grundrechte des GG, insbesondere Art. 2 I, 12 und 14 GG. Muss das VG die Verordnung dennoch anwenden?

Fall 6: § 14 III (a.F.) des deutschen TzBfG (Gesetz über Teilzeitarbeit und befristete Arbeitsverhältnisse) sieht vor, dass die Befristung von Arbeitsverhältnissen mit Arbeitnehmern, die das 52. Lebensjahr vollendet haben, abweichend von der sonstigen Rechtslage keines sachlichen Grundes bedarf. Der 54-jährige W ist Anwalt und hat mit seinem Arbeitgeber einen auf Grundlage dieser Vorschrift auf zwei Jahre befristeten Arbeitsvertrag geschlossen. Kurz nach Abschluss des Arbeitsvertrages klagt W vor dem zuständigen Arbeitsgericht (ArbG) auf Feststellung des Bestehens eines unbefristeten Arbeitsverhältnisses. Die Befristungsregelung diskriminiere ältere Arbeitnehmer. Dies sei aber durch eine auf Art. 19 I AEUV gestützte EU-Richtlinie verboten. Die Befristung sei daher unwirksam. Kann W sich vor dem ArbG auf die Richtlinienwidrigkeit des § 14 III TzBfG berufen?

I. Die Anwendung völker- und europarechtlicher Normen in der deutschen Rechtsordnung

1. Bindung des Richters an Recht und Gesetz

11 Ausgangspunkt in einer gutachtlichen Bearbeitung sollte stets die Frage sein, welche Rechtsnormen dem entscheidenden Gericht als Maßstab für die Entscheidung verbindlich zugewiesen sind. Im deutschen Recht ergibt sich die Antwort auf diese Frage aus Art. 1 III, Art. 20 III und Art. 97 I GG. Danach sind die Gerichte an die Grundrechte und an „Recht und Gesetz" gebunden und „nur dem Gesetze unterworfen". Berücksichtigt werden können völker- und europarechtliche Normen von deutschen Gerichten also nur dann, wenn sie „Recht und Gesetz" i.S.v. Art. 20 III GG darstellen. Das ist bei Rechtsnormen, die wie das Völker- und Europarecht aus einer anderen Rechtsquelle fließen, weil sie nicht nach den Normen des GG vom deutschen Gesetzgeber erzeugt worden sind, nicht selbstverständlich und bedarf daher der Begründung.

2. Völkerrechtsfreundlichkeit, Integrationsoffenheit und Europarechtsfreundlichkeit des Grundgesetzes

12 Das GG beinhaltet eine Reihe von Vorschriften, die auf das Völkerrecht Bezug nehmen oder auf die Einbindung in die Europäische Union verweisen. Aus der Gesamtschau dieser Normen wird die **Völkerrechtsfreundlichkeit des Grundgesetzes** bzw. die **offene Staatlichkeit** der Bundesrepublik abgeleitet[1]. Mit der Präambel des GG sowie vor allem den Art. 1 II, 23, 24, 25, 26 und Art. 59 GG zielt das GG nach Ansicht des BVerfG darauf ab,

„die Bundesrepublik Deutschland als friedliches und gleichberechtigtes Glied in eine dem Frieden dienende Völkerrechtsordnung der Staatengemeinschaft einzufügen."[2]

1 Vertiefend hierzu *Wahl*, Der offene Staat und seine Rechtsgrundlagen, JuS 2003, S. 1145 ff.
2 BVerfGE 63, 343 (370); BVerfGE 111, 307 (318).

Die **europäische Integration** stellt ausweislich der Präambel und des Art. 23 I GG, der 13
seit seiner Einfügung 1992 den Art. 24 GG als Grundlage der Integration abgelöst hat, ebenfalls ein Staatsziel der Bundesrepublik Deutschland dar[3]. Zu diesem Zweck erlaubt das GG auch die **Übertragung von Hoheitsrechten** des Bundes und der Länder, d.h. die Übertragung der Ausübung von Gesetzgebung, Verwaltung und Rechtsprechung mit unmittelbarer Wirkung in der deutschen Rechtsordnung auf Organe der Europäischen Union (Art. 23 I 2 GG; zuvor gestützt auf Art. 24 I GG). Die von den Organen der Union in Ausübung dieser Hoheitsgewalt gesetzten Rechtsakte sind von den Behörden der Bundesrepublik Deutschland grundsätzlich anzuerkennen[4]. Dem Grundsatz der Völkerrechtsfreundlichkeit hat das BVerfG in seiner Entscheidung über die Verfassungsmäßigkeit des Zustimmungsgesetzes zum VvL 2009 den **Grundsatz der Europarechtsfreundlichkeit** zur Seite gestellt[5]. In Entscheidungen über die verfassungsgerichtliche Kontrolle von möglicherweise kompetenzüberschreitenden Hoheitsakten der Organe der Union hat das BVerfG diesen Grundsatz wiederholt zur Anwendung gebracht[6] (s. dazu unten Rn. 280 f.).

3. Rechtsquellen des Völker- und Europarechts

a) Begriff und Subjekte des Völkerrechts

Unter dem Völkerrecht versteht man alle Rechtsnormen, welche die rechtlichen Bezie- 14
hungen zwischen Völkerrechtssubjekten regeln. Geborene Rechtssubjekte des Völkerrechts sind grundsätzlich die **Staaten**. Kennzeichnend für einen Staat sind nach *Georg Jellinek* die **drei Elemente: Staatsgebiet, Staatsvolk und Staatsgewalt**. Ein Staat i.S.d. Völkerrechts liegt danach nur dann vor, wenn ein menschliches Gemeinwesen innerhalb eines Gebiets unter effektiver Herrschaftsgewalt (Personal- und Gebietshoheit) organisiert ist[7]. Eine künstliche Insel erfüllt diese Voraussetzungen z.B. auch dann nicht, wenn die auf ihr lebenden Menschen sich autonom selbst regieren. Staatsgebiet kann grundsätzlich nur natürliche Landfläche sein, da andernfalls die Gefahr des zufälligen Untergangs von Staaten sowie ihrer unkontrollierbaren „Vermehrung" bestünde[8].

Exkurs: Staatlichkeit und völkerrechtlicher Status Deutschlands[9] 15

Die heutige Bundesrepublik Deutschland geht als souveräner Staat und Völkerrechtsubjekt auf den Norddeutschen Bund (1867) zurück, der am 1. Januar 1871 zum „Deutschen Reich" erweitert wurde. Durch den 1. Weltkrieg, die Kapitulation des Deutschen Reichs und die Errichtung der Ersten Republik auf deutschem Boden 1918/1919 (Weimarer Republik) blieb die völkerrechtliche Kontinuität und Souveränität des Deutschen Reichs unberührt. Anders verhielt es sich mit dem Ende des 2. Weltkriegs. Nach der bedingungslosen Kapitulation der deutschen Wehrmacht (7./8.5.1945) und der Besetzung Deutschlands durch die alliierten Truppen wurde die oberste Regierungsgewalt in Deutschland unter Einschluss aller auswärtigen Angelegenheiten von den Alliierten übernommen. Die „Gründung" der Bundesrepublik Deutschland mit dem

3 Amtliche Begründung in BR-Drucks. 501/92; vgl. auch *Streinz*, in: Sachs (Hrsg.), Grundgesetz – Kommentar, 9. Aufl. 2021, Art. 23, Rn. 10.
4 Vgl. BVerfGE 31, 145 (174).
5 BVerfGE 123, 267 (347).
6 BVerfGE 126, 286 (303 ff.); BVerfGE 134, 366 (382 ff.); BVerfGE 140, 317 (338 f.).
7 *Herdegen*, Völkerrecht, 21. Aufl. 2022, § 8 Rn. 2 ff.
8 Vgl. zur „Principality of Sealand"-Fall *Schweitzer/Dederer*, Staatsrecht III, 12. Aufl. 2020, Rn. 1046, 1116.
9 Vgl. eingehend *Geiger*, Staatsrecht III, 7. Aufl. 2018, S. 43 ff.

Inkrafttreten des Grundgesetzes am 23.5.1949 führte genauso wenig wie die Pariser Verträge von 1954, durch die das Besatzungsregime in Deutschland formal beendet wurde, zur vollen Wiederherstellung der Souveränität der Bundesrepublik. Diese erlangte sie erst im Rahmen der deutschen Wiedervereinigung durch den sog. „Zwei-plus-Vier-Vertrag" zurück. In diesem erteilten die vier alliierten Siegermächte ihr Einvernehmen mit der deutschen Wiedervereinigung und verzichteten auf ihre noch bestehenden Sonderrechte. Durch den „Zwei-plus-Vier-Vertrag" sowie den anschließenden Deutsch-Polnischen Vertrag wurde überdies die sog. „Oder-Neiße-Linie" völkerrechtlich verbindlich als deutsche Ostgrenze bestätigt. Weitere Gebietsansprüche der Bundesrepublik – insbesondere auf Teile des Reichsgebiets vom 31.12.1937 (vgl. Art. 116 I GG) – sind durch den „Zwei-plus-Vier-Vertrag" ausdrücklich ausgeschlossen. Mit der Wiedervereinigung am 3.10.1990 haben sich die zuvor bestehenden unterschiedlichen Auffassungen darüber, ob die Bundesrepublik auch zuvor trotz des nur teilweise übereinstimmenden Staatsgebiets mit dem Deutschen Reich identisch war oder nicht[10], weitgehend erledigt. Nunmehr ist davon auszugehen, dass die heutige Bundesrepublik Deutschland mit dem früheren Deutschen Reich als Völkerrechtssubjekt identisch ist, wohingegen die Deutsche Demokratische Republik (DDR) durch den Beitritt zur Bundesrepublik Deutschland als Völkerrechtssubjekt untergegangen ist.[11] Diese Identität der BRD mit dem Deutschen Reich bildet auch den grundsätzlichen Ansatzpunkt für Forderungen als Reparationen für Schäden aus den beiden Weltkriegen oder aus Altschulden, wie sie in jüngerer Zeit von Griechenland und Polen wieder erhoben werden. Im Londoner Schuldenabkommen (LSA) aus dem Jahr 1952[12] war die Frage von Reparationen auf „eine spätere Regelung" verschoben worden (Art. 5 II LSA). Die Bundesrepublik steht auf dem Rechtsstandpunkt, dass mit dem „Zwei-plus-Vier-Vertrag" eine solche endgültige Regelung vorliege, die in der Charta von Paris vom 21.11.1990[13] auch von den damaligen KSZE-Mitgliedstaaten (jetzt OSZE) akzeptiert worden sei[14]. Der BGH ist dieser Auffassung gefolgt[15]. Ob diese Rechtsauffassung völkerrechtlich zwingend ist, ist ungeklärt[16].

16 Neben die Staaten treten als Akteure in den internationalen Beziehungen in zunehmender Zahl **Internationale Organisationen**, die ebenfalls Träger von völkerrechtlichen Rechten und Pflichten sein können. Beispiele dafür sind die Vereinten Nationen, die Europäische Union (vgl. Art. 47 EUV) und die Welthandelsorganisation (WTO). Der Europäischen Union wird ausdrücklich Rechtspersönlichkeit zugewiesen (Art. 47 EUV), und sie trat am 1.12.2009 die Rechtsnachfolge der vorherigen EG an (Art. 1 III EUV). Im Unterschied zu den Staaten besteht die Völkerrechtsfähigkeit der Internationalen Organisationen aber nur als eine von ihren Mitgliedstaaten abgeleitete (derivative) und funktional auf die Aufgaben der Organisation und auf von den Mitgliedstaaten übertragene Befugnisse beschränkte (partielle). Sie gilt ferner nur im Verhältnis zu ihren Mitgliedstaaten bzw. Staaten, die die Organisation anerkannt haben (relative Völkerrechtsfähigkeit).

17 Darüber hinaus existieren historisch bedingt einige besondere bzw. atypische Völkerrechtssubjekte (der Heilige Stuhl, der Malteser-Ritterorden und das Internationale Komitee vom Roten Kreuz [IKRK]). Zunehmend werden auch **Individuen** und **Gruppen von Menschen** sowie **Nichtregierungsorganisationen** als (umstrittene) Rechtssubjekte des Völkerrechts wahrgenommen. Diese werden aber bisher – wenn überhaupt – nur durch

---

10 Vgl. *Geiger*, Staatsrecht III, 7. Aufl. 2018, S. 55 ff.

11 Eingehend *Dolzer*, in: Isensee/Kirchhof (Hrsg.), Handbuch des Staatsrechts, Bd. I, 3. Aufl. 2003, § 13.

12 BGBl. 1953 II 331, 556.

13 Presse- und Informationsamt der Bundesregierung, Bulletin Nr. 137, 24.11.1990, S. 1409 ff.

14 S. etwa BT-Drucks. 18/451.

15 BGHZ 155, 279.

16 S. dazu die Sachstandsberichte der Wissenschaftlichen Dienste des Deutschen Bundestages WD 2 – 3000 – 071/17 und WD 2 – 3000 – 066/19.

das Völkerrecht berechtigt oder verpflichtet; an der Erzeugung von neuem Völkerrecht wirken sie – anders als die bisherigen Völkerrechtssubjekte – nicht mit[17].

b) Völkerrechtliche Rechtsquellen (Art. 38 I IGH-Statut)

Das Völkerrecht speist sich aus drei klassischen Rechtsquellen, die in Art. 38 I des Statuts des Internationalen Gerichtshofs (IGH-Statut)[18] aufgezählt sind. Wichtigste Quelle sind die **völkerrechtlichen Verträge**. Das sind Verträge zwischen zwei oder mehr Völkerrechtssubjekten über einen dem Völkerrecht unterliegenden Gegenstand. Ihr Zustandekommen sowie ihre Anwendung und Auslegung richten sich nach dem Wiener Übereinkommen über das Recht der Verträge (WVRK)[19]. Bei der WVRK handelt es sich selbst um einen völkerrechtlichen Vertrag, dessen Inhalt aber nach herrschender Auffassung weitgehend völkergewohnheitsrechtliche Geltung beanspruchen kann. **Völkergewohnheitsrecht** entsteht infolge einer allgemeinen, als Recht anerkannten Übung. Seine Existenz ist oftmals nur schwer nachweisbar. Gleiches gilt für die **allgemeinen Rechtsgrundsätze** des Völkerrechts. Hierbei handelt es sich um Grundsätze, die übereinstimmend in den Rechtsordnungen vieler Staaten (meist im Privatrecht) zu finden sind und auf den völkerrechtlichen Verkehr übertragen werden können[20]. Völkergewohnheitsrecht und allgemeine Rechtsgrundsätze bilden die „allgemeinen Regeln des Völkerrechts“ i.S.v. Art. 25 GG (s. dazu unten Rn. 35 f.). 18

DEF.

In **Fall 1** beruft sich F auf einen völkerrechtlichen Vertrag zwischen der Bundesrepublik Deutschland und den USA. Die EMRK **(Fall 3)** ist ebenfalls ein völkerrechtlicher Vertrag i.S.v. Art. 59 II GG; ihr kommt allerdings – wie noch zu zeigen ist – wegen ihres Inhalts in der deutschen Rechtsordnung eine besondere Bedeutung zu. In **Fall 2** macht S eine Norm des Völkergewohnheitsrechts, also eine allgemeine Regel des Völkerrechts i.S.v. Art. 25 GG, geltend. In **Fall 4, 5** und **6** stützen sich A, C und W hingegen auf Normen des Europarechts (dazu sogleich). 19

c) Begriff des Europarechts

Eine allgemeingültige Definition des Begriffs „Europarecht“ existiert nicht[21]. Man kann den Begriff ganz weit verstehen und dazu das Recht aller europäischen Internationalen Organisationen einschließlich des von diesen gesetzten Rechts sowie die weiteren völkerrechtlichen Verträge zwischen europäischen Staaten zählen. Zum Examenspflichtstoff „Europarecht“ gehörte aber stets lediglich das Recht der Europäischen Union (EU; **„Unionsrecht“**) und der früheren Europäischen Gemeinschaft (**„Gemeinschaftsrecht“**), das vor dem VvL auch als Europarecht im engeren Sinne bezeichnet wurde. Das Verhältnis zwischen Union und EG wurde in der Vergangenheit ganz überwiegend mit einer **Tempelstruktur** verglichen, in der die EG gemeinsam mit der Europäischen Atomgemeinschaft (EAG) die erste Tempelsäule bildete, auf der (neben den intergouvernementalen Säulen der GASP[22] und der PJZS[23]) die EU ruhte (vgl. ex-Art. 1 III EUV a.F.). In ihrer 20

---

17 Vertiefend hierzu *v. Arnauld*, Völkerrecht, 4. Aufl. 2019, Rn. 58 ff.; zusammenfassend *Ipsen*, Völkerrecht, 7. Aufl. 2018, § 1 Rn. 6–17, § 6.
18 BGBl. 1973 II, S. 505.
19 BGBl. 1985 II, S. 926.
20 *Schweitzer/Dederer*, Staatsrecht III, 12. Aufl. 2020, Rn. 497.
21 Eingehend dazu *Herdegen*, Europarecht, 23. Aufl. 2022, § 1.
22 Gemeinsame Außen- und Sicherheitspolitik, Art. 23–46 EUV.
23 Polizeiliche und justizielle Zusammenarbeit in Strafsachen, Art. 82–89 AEUV als Teil des „Raums der Freiheit, der Sicherheit und des Rechts“ (Art. 3 II EUV).

Wirkung unterschieden sich Unions- und Gemeinschaftsrecht früher erheblich (vgl. dazu unten Rn. 39 ff.)[24]. Durch den VvL wurde die Europäische Gemeinschaft am 1. Dezember 2009 insgesamt durch die Europäische Union abgelöst. Die Unterscheidung zwischen „Gemeinschaftsrecht" und „Unionsrecht" wurde damit hinfällig, weil beide Teilrechtsordnungen miteinander verschmolzen. Der gesamte Examenspflichtstoff ist nunmehr **„Unionsrecht"**. Die Rechtswirkungen dieses „Unionsrechts" entsprechen aber denen des bisherigen „Gemeinschaftsrechts" (dazu näher Rn. 39 ff. und Rn. 65 ff.). Lediglich im Bereich der bisherigen zweiten Säule der Europäischen Union, der GASP, bleibt es bei einigen Besonderheiten, deren Reichweite derzeit aber noch nicht genau absehbar ist[25].

d) Europarechtliche Rechtsquellen

21 **aa) Primärrecht.** Die EU beruht seit dem VvL im Wesentlichen auf zwei eng miteinander verknüpften völkerrechtlichen Verträgen zwischen den Mitgliedstaaten: dem Vertrag über die Europäische Union (EUV) sowie dem Vertrag über die Arbeitsweise der Europäischen Union (AEUV; bis zum VvL: EGV). Man bezeichnet diese auch als **unionsrechtliches Primärrecht**. Sie stehen an der Spitze der europarechtlichen Normenhierarchie. Beide Verträge sind seit ihrer jeweiligen erstmaligen Vereinbarung (1992/1993 bzw. 1957/58) durch Änderungsverträge sowie durch die Verträge über den Beitritt weiterer Mitgliedstaaten vielfach modifiziert worden[26]. Zurzeit (2022) gelten sie in ihrer auf dem **VvL** beruhenden Fassung, der die letzte umfangreiche Änderung des Primärrechts mit sich brachte (Rn. 7). Zum primären Unionsrecht zählen auch die zahlreichen Protokolle zu den Verträgen (Art. 51 EUV). Ebenfalls Primärrecht stellen überdies die allgemeinen Rechtsgrundsätze dar, die in den Art. 6 III EUV, Art. 340 II AEUV angesprochen werden. Sie ähneln den allgemeinen Rechtsgrundsätzen des Völkerrechts (vgl. oben Rn. 18). Seit dem Inkrafttreten des Vertrags von Lissabon ebenfalls Bestandteil des Primärrechts ist infolge des inkorporierenden Verweises in Art. 6 I UAbs. 1 EUV die **EU-Grundrechtecharta (GRC)**. Zuvor konnte sie lediglich als bestätigende Rechtserkenntnisquelle bei der Ermittlung von Grundrechten im Unions- und Gemeinschaftsrecht dienen (vgl. dazu unten Rn. 257 ff.).

22 **bb) Sekundäres Unionsrecht (Art. 288 AEUV).** Als **sekundäres** oder **abgeleitetes Unionsrecht** bezeichnet man das von den Organen der EU in Ausübung der der EU übertragenen Rechtssetzungsbefugnisse nach Maßgabe der im Vertrag niedergelegten Verfahren erzeugte Recht (zu den Organen und zum Rechtssetzungsverfahren vgl. unten Rn. 237 ff.). Die hierfür zur Verfügung stehenden Handlungsformen ergeben sich aus Art. 288 I AEUV. Danach ist zu unterscheiden zwischen **Verordnungen**, **Richtlinien** und **Beschlüssen (bis zum 30.11.2009: Entscheidungen)**. Daneben existieren weitere, nicht ausdrücklich geregelte Handlungsformen, die zum Teil verbindlicher, zum Teil unverbindlicher Natur sind. Ihre Kenntnis wird im Pflichtstoff aber nicht verlangt und ihre Bedeutung durch den VvL zurückgedrängt[27].

DEF.

---

24 Eingehend zur früheren Struktur der EU nach dem Vertrag von Nizza *Streinz*, Europarecht, 8. Aufl. 2010, Rn. 133; *Schroeder*, Grundkurs Europarecht, 7. Aufl. 2021, § 1 Rn. 6.

25 Dazu *Streinz/Ohler/Herrmann*, Der Vertrag von Lissabon zur Reform der EU, 3. Aufl. 2010, S. 38 f., 92, 136 ff.

26 Vgl. zur Entwicklung des Primärrechts *Herdegen*, Europarecht, 23. Aufl. 2022, § 4.

27 Zu den Änderungen durch den VvL s. *Streinz/Ohler/Herrmann*, Der Vertrag von Lissabon zur Reform der EU, 3. Aufl. 2010, S. 93 f.

(1) Verordnungen (Art. 288 II AEUV). **Verordnungen** haben gemäß Art. 288 II AEUV allgemeine Geltung, sind in allen ihren Teilen verbindlich und gelten unmittelbar in jedem Mitgliedstaat. In ihren Rechtswirkungen ähneln Verordnungen innerstaatlichen Gesetzen und Rechtsverordnungen. 23

(2) Richtlinien (Art. 288 III AEUV). Keine Entsprechung im nationalen Recht gibt es für **Richtlinien**. Diese sind gemäß Art. 288 III AEUV hinsichtlich ihres Ziels für jeden Mitgliedstaat, an den sie gerichtet werden (in der Regel alle Mitgliedstaaten), verbindlich, überlassen jedoch den innerstaatlichen Stellen die Wahl der Form und der Mittel ihrer Umsetzung. Man spricht daher insoweit auch von einem **„zweistufigen" Rechtsetzungsverfahren**. Dem Erlass der Richtlinie auf der ersten Stufe folgt ein mitgliedstaatlicher Umsetzungsrechtsakt auf der zweiten Stufe (zu den Konsequenzen einer fehlerhaften Umsetzung s. Rn. 45 ff. und Rn. 77 ff.; zu den Anforderungen an den Umsetzungsrechtsakt s. Rn. 274). Für den Erlass der Umsetzungsbestimmungen legen Richtlinien regelmäßig eine bestimmte Frist fest. 24

(3) Beschlüsse (Art. 288 IV AEUV). **Beschlüsse** (Art. 288 IV AEUV) stellen das europarechtliche Äquivalent zum innerstaatlichen Verwaltungsakt dar, d.h. sie dienen zur Regelung von Einzelfällen mit verbindlicher Wirkung gegenüber einzelnen Mitgliedstaaten oder Privaten (z.B. im unionsrechtlichen Kartellrecht). Vor dem VvL wurde diese Handlungsform als Entscheidung bezeichnet (ex-Art. 249 IV EGV). Mit der Umbenennung wurde zugleich die Möglichkeit nicht adressierter, d.h. allgemeingültiger Beschlüsse geschaffen, die es im Unionsrecht zuvor zwar gab, die aber nicht ausdrücklich geregelt waren. 25

In **Fall 4** beruft sich A auf Vorschriften des AEUV (Art. 28 und 30), d.h. auf einen völkerrechtlichen Vertrag, der Teil des Primärrechts der Union ist. In **Fall 5** macht C geltend, dass eine Verordnung, also ein sekundärer Rechtsakt der Union (Art. 288 II AEUV), mit dem GG nicht vereinbar und daher unanwendbar sei. In **Fall 6** beruft sich der W auf eine Richtlinie (ebenfalls ein Sekundärrechtsakt, Art. 288 III AEUV), um die Unwirksamkeit der Befristung seines Arbeitsverhältnisses zu begründen. 26

4. Geltung und Anwendbarkeit völker- und europarechtlicher Rechtsnormen in der deutschen Rechtsordnung

a) Theoretische Grundlagen und Herangehensweise

Zum Verhältnis zwischen staatlichem Recht und Völkerrecht existieren eine Reihe von Theorien, die in zwei Hauptströmungen zerfallen, den **Monismus** und den **Dualismus**. Während der Monismus davon ausgeht, dass Völkerrecht und innerstaatliches Recht beide Teil einer zusammenhängenden *einheitlichen Rechtsordnung* sind, beruht der Dualismus auf der Vorstellung zweier grundsätzlich *getrennter Rechtsordnungen*. In beiden Fällen ist es denkbar, für Normenkollisionen (diese sind nur beim radikalen Dualismus ausgeschlossen) entweder einen Vorrang (Primat) des Völkerrechts oder einen des nationalen Rechts anzunehmen. Keine der beiden Theorien wird heute noch in Reinform vertreten. Vielmehr existieren gemäßigte Formen, die sich in ihren Ergebnissen in der praktischen Anwendung weitgehend ähneln und kaum noch Aufmerksamkeit erhalten[28]. 27

28 Vgl. hierzu *Schweitzer/Dederer*, Staatsrecht III, 12. Aufl. 2020, Rn. 51 ff.

28 Sowohl Monismus als auch Dualismus gehen heute davon aus, dass es Sache des nationalen Rechts ist, die Vereinbarkeit des innerstaatlichen Rechts mit dem Völkerrecht und damit die Einbeziehung des Völkerrechts in die nationale Rechtsordnung zu regeln und sicherzustellen[29]. Die **Transformationslehre** unterstellt, dass der innerstaatliche Gesetzgeber hierfür innerstaatliches Recht mit dem Inhalt der völkerrechtlichen Norm schafft. Im Unterschied dazu verliert das Völkerrecht bei einer **Adoption** oder **Inkorporation** durch die nationale Rechtsordnung nicht seinen Charakter als Völkerrecht. Zum gleichen Ergebnis gelangt die **Vollzugslehre**, der zufolge die Einbindung durch einen staatlichen Vollzugsbefehl, das Völkerrecht anzuwenden, bewirkt wird. Die Unterscheidung zwischen Transformation und Adoption/Vollzug hat Konsequenzen z.B. für die Fragen des Inkrafttretens, der Wirksamkeit und der Interpretation, die aber dadurch eingeebnet werden, dass auch die Transformationslehre in ihrer gemäßigten Form davon ausgeht, dass sich diese Fragen nach völkerrechtlichen Regeln (und nicht nach dem nationalen Recht) beurteilen[30].

29 In der Klausur sollte man sich in jedem Fall an den einschlägigen Normen des GG (Art. 25, 59 II GG) orientieren. Von der herrschenden Lehre und dem BVerfG werden diese als Beleg für eine **dualistische Konzeption des GG** verstanden, d.h. dass das Völkerrecht eine von der deutschen Rechtsordnung getrennte Rechtsordnung bildet. Die Wirkung von Völkerrecht im innerstaatlichen Recht richtet sich damit nach den Vorschriften des GG:

„Das Völkervertragsrecht ist innerstaatlich nicht unmittelbar, das heißt ohne Zustimmungsgesetz nach Art. 59 II GG, als geltendes Recht zu behandeln und – wie auch das Völkergewohnheitsrecht (vgl. Art. 25 GG) – nicht mit dem Rang des Verfassungsrechts ausgestattet. Dem Grundgesetz liegt deutlich die klassische Vorstellung zu Grunde, dass es sich bei dem Verhältnis des Völkerrechts zum nationalen Recht um ein Verhältnis zweier unterschiedlicher Rechtskreise handelt und dass die Natur dieses Verhältnisses aus der Sicht des nationalen Rechts nur durch das nationale Recht selbst bestimmt werden kann; dies zeigen die Existenz und der Wortlaut von Art. 25 und Art. 59 II GG.“[31]

Die gleiche dualistische Vorstellung besteht letztlich auch hinsichtlich des Verhältnisses zum Europäischen Unionsrecht. Allerdings gelten diesbezüglich aufgrund der Rechtsprechung des EuGH zur unmittelbaren Wirkung und zum Vorrang des Unionsrechts, die auch vom BVerfG grundsätzlich – wenngleich nicht schrankenlos – anerkannt ist, besondere Regeln (s. dazu unten Rn. 39 ff., 65 ff.). Danach zeichnet sich das Unionsrecht durch die Besonderheit aus, dass es über seine Wirkungen in der deutschen Rechtsordnung kraft **verfassungsrechtlicher Ermächtigung** (Art. 23 I GG) autonom entscheidet, während sich die Wirkungen des Völkerrechts im Einzelfall nach den Bestimmungen des GG richten[32].

b) Unterscheidung zwischen Geltung, Anwendbarkeit und Wirkung

30 Zunächst ist es wichtig, zwischen der Geltung einer Norm, ihrer Anwendbarkeit und ihrer Wirkung zu unterscheiden. **Geltung** bedeutet lediglich, dass eine Rechtsnorm als Teil einer bestimmten Rechtsordnung in ihr einen Befolgungsanspruch erhebt. Im Unterschied dazu meint **Anwendbarkeit**, dass eine Rechtsnorm aufgrund ihres Inhalts auf ein

DEF.

29 *Geiger*, Staatsrecht III, 7. Aufl. 2018, S. 143.
30 *Schweitzer/Dederer*, Staatsrecht III, 12. Aufl. 2020, Rn. 806 ff.
31 BVerfG, NJW 2004, S. 3407 ff. (3408).
32 Ausführlich hierzu *Herdegen*, Europarecht, 23. Aufl. 2022, § 10; vertiefend auch *Talmon*, Die Grenzen der Anwendung des Völkerrechts im deutschen Recht, JZ 2013, S. 12 ff.

bestimmtes Rechtsverhältnis angewendet werden kann und dadurch rechtliche **Wirkungen** erzeugt, d.h. Rechtssubjekten Rechte verleiht oder Pflichten auferlegt[33]. Die Frage der Anwendbarkeit bedingt daher regelmäßig die Frage danach, ob einer Norm konkrete Rechtsfolgen für einen bestimmten Tatbestand entnommen werden können (s. auch Rn. 33). Bei völkerrechtlichen Normen stellt sich dabei vor allem das Problem, dass diese dem Grundsatz nach nur Völkerrechtssubjekte im Verhältnis zu anderen Völkerrechtssubjekten binden. Die Rechtssubjekte (Rechtsträger) der innerstaatlichen Rechtsordnung (natürliche und juristische Personen des privaten und öffentlichen Rechts) sind aber mit dem Völkerrechtssubjekt Bundesrepublik Deutschland nicht identisch.

Konkret geht es um die Frage, ob z.B. ein völkerrechtlicher Vertrag, in dem sich die Bundesrepublik gegenüber den Vereinigten Staaten von Amerika zur Anerkennung von nach US-amerikanischem Recht gegründeten Gesellschaften verpflichtet **(Fall 1)**, dazu führt, dass das deutsche Gericht die F als rechtsfähig anerkennen muss, weil der völkerrechtliche Vertrag nicht lediglich den Vereinigten Staaten als Völkerrechtssubjekt, sondern vielmehr deren **Staatsangehörigen bzw. staatszugehörigen juristischen Personen unmittelbar eigene Rechte einräumt**. Dass der völkerrechtliche Vertrag nach Art. 59 II GG einfachem Bundesrecht gleichsteht, beantwortet diese Frage allein gerade nicht. **31**

c) Völkerrechtliche Verträge (Art. 59 II GG)

Die Wirkungen völkerrechtlicher Verträge der Bundesrepublik Deutschland bemessen sich nach Art. 59 II GG. Soweit völkerrechtliche Verträge die politischen Beziehungen des Bundes regeln oder sich auf Gegenstände der Bundesgesetzgebung beziehen, bedürfen sie der Zustimmung der jeweils zuständigen Gesetzgebungsorgane (Bundestag und ggf. Bundesrat; zur Frage, ob die Zustimmung der Länder erforderlich ist, s. Rn. 300 ff.) in der Form eines **Bundesgesetzes** (zum Umfang der hieraus folgenden Mitwirkungsrechte der Gesetzgebungsorgane vgl. unten Rn. 299 ff.). Daraus leitet sich auch die **Geltung völkerrechtlicher Verträge als einfaches Bundesrecht** unmittelbar ab, ungeachtet der Frage, ob man hierin einen Transformationsakt oder einen Vollzugsbefehl sieht[34]. Aus ihrer Geltung als einfaches Recht folgt für völkerrechtliche Verträge auch die grundsätzliche Verpflichtung von Behörden und Gerichten, diese zu beachten und zu befolgen (Art. 59 II i.V.m. Art. 20 III GG). Dabei sind die **Urteile zuständiger internationaler Gerichtshöfe**, in denen ein im deutschen Recht geltender völkerrechtlicher Vertrag interpretiert worden ist, ebenfalls zu berücksichtigen[35] (zur Reichweite und den Konsequenzen s. unten Rn. 55 ff.; zu den Besonderheiten der EMRK s. unten Rn. 58 ff.). **32**

Unmittelbar anwendbar auf Rechtsverhältnisse, an denen auch Private beteiligt sein können, sind Einzelbestimmungen völkerrechtlicher Verträge, die qua Zustimmungsgesetz Teil der anwendbaren deutschen Rechtsordnung geworden sind, dann, wenn sie keiner weiteren Vollzugsakte bedürfen, d.h. ohne weiteres justiziabel bzw. vollzugsfähig sind *(self-executing)*. Dies ist durch Auslegung der jeweiligen Bestimmung zu ermitteln. Das Gleiche gilt für die Frage, ob ein völkerrechtlicher Vertrag beabsichtigt, Einzelnen subjektive Rechte einzuräumen[36]. Nach dem BVerfG muss eine Vertragsbestimmung **33**

---

33 Eingehend hierzu *Herrmann*, Richtlinienumsetzung durch die Rechtsprechung, 2003, S. 32 ff. m.w.N.

34 Vgl. *Sauer*, Staatsrecht III, 7. Aufl. 2022, § 6, Rn. 14.

35 BVerfGK 9, 174 (190–193).

36 S. hierzu *Breuer*, Die Begründung individueller Rechte in völkerrechtlichen Verträgen nichtmenschenrechtlicher Art, in: Gornig/Schöbener/Bausback/Irmscher (Hrsg.), Iustitia et Pax: Gedächtnisschrift für Dieter Blumenwitz, 2008, S. 87 ff.

„nach Wortlaut, Zweck und Inhalt wie eine innerstaatliche Gesetzesvorschrift rechtliche Wirkungen auszulösen geeignet sein.“[37]

34 Laut Art. XXV des Deutsch-Amerikanischen Freundschafts-, Handels- und Schifffahrtsvertrags „sind“ Gesellschaften, die nach dem Recht der jeweils anderen Vertragspartei gegründet sind, anzuerkennen **(Fall 1)**. Diese Norm ist eindeutig und vollständig. Ihrem Wortlaut nach berechtigt sie auch und gerade Gesellschaften. F kann sich daher auf den Vertrag als unmittelbar anwendbares Bundesrecht berufen und ist von dem erkennenden Zivilgericht zwingend als rechtsfähig zu behandeln.

d) Allgemeine Regeln des Völkerrechts (Art. 25 GG)

35 Unter die allgemeinen Regeln des Völkerrechts i.S.v. Art. 25 GG werden nach einhelliger Auffassung das **Völkergewohnheitsrecht** und die **allgemeinen Rechtsgrundsätze des Völkerrechts** (s. oben Rn. 18) subsumiert, soweit diese von der „weitaus größeren Zahl der Staaten – nicht notwendigerweise auch von der Bundesrepublik Deutschland – anerkannt“[38] werden, es sei denn, dass die Bundesrepublik Deutschland eine völkerrechtliche Bindung als sog. *persistent objector* ausgeschlossen hat[39]. Ob auch regionales (partikuläres) Völkergewohnheitsrecht unter Art. 25 GG zu subsumieren ist, ist umstritten, wird von der h.M. aber abgelehnt[40]. Kraft Art. 25 GG sind die allgemeinen Regeln des Völkerrechts Bestandteil des Bundesrechts. Sie sind von den deutschen Staatsorganen grundsätzlich zu befolgen und Verletzungen sind zu unterlassen[41]. Der Formulierung, sie „erzeugen Rechte und Pflichten unmittelbar für die Bewohner des Bundesgebiets“, kommt keine eigenständige Bedeutung zu. Soweit eine allgemeine Regel des Völkerrechts ihrem Inhalt nach geeignet ist, subjektive Rechte für Einzelne zu begründen, ist die Anordnung deklaratorisch[42]. Fehlt es an einer solchen Eignung, so steht Art. 25 GG der Geltung dieser Regel als objektives Bundesrecht jedoch auch nicht entgegen[43]. „Bewohner des Bundesgebiets“ i.S.v. Art. 25 GG sind alle Personen, die sich im Bundesgebiet aufhalten (und sei es nur auf der Durchreise) oder dort ihren Sitz haben. Dementsprechend können sich auch Ausländer nach Art. 25 GG z.B. auf völkergewohnheitsrechtliche Mindeststandards des Fremdenrechts (der Hauptanwendungsfall des Art. 25 GG) berufen.

36 Sofern ein völkergewohnheitsrechtlicher Grundsatz des „freien Geleits“ existieren sollte[44], könnte sich S vor dem deutschen Strafgericht auf diesen nach Art. 25 GG unmittelbar berufen **(Fall 2)**, da ein solcher Grundsatz seinem Inhalt nach gerade auf die Erzeugung von subjektiven Rechten Einzelner angelegt wäre.

---

37 BVerfGE 29, 348 (360).
38 BVerfGE 16, 27 (35).
39 Zum Begriff des persistent objector s. *v. Arnauld*, Völkerrecht, 4. Aufl. 2019, Rn. 257 f.
40 Vgl. *Schweitzer/Dederer*, Staatsrecht III, 12. Aufl. 2020, Rn. 876 f.
41 BVerfG, NVwZ 2005, S. 560 ff. (562).
42 Vgl. *Herdegen*, in: Dürig/Herzog/Scholz (Hrsg.), Grundgesetz – Kommentar, 95. Aufl. 2021, Art. 25, Rn. 95; *Jarass*, in: Jarass/Pieroth, GG, 17. Aufl. 2022, Art. 25, Rn. 19 m.w.N.
43 *Streinz*, in: Sachs (Hrsg.), Grundgesetz – Kommentar, 9. Aufl. 2021, Art. 25, Rn. 40.
44 Ablehnend BGHSt 35, 216.

Exkurs: Das Normverifikationsverfahren (Art. 100 II GG) 37

Die Existenz von Völkergewohnheitsrecht und allgemeinen Rechtsgrundsätzen ist oftmals nur mit überaus großen Anstrengungen feststellbar und würde ein Fachgericht gleich welcher Gerichtsbarkeit daher regelmäßig überfordern. Überdies hat die Anerkennung einer Norm als Völkergewohnheitsrecht durch staatliche Gerichte Rückwirkungen auf deren völkergewohnheitsrechtlichen Charakter (vgl. Art. 38 I lit. d) IGH-Statut). Nicht zuletzt kann die Feststellung von höchster politischer Brisanz sein, etwa wenn es darum geht, die völkerrechtliche Zulässigkeit einer militärischen Intervention zu beurteilen, an der die Bundesrepublik oder befreundete Staaten z.B. im Rahmen der NATO oder der EU bereits teilnehmen[45]. Als prozessuales Gegenstück steht dem Art. 25 GG daher das **Normverifikationsverfahren** nach Art. 100 II GG gegenüber. In diesem Verfahren befindet das BVerfG mit Gesetzeskraft (vgl. §§ 31 II, 13 Nr. 12 BVerfGG) darüber, ob eine allgemeine Regel des Völkerrechts Teil des Bundesrechts ist, und ob sie unmittelbar Rechte und Pflichten von Einzelnen erzeugt (vgl. § 83 I BVerfGG). Im Verfahren sind die gesetzgebenden Organe sowie die Bundesregierung zu hören. Sie können überdies dem Verfahren jederzeit beitreten (§ 83 II BVerfGG). Die Voraussetzungen des Art. 100 II GG werden, dem Zweck der Vorschrift, völkerrechtswidrige Entscheidungen deutscher Gerichte zu vermeiden entsprechend, weit gefasst. So sind Existenz und Wirkung einer allgemeinen Regel des Völkerrechts bereits dann „zweifelhaft", wenn sich aufgrund etwa von Ansichten im völkerrechtlichen Schrifttum objektive Zweifel erkennen lassen. Die Zweifel müssen – ganz anders als bei Art. 100 I GG, wo bloße Zweifel gerade nicht genügen – auch nicht beim Gericht selbst bestehen. Bei Vorliegen objektiver Zweifel sind Gerichte verpflichtet, die Entscheidung des BVerfG einzuholen. Verstöße gegen diese Pflicht können im Wege der Verfassungsbeschwerde als Entziehung des gesetzlichen Richters (Art. 101 I 2 GG) geltend gemacht werden.

Die Frage, ob es einen völkergewohnheitsrechtlichen Grundsatz des „freien Geleits" gibt, sollte das Gericht in **Fall 2** daher im Rahmen eines Normverifikationsverfahrens durch das BVerfG klären lassen. 38

e) Europäisches Unionsrecht

Auch hinsichtlich der rechtlichen Einfügung des Europäischen Unionsrechts in die deutsche Rechtsordnung ist zwischen der Geltung der Normen als Teil von Recht und Gesetz i.S.v. Art. 20 III GG und ihrer unmittelbaren Anwendbarkeit sowie ihrer individualberechtigenden oder -verpflichtenden Wirkung zu unterscheiden; des Weiteren ist der Unterschied zwischen Primärrecht und den einzelnen Sekundärrechtsakten zu beachten. 39

aa) Primärrecht. Der EUV und der AEUV samt ihren Protokollen sind als völkerrechtliche Verträge kraft des jeweiligen Zustimmungsgesetzes nach Art. 23 I 2, 59 II GG Teil des Bundesrechts und damit Teil der in Deutschland geltenden Rechtsordnung i.S.v. Art. 20 III GG. Insoweit bestehen keine Besonderheiten gegenüber völkerrechtlichen Verträgen im Allgemeinen. Darüber hinaus versteht der EuGH das Unionsrecht seit der grundlegenden (zum Gemeinschaftsrecht ergangenen) Entscheidung ***Van Gend en Loos*** jedoch als eine **„neue Rechtsordnung des Völkerrechts"**, deren Rechtssubjekte nicht 40

45 Vgl. hierzu eingehend *Ruffert*, Der Entscheidungsmaßstab im Normverifikationsverfahren nach Art. 100 II GG, JZ 2001, S. 633 ff.; BVerfG, NVwZ 2008, S. 878 ff. Ein wichtiges Beispiel bildete in jüngerer Vergangenheit die Entscheidung BVerwGE 127, 302 zum Recht auf Befehlsverweigerung eines Majors der Bundeswehr, das sich aus der Unterstützung der Bundesrepublik Deutschland für den – nach Auffassung des BVerwG völkerrechtswidrigen – Krieg der USA und Großbritanniens gegen den Irak im Jahr 2003 ergab (das BVerwG hatte in diesem Verfahren allerdings keine Normverifikation angestrengt).

lediglich die Mitgliedstaaten, sondern auch die einzelnen Individuen sind. Begründet wurde dies unter anderem mit dem Ziel des damaligen EWGV (heute: AEUV), einen gemeinsamen Markt (heute: Binnenmarkt) zu schaffen, dessen Funktionieren den Einzelnen unmittelbar betrifft, mit der Mitwirkung der Bürger an der Union z.B. durch die Wahlen zum Europäischen Parlament (vgl. Art. 14 I, II EUV) und insbesondere mit der Existenz des Vorabentscheidungsverfahrens (Art. 267 AEUV), welches ohne die Möglichkeit der Bürger, sich vor nationalen Gerichten unmittelbar auf Vorschriften des Unionsrechts zu berufen, keinen Sinn ergäbe[46].

41 Als Voraussetzung dieser sog. **unmittelbaren Wirkung** (**Durchgriffswirkung** oder **Direktwirkung**) des Unionsrechts verlangt der EuGH, dass eine Vorschrift eine **inhaltlich hinreichend bestimmte und unbedingte Verpflichtung** eines Mitgliedstaates begründet, die keines weiteren Vollzugsakts mehr bedarf. Die Existenz von Ausnahmevorschriften, auf die sich die Mitgliedstaaten zur Abweichung von ihren Verpflichtungen ausnahmsweise berufen können (z.B. Art. 36 AEUV), steht der Unbedingtheit dabei nicht entgegen. Im Grundsatz unterscheiden sich diese Voraussetzungen nicht von dem Maßstab, der für die Beurteilung des *Self-executing*-Charakters eines völkerrechtlichen Vertrags angelegt wird (vgl. oben Rn. 33). Allerdings ist die Entscheidung hierüber den nationalen Gerichten vorbehalten, während der EuGH **dem Unionsrecht diese Wirkung aus sich heraus (autonom) entnimmt**.

42 Im **Fall 4** kann sich A daher auf Art. 28 und 30 AEUV unmittelbar berufen. Beide Vorschriften enthalten ein inhaltlich eindeutiges Verbot von Binnenzöllen für den Warenverkehr zwischen den Mitgliedstaaten der EU.

bb) Sekundärrecht.

43 **(1) Verordnungen.** **Verordnungen** gelten nach Art. 288 II AEUV unmittelbar in jedem Mitgliedstaat, d.h. sie bedürfen keiner besonderen staatlichen Geltungsanordnung mehr. Sie sind mit ihrem Inkrafttreten Teil der in Deutschland geltenden Rechtsordnung i.S.v. Art. 20 III GG, was sich auch aus Art. 59 II i.V.m. Art. 23 I 1 GG und Art. 288 II AEUV, der selbst Teil der in Deutschland geltenden Rechtsordnung ist, erklären lässt. Die Möglichkeit der Unionsorgane, in den Mitgliedstaaten durch den Erlass von Verordnungen unmittelbar geltendes Recht zu setzen, bildet gerade die Besonderheit des Unionsrechts als **supranationaler Rechtsordnung**, die es vom Völkerrecht maßgeblich unterscheidet. Sie ist Konsequenz der Übertragung von Hoheitsrechten auf die Europäische Union, die durch Art. 23 I 2 GG (bis 1993 durch Art. 24 I GG) verfassungsrechtlich ausdrücklich zugelassen ist. Nach der Rspr. des BVerfG folgt aus diesen Normen bei sachgerechter Auslegung nämlich nicht nur, dass diese neue Hoheitsgewalt selbstständig Recht setzen darf, sondern auch, dass die Hoheitsakte der durch die Verträge geschaffenen Hoheitsgewalt von den deutschen Behörden und Gerichten anzuerkennen sind[47].

44 Verordnungen entfalten damit unter den gleichen Voraussetzungen wie die Verträge selbst unmittelbare (begünstigende wie belastende) Wirkungen für Einzelne, d.h. auch im Fall von Verordnungen ist zu prüfen, ob die fragliche Vorschrift inhaltlich hinreichend bestimmt und unbedingt ist, so dass sie von Behörden und Gerichten angewendet werden kann.

46 Vgl. EuGH, Rs. 26/62, Van Gend en Loos, Slg. 1963, 1.
47 BVerfGE 31, 145 (173 ff.).

(2) Richtlinien. Anders als Verordnungen gelten **Richtlinien** gerade nicht unmittelbar in jedem Mitgliedstaat, sondern sind an die Mitgliedstaaten gerichtet und bedürfen des Erlasses von **Umsetzungsakten** durch die Mitgliedstaaten (Art. 288 III AEUV). Soweit die Umsetzung erfolgt, ist den Anforderungen des Unionsrechts Genüge getan und es bedarf keiner unmittelbaren Berufung des Einzelnen auf Bestimmungen der Richtlinie. Etwas anderes gilt, wenn ein Mitgliedstaat – was häufig vorkommt – eine Richtlinie **nicht rechtzeitig oder inhaltlich unzureichend umsetzt**. Der EuGH hat in der unterschiedlichen Formulierung von Art. 288 II und III AEUV keinen Grund gesehen, Richtlinien nicht unter bestimmten Voraussetzungen ähnliche Wirkungen wie Verordnungen zuzumessen. Dafür sprechen aus Sicht des EuGH die Zielverbindlichkeit der Richtlinie, die Effektivität des Unionsrechts („effet utile") sowie das Verbot des widersprüchlichen Verhaltens, das es den Mitgliedstaaten verbiete, sich gegenüber dem Bürger auf die unterlassene Umsetzung von Richtlinien zu berufen. Das BVerfG hat diese Rspr. ausdrücklich gebilligt[48]. **45**

Neben das Erfordernis der **inhaltlichen Bestimmtheit** und **Unbedingtheit** tritt als Voraussetzung für die unmittelbare Wirkung von Richtlinienbestimmungen ein **Verstoß des Mitgliedstaates gegen die Umsetzungsverpflichtung** hinzu. Fehlt es an einem solchen Verstoß, dann bedarf es der unmittelbaren Wirkung auch gar nicht, weil die Richtlinie ordnungsgemäß umgesetzt worden ist. Ein Verstoß gegen die Umsetzungsverpflichtung kann zwar auch von der Kommission im Vertragsverletzungsverfahren gegen den Mitgliedstaat vor dem EuGH (Art. 258 AEUV) verfolgt werden; diese Möglichkeit ist aber bei weitem nicht so effektiv wie eine dezentrale Durchsetzung der Umsetzungsverpflichtung durch die Unionsbürger. Liegen die Voraussetzungen der unmittelbaren Wirkung vor, dann sind die nationalen Behörden und Gerichte verpflichtet, die unmittelbare Wirkung von Amts wegen zu beachten. Einer ausdrücklichen „Berufung" auf die Vorschriften der Richtlinie durch den Einzelnen bedarf es nicht. **46**

Ungeachtet dieser Rspr. bleibt ein Unterschied zwischen Verordnungen und Richtlinien bestehen. Nach st. Rspr. des EuGH ist es nämlich ausgeschlossen, dass eine Richtlinienbestimmung als solche **Verpflichtungen von Einzelnen begründet**. Hingegen schließt der EuGH nicht aus, dass die unmittelbare Wirkung von Richtlinien im Einzelfall auch **belastende Wirkungen für Individuen** haben kann. Hierbei handelt es sich um eine der umstrittensten Fragen der Einwirkung des Unionsrechts auf das nationale Recht[49] (s. dazu unten Rn. 50 ff.). **47**

(a) Vertikale unmittelbare Wirkung und Begriff des Staates

Unstreitig kann sich der Einzelne auf ihn begünstigende Vorschriften nicht umgesetzter Richtlinien gegenüber dem Staat berufen, z.B. um sich gegen die Erhebung einer unionsrechtswidrigen Steuer zu wehren. Man spricht insoweit – mit der Vorstellung eines Über-Unterordnungsverhältnisses zwischen Staat und Bürger – von der **vertikalen unmittelbaren Wirkung**. Der EuGH versteht den **Begriff des Staates** hierbei ganz weit und fasst darunter jedenfalls Unternehmen, die unabhängig von ihrer Rechtsform Dienstleistungen im öffentlichen Interesse erbringen und hierzu mit besonderen Rechten ausgestattet sind (z.B. Stadtwerke oder öffentlich-rechtliche Rundfunkanstalten)[50]. Ob der Bürger dann im **48**

---

48 BVerfGE 75, 223 (235 ff.).

49 S. vertiefend dazu *Herrmann/W. Michl*, Wirkungen von EU-Richtlinien, JuS 2009, S. 1065 ff.

50 EuGH, Rs. C-188/89, Foster, Slg. 1990, I-3313, Rn. 18 ff.; EuGH, Rs. C-425/12, Portgás, ECLI:EU:C:2013:829, Rn. 23 ff.; EuGH, Rs. C-413/15, Farrell, ECLI:EU:C:2017:745, Rn. 32 ff.

Einzelfall in einer privatrechtlichen oder öffentlich-rechtlichen Beziehung zu diesem Unternehmen steht, ist unerheblich.

(b) Keine umgekehrt vertikale Wirkung

49 Ein **umgekehrt vertikales Rechtsverhältnis** liegt demgegenüber dann vor, wenn sich der Staat gegenüber dem Bürger auf eine nicht oder nicht hinreichend umgesetzte Richtlinienvorschrift berufen möchte. Dies schließt der EuGH in st. Rspr. aus. So kann eine Richtlinie insbesondere nicht die Wirkung haben, für sich allein und unabhängig von Durchführungsvorschriften die strafrechtliche Verantwortlichkeit von Einzelnen zu begründen oder zu verschärfen[51].

(c) Horizontale Rechtsverhältnisse und „mittelbare Direktwirkung"

50 Ebenfalls hat es der EuGH in st. Rspr. seit der Entscheidung ***Faccini Dori***[52] abgelehnt, Richtlinienvorschriften eine unmittelbare Wirkung in Privatrechtsverhältnissen zuzusprechen (sog. **horizontale Direktwirkung**), soweit dadurch Privaten unmittelbar Verpflichtungen auferlegt würden. Zur Begründung verweist der EuGH insbesondere auf den Grundsatz der Rechtssicherheit[53]. Ungeachtet dieser Rspr. hat der EuGH jedoch in einer Vielzahl von Fällen Richtlinienvorschriften unmittelbare Wirkung zugesprochen, obwohl hieraus *belastende Folgen* für Einzelne resultierten. So hat der EuGH mehrmals entschieden, dass sich Einzelne gegenüber den mitgliedstaatlichen Behörden unmittelbar auf die Vorschriften der Richtlinie über die Umweltverträglichkeitsprüfung (UVP-Richtlinie)[54] berufen können, um die Aufhebung einer einem Dritten unter Verstoß gegen die Pflichten der Behörden aus der UVP-Richtlinie erteilten Genehmigung zu erreichen (teilweise als **„mittelbare Direktwirkung"** bezeichnet).

51 Daneben hat der EuGH in einer Reihe von Fällen zwar nicht eine Berufung auf die Richtlinie als solche, jedoch auf die Richtlinienwidrigkeit nationaler Rechtsvorschriften zugelassen, aus der dann folgt, dass diese Vorschriften des nationalen Rechts unangewendet bleiben müssen (**Anwendungsvorrang**, s. dazu unten Rn. 65 ff.). Bestrebungen, eine solche, in der Literatur auch als **„negative unmittelbare Wirkung"** bezeichnete Richtlinienwirkung[55] ausdrücklich anzuerkennen, ist der EuGH bislang nicht gefolgt, sondern hat in den zuletzt entschiedenen Fällen auf die Pflicht zur richtlinienkonformen Auslegung verwiesen bzw. die Pflicht zur Außerachtlassung nationaler Rechtsvorschriften nicht (allein) auf eine Richtlinie gestützt, sondern überdies auf einen allgemeinen Rechtsgrundsatz des Unionsrechts oder eine Bestimmung der Grundrechte-Charta, also eine Norm des Primärrechts[56]. Der BGH hat im November 2008 in seiner ***Quelle***-Entscheidung[57] eine negative unmittelbare Wirkung ausdrücklich abgelehnt und stattdessen eine

51 EuGH, verb. Rs. C-387/02 u.a., Silvio Berlusconi u.a., Slg. 2005, I-3565, Rn. 74.

52 EuGH, Rs. C-91/92, Faccini Dori, Slg. 1994 I-3325.

53 EuGH, Rs. C-201/02, Delena Wells, Slg. 2004, I-723, Rn. 56; ablehnend auch EuGH, C-282/10, Maribel Dominguez, ECLI:EU:C:2012:33, Rn. 42.

54 Vgl. zuletzt EuGH, Rs. C-201/02, Delena Wells, Slg. 2004, I-723.

55 Eingehend hierzu *Herrmann*, Richtlinienumsetzung durch die Rechtsprechung, 2003, S. 64 ff. (77 ff.); ebenso *Weyer*, Unanwendbarkeit gemeinschaftsrechtswidriger nationaler Normen im Privatrechtsverhältnis, GPR 2004, S. 226 ff.

56 EuGH, verb. Rs. C-397/01 u.a., Bernhardt Pfeiffer u.a., Slg. 2004, I-8835, Rn. 108–116; Rs. C-282/10, Maribel Dominguez, Slg. 2012, I-33, Rn. 22–44; Rs. C-251/16, Cussens u.a./Brosnan, ECLI:EU:C:2017:881, Rn. 25–44; Rs. C-414/16, Egenberger, ECLI:EU:C:2018:257, Rn. 75–79. Zudem betont der Gerichtshof, dass der Anwendungsvorrang eine unmittelbare Wirkung voraussetze, s. EuGH, Rs. C-573/17, Poplawski, ECLI:EU:C:2019:530, Rn. 52 ff.

57 BGH, NJW 2009, S. 427 ff.

Pflicht zur richtlinienkonformen Reduktion angenommen, die aber zu praktisch weitgehend identischen Ergebnissen führt und von der echten Nichtanwendung einer Norm kaum zu unterscheiden ist (s. unten Rn. 74 ff.)[58]. Im Gegensatz dazu hat das BVerfG in seiner Entscheidung über die Verfassungsmäßigkeit der EuGH-Rspr. zum Grundsatz der Altersdiskriminierung explizit die Begrifflichkeit der „negativen" Wirkung von Richtlinien übernommen[59]. Für die Zulässigkeit der bloßen Nichtanwendung richtlinienwidriger nationaler Rechtsvorschriften auch in horizontalen Rechtsverhältnissen spricht neben dem Grundsatz der Effektivität, dass diese Vorschriften dem Einzelnen in einer vertikalen Situation ebenfalls nicht mehr entgegengehalten werden könnten. Dagegen spricht, dass die belastenden Wirkungen im Einzelfall für den Privaten, der sich gerade auf diese richtlinienwidrigen Vorschriften noch verlassen hatte, ebenso gravierend sein können, wie wenn ihm gegenüber eine Richtlinie unmittelbar angewendet würde. Letzteres gilt allerdings auch dann, wenn eine Norm lediglich einer richtlinienkonformen Rechtsfortbildung unterzogen oder zur Begründung auf eine Norm des Primärrechts ausgewichen wird. Im Sommer 2019 hat der Gerichtshof jedoch in der Entscheidung *Poplawski* den Anwendungsvorrang untrennbar an die unmittelbare Wirkung einer Bestimmung geknüpft. Danach kann

> "[d]er Grundsatz des Vorrangs des Unionsrechts […] daher nicht dazu führen, dass der wesentliche Unterschied zwischen den Bestimmungen des Unionsrechts, die unmittelbare Wirkung haben, und denen, die diese Wirkung nicht haben, in Frage gestellt wird, und folglich auch nicht dazu, dass eine einheitliche Regelung für die Anwendung sämtlicher Bestimmungen des Unionsrechts durch die nationalen Gerichte eingeführt wird."[60]

So komme der Anwendungsvorrang einer Richtlinienbestimmung dann nicht zu, wenn die Nichtanwendung einer nationalen Vorschrift dazu führen würde, einem Privaten eine zusätzliche Verpflichtung aufzuerlegen[61].

In **Fall 6** beruft sich W gegenüber seinem privaten Arbeitgeber auf die Richtlinienwidrigkeit des § 14 III TzBfG a.F. Dies ist problematisch, da nach der Rspr. des EuGH eine horizontale unmittelbare Wirkung von Richtlinien ausgeschlossen ist. Hier geht es aber nur darum, § 14 III TzBfG a.F. als Grundlage für eine Befristung ohne sachlichen Grund wegen seiner Unvereinbarkeit mit der Richtlinie 2000/78 außer Anwendung zu lassen. Die Rechtsfolge der Unwirksamkeit der Befristung ergäbe sich in diesem Fall aus dem nationalen Recht. Eine solche „negative unmittelbare Wirkung" ist nach einer im Schrifttum vertretenen Auffassung auch in horizontalen Rechtsverhältnissen grundsätzlich zulässig. Auch der EuGH kam im Ergebnis zu einer Unanwendbarkeit des § 14 III TzBfG a.F., stützte dies aber nicht allein auf einen Verstoß gegen die Richtlinie, sondern stellte überdies darauf ab, dass der – Grundsatz der Nichtdiskriminierung wegen des Alters ein – nunmehr in Art. 21 I GRC verankerter allgemeiner Rechtsgrundsatz des Unionsrechts sei, der ohne weiteres Verpflichtungen Privater begründen könne[62]. In anderen Fällen verwies der EuGH bei Scheitern der horizontalen unmittelbaren Wirkung auch auf die Pflicht zur richtlinienkonformen Auslegung (vgl. Rn. 74 ff.) sowie den Grundsatz der Staatshaftung der Mitgliedstaaten für die fehlerhafte Richtlinienumsetzung (vgl. Rn. 77 ff.). **52**

---

58 Vgl. zur Vertiefung *Jarass/Beljin*, Grenzen der Privatbelastung durch unmittelbar wirkende Richtlinien, EuR 2004, S. 714 ff.; *Haratsch/Koenig/Pechstein*, Europarecht, 12. Aufl. 2020, Rn. 413.

59 BVerfGE 126, 286 (311 f.).

60 EuGH, Rs. C-573/17, Daniel Adam Poplawski, ECLI:EU:C:2019:530, Rn. 60.

61 EuGH, Rs. C-573/17, Daniel Adam Poplawski, ECLI:EU:C:2019:530, Rn. 64.

62 EuGH, Rs. C-144/04, Werner Mangold, Slg. 2005, I-9981, Rn. 74 ff.

53 **(3) Beschlüsse.** **Beschlüsse** der Unionsorgane (Art. 288 IV AEUV) sind für den Adressaten unmittelbar verbindlich. Eine unmittelbare Wirkung zugunsten Dritter ist bei an Mitgliedstaaten gerichteten Beschlüssen nach der Rspr. des EuGH unter den gleichen Voraussetzungen wie bei Richtlinien möglich[63].

II. Behandlung von Kollisionsfällen – Vorrang und Konformauslegung

54 Mit der Feststellung der Anwendbarkeit als Teil von „Recht und Gesetz" i.S.v. Art. 20 III GG ist über den **Rang** völker- und europarechtlicher Normen im Stufenbau der Rechtsordnung noch nichts gesagt. Dabei gilt es zu beachten, dass die Rangfrage eine **Kollision** zwischen einer Norm des Völker- oder Europarechts und einer Norm des deutschen Rechts voraussetzt. Wo das deutsche Recht keine Regelung trifft (selten!), kann die anwendbare völker- oder europarechtliche Norm im Prinzip ohne Erörterung der Rangfrage unmittelbar angewendet werden (Ausnahme: Richtlinien in horizontalen und umgekehrt vertikalen Rechtsverhältnissen, s. oben Rn. 49 ff.). Lassen sich die Rechtsfolgen zweier Normen allerdings nicht miteinander vereinbaren, so stellt sich die Frage, welche Norm sich durchsetzt, weil sie die andere unwirksam **(Geltungsvorrang)** oder unanwendbar **(Anwendungsvorrang)** werden lässt[64]. Möglicherweise lässt sich der Konflikt aber auch durch eine an dem Inhalt der vorrangigen Norm ausgerichtete Auslegung vermeiden **(Konformauslegung)**. Was den Rang betrifft, bestehen zwischen den einzelnen völkerrechtlichen Rechtsquellen und zwischen dem Völker- und Europarecht erhebliche Unterschiede, die von entscheidender Bedeutung für die Fallbearbeitung sind.

1. Rang völkerrechtlicher Normen im deutschen Recht

a) Völkerrechtliche Verträge (Art. 59 II GG)

55 Die Ranganordnung für völkerrechtliche Verträge ergibt sich aus Art. 59 II GG. Danach gelten die jeweiligen Verträge entsprechend dem Rang des Zustimmungsgesetzes als **Bundesgesetze**, d.h. sie stehen unter der Verfassung und gehen Rechtsverordnungen (Art. 80 GG) sowie dem Landesrecht (Art. 31 GG) vor. Kommt es zu einer Kollision mit Bundesgesetzen, so lässt sich diese nicht aufgrund eines Vorrangs in die eine oder andere Richtung lösen. Vielmehr gelten die **allgemeinen Kollisionsregeln**, nach denen das jüngere Gesetz dem älteren vorgeht *(lex posterior derogat legi priori)*. Um zu verhindern, dass die Bundesrepublik Deutschland durch die Anwendung dieser Regel das Völkerrecht verletzt, ist jedoch zunächst zu versuchen, durch Auslegung den völkerrechtlichen Vertrag gegenüber dem nachfolgenden Gesetz als speziellere Vorschrift anzusehen *(lex specialis derogat legi generali)*. Hierzu verpflichtet auch das aus dem Grundsatz der Völkerrechtsfreundlichkeit des GG (s. oben Rn. 12) entnommene **Gebot zur völkerrechtsfreundlichen Auslegung** des deutschen Rechts.

Ungeklärt war lange, was zu geschehen hat, wenn die Auslegung ergibt, dass der **Gesetzgeber sich bewusst völkerrechtswidrig verhalten wollte**. Dem Gesetzgeber sollte es

63 EuGH, Rs. 9/70, Franz Grad („Leberpfennig"), Slg. 1970, 825.

64 Zur unterschiedlichen Wirkung von Geltungs- und Anwendungsvorrang s. *Schorkopf*, Staatsrecht der internationalen Beziehungen, 2017, § 1, Rn. 61 f.; *Sydow/Wittreck*, Deutsches und Europäisches Verfassungsrecht I, 2. Aufl. 2020, Kap. 4, Rn. 41 ff.

nach der früheren Rechtsprechung des BVerfG erlaubt sein, Völkervertragsrecht ausnahmsweise dann nicht zu beachten, wenn nur auf diese Weise ein Verstoß gegen die tragenden Grundsätze der Verfassung abzuwenden ist[65]. Zu diesen tragenden Grundsätzen zählen nach der Rechtsprechung des BVerfG jedenfalls die Menschenwürde und die Grundrechte[66].

In seiner neueren Rspr. sieht das BVerfG auch den **Fall einer schlichten Verweigerung der Völkerrechtsbefolgung durch den Gesetzgeber** für den Fall des „Treaty Override" im deutschen Recht der Doppelbesteuerung (§ 50d VII und X EStG) als verfassungskonform an. Ein genereller Vorrang völkerrechtlicher Verträge gegenüber nationalen Gesetzen besteht danach nicht. Art. 59 II GG vermittle einem völkerrechtlichen Vertrag keinen Rang über den einfachen Bundesgesetzen. Auch wenn die Völkerrechtsfreundlichkeit Verfassungsrang habe, so erfordere sie keine uneingeschränkte Befolgung völkerrechtlicher Normen. Vielmehr entfalte der Grundsatz der Völkerrechtsfreundlichkeit seine Wirkung nur im Rahmen des demokratischen und rechtsstaatlichen Systems des Grundgesetzes. Wenn aber einem völkerrechtlichen Vertrag uneingeschränkter Vorrang vor nationalen Gesetzen eingeräumt würde, so verstieße das sowohl gegen das Demokratieprinzip als auch gegen den Grundsatz der parlamentarischen Diskontinuität. Eine völkerrechtswidrige nationale Norm ist daher nicht per se verfassungswidrig. Für den Fall, dass der deutsche Gesetzgeber bewusst und gewollt von einer völkervertragsrechtlichen Verpflichtung abweiche, gelte daher der Lex-posterior-Grundsatz[67]. **56**

In **Fall 1** kommt es zu keiner Kollision mit sonstigen Gesetzen, da die Sitztheorie des deutschen internationalen Gesellschaftsrechts, der zufolge der US-amerikanischen Gesellschaft F aufgrund ihres Sitzes in Deutschland die Rechtsfähigkeit nach deutschem Recht fehlt, gesetzlich nirgends ausdrücklich geregelt ist. Es fehlt somit bereits an einer Norm, die der Anwendung des Art. XXV des Deutsch-Amerikanischen Vertrags entgegenstehen könnte. Soweit der Sitz tatsächlich in Deutschland liegt (oder ggfs. in einem anderen EU-Mitgliedstaat), sollte F dann auch Grundrechtsschutz als „inländische juristische Person" nach Art. 19 III GG genießen. Für die Grundrechtsberechtigung kommt es auf die konkrete Rechtspersönlichkeit nicht an. Eine Anknüpfung an den Sitz in Deutschland oder der EU ist danach für die Zuordnung zu einer Gesellschaftsrechtsordnung durch den Freundschafts-, Handels- und Schifffahrtsvertrag ausgeschlossen, nicht hingegen für die Grundrechtsberechtigung[68] (vgl. unten Rn. 73 ff.). **57**

b) Sonderfall: Die Europäische Menschenrechtskonvention

Die Europäische Menschenrechtskonvention (EMRK, s. dazu unten Rn. 309 ff.) stellt einen besonderen völkerrechtlichen Vertrag dar, durch den die – nach dem Ausschluss Russlands – 46 Mitgliedstaaten des Europarats zur Beachtung des in der EMRK und ihren Protokollen niedergelegten menschenrechtlichen Mindeststandards verpflichtet werden. Die Auslegung und Einhaltung der EMRK wird für die Mitgliedstaaten verbindlich durch den EGMR überprüft. Ihrem Inhalt nach unterscheidet sich die EMRK als sog. **58**

---

65 BVerfGE 111, 307 (319); vertiefend *Kadelbach*, Der Status der Europäischen Menschenrechtskonvention im deutschen Recht, JURA 2005, S. 480 ff.

66 BVerfG, NVwZ 2005, S. 560 ff. (562).

67 Ausführlicher zum Ganzen: *Sauer*, Staatsrecht III, 7. Aufl. 2022, § 6 Rn. 40 ff.; kritisch zu der Entscheidung: *Fastenrath*, Verfassungsrecht. Völkerrecht, JZ 2016, S. 636 ff.; klausurmäßig aufbereitet von *Wüstenbecker*, Völkerrechtswidrige Gesetze sind nicht automatisch verfassungswidrig („Treaty Override"), RÜ 2016, S. 314 ff.

68 Vgl. BVerfG, NJW 2018, 2392.

law-making treaty erheblich von sonstigen völkerrechtlichen Verträgen. Die Einräumung des Rangs einfachen Bundesrechts (Art. 59 II GG) wird dem **verfassungsrechtlichen Charakter der EMRK** als Teil des europäischen Grundrechtsschutzsystems nicht gerecht[69]. Dementsprechend genießt sie z.B. in Österreich Verfassungsrang und in einer Reihe von Konventionsstaaten zumindest Vorrang vor einfachen Gesetzen[70].

59 Zumindest **faktisch** kommt der EMRK – ungeachtet des Art. 59 II GG – auch in Deutschland ein **beschränkter Vorrang vor einfachen Gesetzen zu.** So hat das BVerfG zwar der EMRK Verfassungsrang ausdrücklich abgesprochen. Auch eine Verfassungsbeschwerde kann nicht allein auf eine Verletzung der Konventionsrechte gestützt werden, da im Verfassungsbeschwerdeverfahren nur die in Art. 93 I Nr. 4a GG aufgezählten Grundrechte und grundrechtsgleichen Rechte Prüfungsmaßstab sind (zur Rügefähigkeit von Verletzungen der EU-Grundrechtecharta vor dem BVerfG s. Rn. 285 f.). Bei der Auslegung des GG sind nach der Rspr. des BVerfG aber auch Inhalt und Entwicklungsstand der EMRK zu berücksichtigen, sofern dies nicht zu einer Einschränkung oder Minderung des Grundrechtsstandards führt (vgl. Art. 53 EMRK). Auch die **Rspr. des EGMR dient als Auslegungshilfe** für die Bestimmung von Inhalt und Reichweite von Grundrechten und rechtsstaatlichen Grundsätzen des GG[71]. Diese Heranziehung zielt allerdings nicht auf eine schematische Parallelisierung des konventionsrechtlichen mit dem grundgesetzlichen Grundrechtsschutz; die menschenrechtlichen Gehalte der EMRK (oder eines anderen menschenrechtlichen Vertrags) sollen vielmehr in den Kontext des GG „umgedacht" werden[72]. Als problematisch erweist sich die Befolgung der Rechtsprechung des EGMR dort, wo dieser über einen Konflikt zwischen im Einzelfall kollidierenden Grundrechtspositionen entscheidet, da sich in diesen Konstellationen zwangsläufig eine Minderung der Grundrechtspositionen eines der Beteiligten ergeben muss[73].

60 Unmittelbar an die Entscheidungen des EGMR gebunden sind die deutschen Gerichte allerdings nicht, und zwar auch dann nicht, wenn sie in einem Verfahren den vom EGMR gerügten Konventionsverstoß abstellen können. Vielmehr entnimmt das BVerfG Art. 20 III GG in seiner umstrittenen Entscheidung ***Görgülü*** aus dem Jahr 2004 eine Pflicht der deutschen Gerichte und Behörden zur **Berücksichtigung** der Gewährleistungen der Konvention wie auch der Entscheidungen des EGMR[74]. Gefordert ist danach, dass die deutschen Gerichte einschlägige Entscheidungen des EGMR zur Kenntnis nehmen und sich mit ihnen auseinandersetzen. Der Rechtsprechung des EGMR kommt für die Auslegung der EMRK damit eine faktische **Orientierungs- und Leitfunktion** auch über den konkret entschiedenen Einzelfall hinaus zu[75]. Auch sind die deutschen Gerichte verpflichtet, das nationale Recht nach Möglichkeit **im Einklang mit der Konvention auszulegen** (s. oben Rn. 55). Im Rahmen der geltenden methodischen Standards ist dabei der Auslegung des EGMR Vorrang zu geben, soweit nicht eindeutiges deutsches Gesetzesrecht entgegensteht bzw. eine Auslegung nach den anerkannten Auslegungsmethoden nicht mehr

69 *Uerpmann-Wittzack*, Die Bedeutung der EMRK für den deutschen und den unionalen Grundrechtsschutz, JURA 2014, S. 916 ff. (919 ff.).

70 Vgl. hierzu *Grabenwarter/Pabel*, Europäische Menschenrechtskonvention, 7. Aufl. 2021, § 3.

71 BVerfGE 74, 359 (370); BVerfGE 128, 326 (327); dazu *Uerpmann-Wittzack*, Die Bedeutung der EMRK für den deutschen und den unionalen Grundrechtsschutz, JURA 2014, S. 916 ff. (919–923).

72 BVerfGE 128, 326 (371) aufbauend auf *Häberle/Kotzur*, Europäische Verfassungslehre, 8. Aufl. 2016, S. 485 f.

73 BVerfGE 128, 326 (371).

74 BVerfGE 111, 307.

75 BVerfG, NVwZ 2018, S. 1121 ff. (1126).

vertretbar erscheint[76]. Gleichzeitig fordert das BVerfG auch, dass bei der Auslegung bzw. Berücksichtigung der EGMR-Rechtsprechung letztere **„kontextualisiert“** werden müsse. Insbesondere dürfen vom EGMR verwendete Begrifflichkeiten nicht unreflektiert auf ähnliche Begriffe des Grundgesetzes angewandt werden. In solchen Fällen sei im Rahmen der konventionsfreundlichen Auslegung des Grundgesetzes die Rechtsprechung des EGMR möglichst schonend in das vorhandene nationale Rechtssystem einzupassen.[77] Eine Entscheidung des EGMR kann darüber hinaus wie eine rechtserhebliche Änderung der Sach- oder Rechtslage auch die Rechts- und Gesetzeskraft einer Entscheidung des BVerfG überwinden[78].

61 Für eine solche Konstellation steht exemplarisch der **Fall 3**. Der Fußballbundestrainer kann seine Verfassungsbeschwerde jedenfalls nicht darauf stützen, der BGH habe mit seiner Entscheidung das Recht des K auf Privatsphäre (Art. 8 EMRK) verletzt, da die Konventionsrechte kein Prüfungsmaßstab im Verfassungsbeschwerdeverfahren sind. Vielmehr muss K darlegen, dass der BGH das Allgemeine Persönlichkeitsrecht (Art. 2 I i.V.m. 1 I GG) grundlegend verkannt hat, da er die Rspr. des EGMR zur Abwägung von Privatsphäre und Pressefreiheit nicht hinreichend berücksichtigt hat. Mit dieser Argumentation erscheint die Verfassungsbeschwerde – auch in Anbetracht der im Verfahren der Urteilsverfassungsbeschwerde reduzierten Kontrolldichte des BVerfG – nicht von vornherein aussichtslos. Ihr Erfolg hängt davon ab, ob sich der BGH im Einzelnen hinreichend mit der Auffassung des EGMR aus der *Caroline*-Entscheidung auseinandergesetzt hat[79] (der BGH und die weiteren deutschen Zivilgerichte haben ihre Rspr. zwischenzeitlich den Vorgaben der EMRK angepasst).

62 Die EMRK spielt darüber hinaus eine maßgebliche Rolle für den **Grundrechtsschutz nach dem Europäischen Unionsrecht**. Bislang diente sie dem EuGH über Art. 6 II EUV a.F. bereits als Rechtserkenntnisquelle bei der Ermittlung der Grundrechte als allgemeine Rechtsgrundsätze des Unionsrechts. Diese Funktion bleibt auch nach dem VvL nach Art. 6 III EUV bestehen, verliert aber wegen der nun gegebenen Rechtsverbindlichkeit der GRC (vgl. Art. 6 I EUV) an Bedeutung. Gleichzeitig verweist die GRC wiederum bezüglich des Inhalts und der Reichweite ihrer materiell-rechtlichen Gewährleistungen sowohl auf die EMRK als auch die gemeinsamen Verfassungsüberlieferungen der Mitgliedstaaten (Art. 52 III, IV GRC). Nunmehr sieht Art. 6 II EUV auch den Beitritt der Europäischen Union zur EMRK vor, für den mit dem Inkrafttreten des 14. Zusatzprotokolls zur EMRK die grundsätzliche Voraussetzung geschaffen wurde. Durch den Beitritt würde die EMRK unmittelbar auch für die Organe der Union verbindlich. Die näheren Details des Beitritts soll ein Beitrittsabkommen der EU mit den Mitgliedstaaten des Europarats regeln. Den diesbezüglichen Entwurf vom 5.4.2013 hat der EuGH am 18.12.2014 allerdings für mit dem Unionsrecht unvereinbar erklärt. Bis zum Beitritt der EU zur EMRK dürften daher noch einige Jahre vergehen[80].

---

76 BVerfGE 128, 326 (371); BVerfG, NVwZ 2018, S. 1121 ff. (1126).

77 BVerfG, NVwZ 2018, S. 1121 ff. (1127).

78 BVerfGE 128, 326 (365).

79 Vgl. vertiefend *Dörr*, JuS 2012, S. 1046 ff. und weiterführend *Cremer*, Caroline II – Zwischenschritt auf dem Weg zu einem Kooperationsverhältnis Straßburg-Karlsruhe?, ZaöRV 2014, S. 215 ff.

80 S. dazu *Haratsch/Koenig/Pechstein*, Europarecht, 12. Aufl. 2020, Rn. 747 ff.; *Castán*, Die Öffnung des EU-Rechts für die Europäische Menschenrechtskonvention – Überlegungen anlässlich des Gutachtens 2/13 des Europäischen Gerichtshofs, DÖV 2016, S. 12 ff.

c) Allgemeine Regeln des Völkerrechts (Art. 25 S. 2 GG)

63 Den allgemeinen Regeln des Völkerrechts weist Art. 25 S. 2 GG einen **Vorrang** vor einfachen Gesetzen zu. Dies wird überwiegend dahingehend verstanden, dass ihnen ein Rang unterhalb des GG eingeräumt wird. Soweit Gesetze gegen allgemeine Regeln des Völkerrechts verstoßen, sind sie rechtswidrig und damit zumindest unanwendbar, nach anderer Auffassung nichtig. In jedem Fall ist ein angefochtener nationaler Rechtsakt im Falle eines Verstoßes aufzuheben.

64 In **Fall 2** kommt es auf den Vorrang letztlich nicht an, da es keine deutschen Strafgesetze gibt, die der Berücksichtigung eines völkergewohnheitsrechtlichen dauernden Verfahrenshindernisses ausdrücklich entgegenstehen.

2. Vorrang des Europäischen Unionsrechts

a) Begründung des Vorrangs durch den EuGH

65 Der wesentlichste Unterschied zwischen Völkerrecht und Europäischem Unionsrecht betrifft die Rangfrage. Zum einen beantwortet der EuGH die Rangfrage unmittelbar aus dem Unionsrecht, wohingegen das Völkerrecht keinen Anspruch auf einen spezifischen Rang im nationalen Recht erhebt, solange der Staat insgesamt seine Befolgung sicherstellt. Überdies spricht der EuGH dem Unionsrecht **Vorrang vor jedwedem innerstaatlichen Recht** gleich welchen Ranges zu[81]. Im Fall einer Kollision zwischen unionsrechtlichen und nationalen Rechtsvorschriften haben letztere grundsätzlich außer Anwendung zu bleiben (**Anwendungsvorrang**)[82]. Die hieraus resultierende **Verwerfungsbefugnis** für unionsrechtswidriges nationales Recht spricht der EuGH ausdrücklich *allen* nationalen Gerichten zu. Vorschriften des nationalen Rechts, die ein Verwerfungsmonopol z.B. des Verfassungsgerichts für den Fall der Unionsrechtswidrigkeit nationaler Gesetze – und sei es auch mittelbar über eine Verknüpfung mit deren Verfassungswidrigkeit – bewirken, sind selbst als Verstoß gegen das Unionsrecht unanwendbar[83]. Zur Normverwerfung berechtigt sind darüber hinaus auch alle Behörden, wenngleich dies bisweilen bestritten wird[84]. Der Anwendungsvorrang gilt auch dann, wenn die Unanwendbarkeit der mitgliedstaatlichen Rechtsnorm zu erheblichen Regelungslücken führt. Eine übergangsweise Weiteranwendung unionsrechtswidriger nationaler Rechtsnormen hat der EuGH zwar nicht kategorisch ausgeschlossen, jedoch unter sehr strenge, von ihm jeweils selbst zu prüfende Voraussetzungen gestellt[85].

66 Diese für den **supranationalen Charakter** der Unionsrechtsordnung grundlegende Auffassung begründete der EuGH in der Entscheidung ***Costa/ENEL*** 1964 damit, dass die Mitgliedstaaten durch die Gründung der Gemeinschaft (nun der Union) auf unbestimmte

81 S. jüngst ausführlich EuGH, Rs. C-357/19 u.a., Strafverfahren gegen PM u.a., ECLI:EU:C:2021:1034, Rn. 244 ff.; Rs. C-824/18, A.B. u.a. gegen Krajowa Rada Sadownictwa, ECLI:EU:C:2021:153, Rn. 140 ff.

82 EuGH, verb. Rs. C-10/97 u.a., IN.CO.GE. 90 u.a., Slg. 1998, I-6307, Rn. 21; s. auch *Hwang*, Anwendungsvorrang statt Geltungsvorrang? Normlogische und institutionelle Überlegungen zum Vorrang des Unionsrechts, EuR 2016, S. 355 ff.

83 EuGH, Rs. 106/77, Simmenthal II, Slg. 1978, 629, Rn. 14, 16 ff.; Rs. C-556/17, Torubarov, ECLI:EU:C:2019:626, Rn. 73; Rs. C-357/19 u.a., Strafverfahren gegen PM u.a., ECLI:EU:C:2021:1034, Rn. 258.

84 S. dazu *Streinz/Herrmann*, Der Anwendungsvorrang des Gemeinschaftsrechts und die „Normverwerfung" durch deutsche Behörden, BayVBl. 2008, S. 1 ff.

85 EuGH, Rs. C-409/06, Winner Wetten, Slg. 2010, I-8015, Rn. 53 ff.

Zeit, mit eigener Rechtspersönlichkeit, eigenen Organen und echten Hoheitsrechten ihre Souveränitätsrechte auch mit Wirkung gegen sich selbst beschränkt hätten und keine einseitigen Maßnahmen gegen die Verpflichtungen aus den Unionsverträgen treffen könnten, da sonst die Effektivität und die einheitliche Geltung des Unionsrechts in den Mitgliedstaaten beeinträchtigt würde und die Verpflichtungen der Mitgliedstaaten nicht mehr unbedingt wären[86]. Aus Sicht des EuGH nimmt das gesamte unmittelbar geltende Unionsrecht (d.h. Primärrecht, Verordnungen und Beschlüsse sowie unmittelbar wirkende Richtlinienvorschriften) am Vorrang teil.

Nach Auffassung des EuGH muss das VG die Verordnung in **Fall 5** ungeachtet eines etwaigen Konflikts mit den Grundrechten des GG anwenden, da dem Unionsrecht Vorrang vor jedwedem nationalen Recht, einschließlich Bestimmungen der nationalen Verfassungen zukommt. Die Verordnung ist daher aus Sicht des EuGH auch nicht an den Grundrechten des GG zu messen. Die Gültigkeit von Sekundärrecht der Union bemisst sich allein nach Unionsrecht und die Entscheidung über die Gültigkeit ist ausschließlich dem EuGH vorbehalten (Art. 263, 267 AEUV). Denkbar wäre somit nur, dass die Verordnung gegen höherrangiges Unionsrecht verstößt und deswegen nichtig ist (vgl. Art. 6 I, III EUV, sowie unten Rn. 254 ff.). Darüber hat aber ausschließlich der GHEU zu entscheiden (nach Art. 263 oder Art 267 AEUV). 67

b) Anerkennung des Vorrangs durch das BVerfG

Das BVerfG hat die Rspr. des EuGH in der Entscheidung ***Lütticke*** (1971) ausdrücklich als Konsequenz der Übertragung von Hoheitsrechten nach Art. 24 I GG (heute nach Art. 23 I 2 GG) gebilligt. Art. 24 I GG besage bei sachgerechter Auslegung nicht nur, dass die Übertragung von Hoheitsrechten zulässig ist, sondern auch, dass die von dem neuen Hoheitsträger gesetzten Rechtsakte in der deutschen Rechtsordnung anzuerkennen sind. Auch die Erstreckung des Vorrangs auf unmittelbar wirkende Richtlinien hat das BVerfG als zulässige Rechtsfortbildung durch den EuGH anerkannt[87]. 68

Aus Sicht der deutschen Rechtsordnung gründet sich der Vorrang damit auf die im GG enthaltene **verfassungsrechtliche Ermächtigung** zur Übertragung von Hoheitsrechten auf die Europäische Union. Soweit ein Rechtsakt der Union die von der Bundesrepublik übertragenen Kompetenzen überschreitet, kann er nach der Rspr. des BVerfG daher in Deutschland keine Befolgung beanspruchen (**Ultra-vires-Kontrolle**; dazu näher unten Rn. 280 f.). Die Ermächtigung selbst ist zudem nicht unbeschränkt. So eröffnete bereits Art. 24 I GG nach Ansicht des BVerfG nicht den Weg, die Grundstruktur der Verfassung, auf der ihre Identität beruht, ohne Verfassungsänderung durch die Gesetzgebung einer zwischenstaatlichen Einrichtung wie der Union zu ändern[88]. Die aus der Verfassung abzuleitenden **Schranken der Integrationsermächtigung** sind seit 1993 ausdrücklich in Art. 23 I 1 und 3 GG niedergelegt. Dazu gehört insbesondere das Vorliegen eines dem GG im Wesentlichen gleich zu achtenden Grundrechtsschutzes (**Grundrechtskontrolle**; dazu näher unten Rn. 282 ff.). In seiner Entscheidung zur Verfassungsmäßigkeit des Zustimmungs- und Begleitgesetzes zum VvL hat das BVerfG den Inhalt dieser Schranken näher ausgeleuchtet und dabei insbesondere Kernbereiche deutscher Staatlichkeit identifiziert, die einer Übertragung auf die Europäische Union ohne eine Verfassungsänderung und gegebenenfalls eine Volksabstimmung nach Art. 146 GG entzogen sind (sog. **Identi-** 69

86 EuGH, Rs. 6/64, Costa/ENEL, Slg. 1964, 1253.
87 BVerfGE 75, 223 (234 ff.).
88 BVerfGE 37, 271 (277 ff.).

tätskontrolle, s. dazu unten Rn. 291 f.)[89]. Die Einhaltung dieser Schranken und somit auch die Grenzen des Vorrangs des Unionsrechts unterliegen damit der – eingeschränkten – Kontrolle des BVerfG (vgl. dazu unten Rn. 275 ff. und Rn. 281).

70 In **Fall 5** muss das VG die Verordnung ungeachtet der Bedenken hinsichtlich der Vereinbarkeit mit den Grundrechten des GG anwenden. Verordnungen der Union können grundsätzlich nicht am Maßstab des GG gemessen werden, sondern sind allein nach Unionsrecht zu beurteilen. Die Zuständigkeit hierfür liegt ausschließlich beim EuGH, dem das VG zunächst die Frage der Gültigkeit der Verordnung in einem Vorabentscheidungsverfahren nach Art. 267 AEUV vorlegen muss (vgl. dazu unten Rn. 94 ff.)[90].

3. Vermeidung von Kollisionsfällen durch Konformauslegung

a) Der Grundsatz der völkerrechtsfreundlichen Auslegung des deutschen Rechts

71 Nicht immer kollidieren nationale Rechtsvorschriften offenkundig mit völkerrechtlichen Verpflichtungen. Soweit sich ein Konflikt durch Auslegung beseitigen lässt, sind die deutschen Behörden und Gerichte auf der Grundlage der Völkerrechtsfreundlichkeit des GG dazu verpflichtet, davon auszugehen, dass der Gesetzgeber mit den völkerrechtlichen Verpflichtungen übereinstimmendes Recht setzen wollte (**Grundsatz der völkerrechtsfreundlichen Auslegung**; s. auch Rn. 12 und Rn. 55). Es ist damit das Auslegungsergebnis zu wählen, das den Anforderungen des Völkerrechts am ehesten gerecht wird[91]. Dies kann mithilfe der allgemeinen Kollisionsregeln von *lex specialis* und *lex posterior* geschehen, insbesondere indem der völkerrechtliche Vertrag als die speziellere Vorschrift gegenüber der allgemeinen Vorschrift deutschen Rechts angesehen wird. Doch auch entgegen den allgemeinen Kollisionsregeln setzt sich die völkerrechtsfreundliche Auslegung nach der bisherigen Rechtsprechung des BVerfG im anerkannten methodischen Rahmen des deutschen Rechts, d.h. insbesondere der Wortlautgrenze der jeweiligen Vorschrift, durch. Wo sich hingegen der Wille des Gesetzgebers zur Abweichung von völkerrechtlichen Bindungen eindeutig z.B. aus den Gesetzesmaterialien ergibt, bindet dieser Wille auch den Rechtsanwender gemäß Art. 20 III GG (s. dazu auch oben Rn. 56).

b) Die Pflicht zur unionsrechtskonformen Auslegung

72 Mit der völkerrechtsfreundlichen Auslegung lediglich vergleichbar, in Rechtsgrundlage und Auswirkungen jedoch streng von ihr zu unterscheiden, ist das unionsrechtliche Gebot zur Konformauslegung des nationalen Rechts. Es existiert in zwei unterschiedlichen Ausprägungen, wenngleich der EuGH in der jüngeren Rspr. dazu zu tendieren scheint, die an sich bestehenden dogmatischen Unterschiede zwischen den Instituten der allgemeinen **unionsrechtskonformen** und der **richtlinienkonformen** Auslegung einzuebnen. Zunächst ist festzuhalten, dass es sich bei den Varianten der unionsrechtskonformen Auslegung um eine echte **Rechtspflicht der Gerichte** handelt, die ihren Rechtsgrund im Unionsrecht selbst hat und deren Nichtbeachtung grundsätzlich einen Unionsrechtsverstoß darstellt.

---

89 BVerfGE 123, 267 (353 ff.).

90 Vertiefend zum Vorrang *Terhechte*, Grundwissen – Öffentliches Recht: Der Vorrang des Unionsrechts, JuS 2008, S. 403 ff.

91 Dazu ausführlich *Hofmann*, Der Grundsatz der völkerrechtsfreundlichen Auslegung, JURA 2013, S. 326 ff. (329–333).

aa) Allgemeine unionsrechtskonforme Auslegung. Art. 4 III EUV verpflichtet die Mitgliedstaaten dazu, alle geeigneten Maßnahmen zu treffen, um die Erfüllung ihrer Verpflichtungen aus dem Unionsrecht sicherzustellen. Eine der wichtigsten unmittelbar hieraus abgeleiteten Einzelpflichten ist das **Gebot der unionsrechtskonformen Auslegung** des nationalen Rechts (früher **„gemeinschaftsrechtskonforme Auslegung"**). Dieses verpflichtet die nationalen Gerichte, das nationale Recht unter voller Ausschöpfung des jeweils eingeräumten Beurteilungsspielraums in Übereinstimmung mit den Anforderungen des Unionsrechts auszulegen und anzuwenden. 73

Im Fall des Scheiterns der unionsrechtskonformen Auslegung ist entgegenstehendes nationales Recht nicht anzuwenden und gegebenenfalls das Unionsrecht unmittelbar anzuwenden[92].

Bsp.: Gemäß Art. 19 III GG gelten die Grundrechte „auch für inländische juristische Personen, soweit sie ihrem Wesen nach auf diese anwendbar sind". Dem Wortlaut nach könnten sich EU-ausländische juristische Personen damit nicht auf die Grundrechte des GG berufen. Das Unionsrecht verbietet jedoch sowohl in den Bestimmungen über die Grundfreiheiten (s. unten Rn. 144 ff.) als auch im allgemeinen Diskriminierungsverbot (Art. 18 AEUV) im Anwendungsbereich der Verträge jede Diskriminierung aus Gründen der Staatsangehörigkeit. Das BVerfG hat daher 2011 im Wege einer „Anwendungserweiterung" den Grundrechtsschutz auch auf **juristische Personen aus anderen EU-Mitgliedstaaten** erstreckt, soweit ein „hinreichender Inlandsbezug" besteht. Dabei hat das BVerfG aber nicht ganz klar gemacht, ob es sich hierbei um eine Konformauslegung oder um eine Nichtanwendung wegen Anwendungsvorrang handelt[93]. Dabei soll es für die Staatszugehörigkeitsbestimmung maßgeblich auf den tatsächlichen Mittelpunkt der juristischen Person als Sitz ankommen.

Exkurs: Eine international verflochtene juristische Person, bei der die maßgeblichen unternehmerischen Lenkungsentscheidungen nicht in Deutschland oder einem EU-Mitgliedstaat getroffen werden, genießt danach als ausländische juristische Person keinen Grundrechtsschutz nach Art. 19 III GG (im konkreten Fall für die internationale Rechtsanwaltssozietät Jones Day entschieden)[94]. Eine Grundrechtsberechtigung folgt insoweit auch nicht aus bilateralen völkerrechtlichen Verträgen wie dem Deutsch-Amerikanischen Freundschafts-, Handels- und Schifffahrtsvertrag von 1954 (s. oben Rn. 10 ff., **Fall 1**)[95]. 73a

bb) Richtlinienkonforme Auslegung. In Begründung und Reichweite dogmatisch komplexer und in der praktischen Anwendung ungleich wichtiger ist das **Gebot der richtlinienkonformen Auslegung** des gesamten nationalen Rechts, d.h. auch solcher Vorschriften, die nicht zur Umsetzung von Richtlinien erlassen wurden oder sogar älter sind als die jeweils einschlägige Richtlinie. Nach Auffassung des EuGH müssen die nationalen Gerichte infolge der aus Art. 288 III AEUV und komplementär aus Art. 4 III EUV folgenden **Umsetzungsverpflichtung** ihre Auslegung des nationalen Rechts so weit wie möglich am Wortlaut und Zweck einschlägiger Richtlinien ausrichten, um so sicherzustellen, dass das nationale Recht im Einklang mit den Zielen der Richtlinie angewendet wird[96]. Diese Pflicht entsteht jedoch erst mit Ablauf der Umsetzungsfrist. Eine echte Vorwirkung von Richtlinien existiert auch nach Rspr. des EuGH nur in Form des Frustrati- 74

92 Vgl. EuGH, Rs. 157/86, Murphy, Slg. 1988, 673.
93 BVerfGE 129, 78 (94-100).
94 BVerfG, NJW 2018, S. 2392.
95 BVerfG, ebd.
96 Vgl. EuGH, Rs. C-456/98, Centrosteel, Slg. 2000, I-6007, Rn. 17.

onsverbots. Hiernach ist es den Mitgliedstaaten auch vor Ablauf der Umsetzungsfrist untersagt, Vorschriften zu erlassen, die Ziel und Zweck der Richtlinie widersprechen[97]. In der deutschen Literatur lange Zeit umstritten war, ob hieraus auch eine Pflicht zur **richtlinienkonformen Rechtsfortbildung** folgte. Dies hat der EuGH unter Betonung der Maßgeblichkeit der Grenzen richterlicher Befugnisse nach nationalem Recht zumindest für die richtlinienkonforme Reduktion ausdrücklich bejaht. Der BGH hat in seiner *Quelle*-Entscheidung diese Möglichkeit für das deutsche Recht ebenfalls bejaht und das deutsche Verbrauchsgüterkaufrecht richtlinienkonform entgegen einem klaren und an sich eindeutigen gesetzlichen Wortlaut und Regelungszweck fortgebildet[98]. Generell gilt, dass die nationalen Gerichte alle methodengerechten Auslegungsmaßnahmen zu treffen haben, die ihnen das nationale Recht erlaubt. Bei Umsetzungsakten haben die Gerichte überdies davon auszugehen, dass der nationale Gesetzgeber die Richtlinie ordnungsgemäß umsetzen wollte. Ob eine möglicherweise festzustellende ausdrückliche Umsetzungsverweigerung durch den Gesetzgeber von den Gerichten zu beachten ist, ist im Schrifttum und zwischen den Fachgerichten umstritten. So erscheint es durchaus im Einklang mit Art. 20 III, 59 II GG, unter Berufung auf die in Art. 288 III AEUV ausgesprochene Zielverbindlichkeit der Richtlinie abweichende Zielsetzungen des nationalen Gesetzgebers unbeachtet zu lassen[99].

75 Besondere **(examens-)praktische Bedeutung** kommt der Pflicht zur richtlinienkonformen Auslegung dort zu, wo eine Richtlinie in einem **Privatrechtsverhältnis** gerade keine unmittelbare Wirkung entfalten kann (s. oben Rn. 50 f.). Die Frage allerdings, ob eine nationale Vorschrift, deren richtlinienkonforme Auslegung scheitert, noch angewendet werden darf, ist – wie die Frage der Beachtlichkeit des entgegenstehenden Willens des Gesetzgebers – umstritten. Die deutschen Obergerichte bejahen eine solche Möglichkeit eher[100]. Befürwortet man mit der hier vertretenen Auffassung – wohl entgegen dem EuGH[101] – jedoch eine negative unmittelbare Wirkung auch in Privatrechtsverhältnissen, dann führt das Scheitern der richtlinienkonformen Auslegung – ebenso wie das Scheitern einer unionsrechtskonformen Auslegung – zur Unanwendbarkeit des richtlinienwidrigen nationalen Rechts oder doch zumindest zu dessen weitgehender teleologischer Reduktion[102]. In Examensklausuren sind – angesichts der bestehenden Unsicherheiten – beide Positionen ohne weiteres vertretbar.

76 Die Pflicht zur richtlinienkonformen Auslegung findet ihre unionsrechtliche Grenze jedenfalls in den **allgemeinen Rechtsgrundsätzen** des Unionsrechts (vgl. Art. 6 III EUV), insbesondere im Grundsatz der **Rechtssicherheit** und im **Rückwirkungsverbot**. Dementsprechend bleibt äußerste Grenze der richtlinienkonformen Auslegung der **Wortlaut des nationalen Rechts**. Daher kann die Pflicht zur unionsrechtskonformen Auslegung auch nicht zu einer Auslegung des nationalen Rechts *contra legem* führen[103]. Das ist besonders im Strafrecht von Bedeutung und dient dazu, zu verhindern, dass die Strafbarkeit

97 Zur Vorwirkung von Richtlinien s. *Kubitza*, Die Vorwirkung von Richtlinien – die richtlinienbezogene Auslegung und ihre Grenzen, EuZW 2016, S. 691 ff.

98 BGH, NJW 2009, S. 427 ff.

99 Eingehend *Herrmann*, Richtlinienumsetzung durch die Rechtsprechung, 2003, S. 138 ff.; ähnlich *Roth*, Die richtlinienkonforme Auslegung, EWS 2005, S. 385 ff. (391 f.).

100 Siehe insbesondere BAG, NZA 2003, S. 742 ff. (749 f.); ebenso wohl auch BGH, NJW 2004, S. 153 f. (154).

101 EuGH, C-282/10, Maribel Dominguez, Slg. 2012, I-33, Rn. 22–44.

102 EuGH, verb. Rs. C-397/01 u.a., Bernhard Pfeiffer u.a., Slg. 2004, I-8835.

103 EuGH, Rs. C-579/15, Poplawski, ECLI:EU:C:2017:503, Rn. 32 f.

einer Person unter Rückgriff auf eine nicht umgesetzte Richtlinie begründet oder verschärft wird[104].

III. Staatshaftung wegen Verletzung des Europäischen Unionsrechts

Fall 7: Die EU-Pauschalreiserichtlinie sieht vor, dass die Mitgliedstaaten die Grundlage dafür schaffen, dass Pauschalreisende bei Vorauszahlung des Reisepreises einen Sicherungsschein erhalten, der nachweist, dass für den Fall der Insolvenz des Reiseveranstalters die Bezahlung der Leistungsträger (Hotels, Fluglinien etc.) und damit die Erbringung der Reiseleistung und der Rücktransport der Reisenden sichergestellt sind. Nachdem die Bundesrepublik die Richtlinie bis zum Ablauf der Umsetzungsfrist nicht umgesetzt hatte, verklagten Hunderte von Pauschalreisenden die Bundesrepublik auf Schadenersatz, weil sie infolge des Konkurses ihres Reiseveranstalters die Rückreisekosten aus Spanien – zusätzlich zum im Vorhinein entrichteten Reisepreis – selbst hatten tragen müssen. Muss die Bundesrepublik diesen Schaden ersetzen? **77**

Auch die unmittelbare Wirkung des Unionsrechts und die Pflicht zur unionsrechtskonformen Auslegung sind nicht in jedem Fall geeignet, dem Einzelnen zu den ihm unionsrechtlich eingeräumten Rechtspositionen zu verhelfen. Insbesondere dann, wenn durch Richtlinien Ansprüche Privater gegen andere Private begründet werden sollen, scheitert eine unmittelbare Wirkung meist (s. oben Rn. 50 ff.). Sofern ein Mitgliedstaat überhaupt keine Umsetzungsmaßnahmen erlassen hat, gelingt dann regelmäßig auch nicht die richtlinienkonforme Auslegung, da es für diese eines auslegungsfähigen Regelungsrahmens im nationalen Recht bedarf. Gleichzeitig weist das tradierte deutsche **Staatshaftungsrecht** Beschränkungen auf, die einen Anspruch wegen Verstößen gegen das Unionsrecht oftmals scheitern lassen würden. So ist nach herkömmlichem Verständnis ein Anspruch wegen **Legislativunrechts** ausgeschlossen, da den Parlamentariern im Rahmen der Gesetzgebung keine drittgerichteten Amtspflichten obliegen. Für Fehler der Gerichte greift das **Spruchrichterprivileg** des § 839 II BGB ein. Eine Haftung besteht danach an sich nur für Fehler der Exekutive[105]. **78**

Zur Stärkung der Effektivität des Unionsrechts und der dadurch begründeten Rechte Einzelner sowie als Sanktion für Mitgliedstaaten, die ihren Verpflichtungen aus dem Unionsrecht nicht hinreichend nachkommen, hat der EuGH den **allgemeinen Rechtsgrundsatz** entwickelt, dem zufolge die Mitgliedstaaten unter bestimmten Voraussetzungen Privaten die Schäden zu ersetzen haben, die diesen aus Verstößen der mitgliedstaatlichen Organe gegen das Unionsrecht erwachsen[106]. Besondere praktische Relevanz hat dies für Fälle der ungenügenden Umsetzung von Richtlinien. Wichtig ist überdies die vom EuGH vorgenommene Erstreckung der Haftung auch auf **Judikativunrecht**. **79**

In **Fall 7** scheitert eine unmittelbare Wirkung der Richtlinie daran, dass hier ein Anspruch gegen einen (welchen?) Versicherer konstruiert werden müsste, der bislang nicht einmal in Vertragsbeziehungen zu den Reisenden stand. Das ist sowohl unter dem Aspekt der hinreichenden in- **80**

104 Vgl. EuGH, verb. Rs. C-387/02 u.a., Silvio Berlusconi u.a., Slg. 2005, I-3565, Rn. 74.
105 Dazu näher *Maurer/Waldhoff*, Allgemeines Verwaltungsrecht, 20. Aufl. 2020, § 26 Rn. 33 ff., 52 ff.
106 Eingehend zur unionsrechtlichen Staatshaftung *Kling*, Die Haftung der Mitgliedstaaten der EG bei Verstößen gegen das Gemeinschaftsrecht, JURA 2005, S. 298 ff.; *Dörr*, Der unionsrechtliche Staatshaftungsanspruch in Deutschland zwanzig Jahre nach Francovich, EuZW 2012, S. 86 ff.

haltlichen Bestimmtheit der Richtlinie als auch wegen der verbotenen horizontalen Wirkung von Richtlinien ausgeschlossen. Ein auslegungsfähiger Rechtsrahmen im nationalen Recht fehlt (vgl. mittlerweile § 651k BGB). Ein Amtshaftungsanspruch allein nach *deutschem Recht* gegen die Bundesrepublik scheidet aus, da die Nichtumsetzung der Richtlinie auf einem Verstoß des Gesetzgebers gegen die Umsetzungspflicht aus Art. 288 III AEUV, Art. 4 III EUV beruht. Für Legislativunrecht wird nach herkömmlicher deutscher Dogmatik aber nicht gehaftet, weil die Amtspflichten der Abgeordneten nicht individualgerichtet sind.

1. Grundlage und Umfang des unionsrechtlichen Staatshaftungsanspruchs

81 Eine ausdrückliche Rechtsgrundlage für einen Anspruch von Privaten gegen die Mitgliedstaaten der EU auf Ersatz der Schäden, die ihnen aus Unionsrechtsverstößen der Mitgliedstaaten erwachsen, kennt das Unionsrecht nicht. Art. 340 II AEUV bezieht sich nur auf die außervertragliche Haftung der Union für durch ihre Organe oder Bediensteten verursachte Schäden[107]. Ungeachtet dessen hat der EuGH in der Entscheidung ***Francovich*** eine solche Haftung der Mitgliedstaaten als aus dem **Wesen der durch die Verträge geschaffenen Rechtsordnung** folgend angesehen. Das Unionsrecht stelle eine neue Rechtsordnung dar, in der Rechte von Individuen auch aufgrund eindeutiger Verpflichtungen der Mitgliedstaaten entstehen könnten, die von den nationalen Gerichten zu schützen seien. Die volle Wirksamkeit dieser Rechte wäre nach dem EuGH jedoch beeinträchtigt, wenn ein Einzelner keine Entschädigung für den Fall staatlicher Verstöße gegen das Unionsrecht erlangen könnte. Dies sei gerade dann unerlässlich, wenn die Verwirklichung der Rechte von staatlichem Handeln abhängig sei (wie z.B. im Rahmen der Richtlinienumsetzung)[108]. Überdies verweise Art. 340 II AEUV für die Begründung der Haftung der Union auf die **allgemeinen Rechtsgrundsätze** und bilde nur eine Ausprägung des in den Mitgliedstaaten geltenden Grundsatzes, dass eine rechtswidrige Handlung die Pflicht zum Schadenersatz nach sich zieht[109].

82 Nach Auffassung des EuGH kann die Haftung des Mitgliedstaats nach Unionsrecht nicht davon abhängen, welches staatliche Organ den Rechtsverstoß begangen hat. Die einheitliche Anwendung des Unionsrechts wäre gefährdet, wenn die Haftung von den internen Vorschriften über die Verteilung der Zuständigkeiten zwischen den Verfassungsorganen abhinge. Zudem werde der Staat auch im Völkerrecht als Einheit betrachtet, ohne dass danach unterschieden werde, welcher staatlichen Gewalt ein Verstoß zuzurechnen sei. Dies gelte in der Unionsrechtsordnung umso mehr, als in dieser alle staatlichen Instanzen bei der Erfüllung ihrer Aufgaben das Unionsrecht zu beachten hätten. Aus diesen Gründen erstrecke sich der Staatshaftungsanspruch auch auf Handlungen und Unterlassungen der **Legislative**.

83 Der EuGH hat sodann in der Entscheidung ***Köbler*** den Staatshaftungsanspruch auch auf **Unionsrechtsverstöße der Judikative** erstreckt. Neben den im Zusammenhang mit der Haftung für Legislativunrecht genannten Argumenten führt der EuGH die entscheidende Rolle der nationalen Gerichte für den Schutz der Rechte des Einzelnen an. Die volle Wirksamkeit dieser Rechte wäre gemindert und ein Verstoß durch letztinstanzliche Gerichte könnte regelmäßig nicht mehr rückgängig gemacht werden, weswegen diese im

107 Dies gilt sogar für Handlungen der Eurogruppe, s. EuGH, Rs. C-597/18 P u.a., Chrysostomides, ECLI:EU:C:2020:1028, Rn. 78 ff.

108 EuGH, verb. Rs. C-6/90 und C-9/90, Francovich, Slg. 1991, I-5357.

109 EuGH, verb. Rs. C-46/93 und C-48/93, Brasserie du Pêcheur/Factortame, Slg. 1996, I-1029, Rn. 28 f.

Rahmen des Vorabentscheidungsverfahrens gerade zur Vorlage unionsrechtlicher Fragen an den EuGH verpflichtet seien (Art. 267 III AEUV; vgl. dazu unten Rn. 102 ff.). Durch diesen Anspruch werde die Rechtskraft der Entscheidungen nicht in Frage gestellt. Zudem spreche auch der EGMR nach Art. 41 EMRK Entschädigungen zu, und zwar unter anderem in den Fällen, in denen der Konventionsverstoß auf einer letztinstanzlichen Entscheidung beruhe (vgl. unten Rn. 334; die Erschöpfung des Rechtswegs ist für die Zulässigkeit einer Individualbeschwerde beim EGMR regelmäßig Zulässigkeitsvoraussetzung, s. unten Rn. 318)[110]. Bei der Bestimmung der Voraussetzungen der Haftung für Judikativunrecht sei allerdings den **Besonderheiten der richterlichen Funktion** sowie den berechtigten Belangen der Rechtssicherheit Rechnung zu tragen (vgl. dazu sogleich Rn. 88)[111].

2. Unionsrechtliche Voraussetzungen des Staatshaftungsanspruchs

Nach der Rspr. des EuGH setzt der unionsrechtliche Staatshaftungsanspruch voraus, dass 84
ein Mitgliedstaat einen **„hinreichend qualifizierten Verstoß"** gegen eine Norm begangen hat, die die **Verleihung von Rechten an Einzelne** bezweckt, und dass ein **unmittelbarer Zusammenhang zwischen Verstoß und Schaden** (Kausalität) besteht. Der Gerichtshof stellt damit ausdrücklich einen Gleichklang zu den Voraussetzungen der Haftung der Union nach Art. 340 II AEUV her[112]. Dies führt jedoch nicht zu einer vollständigen Gleichstellung der Gesetzgebungsorgane der Union und der Mitgliedstaaten. Vielmehr billigt der EuGH der Legislative der Union einen weiten Ermessensspielraum zu, der nicht durch eine drohende Haftung unangemessen beschränkt werden dürfe. Hingegen steht dem nationalen Gesetzgeber im Anwendungsbereich des Unionsrechts systematisch gerade kein besonderes Ermessen zu. Vielmehr ist der nationale Gesetzgeber an die unionsrechtlichen Pflichten unmittelbar gebunden und in seiner Ermessensausübung erheblich eingeschränkt[113]. Etwas anderes gilt nach der Rspr. des EuGH jedoch für besonders sensible mitgliedstaatliche Kompetenzfelder wie z.B. die Gesundheitspolitik oder den Glückspielbereich. Die EU verfügt hier häufig nur über ergänzende Zuständigkeiten (vgl. z.B. Art. 168, Art. 6 S. 2 lit. a) AEUV), weswegen die Mitgliedstaaten dort einen weiten Beurteilungsspielraum genießen[114].

a) Individualberechtigende Norm

Die Beantwortung der Frage, ob eine Norm des Unionsrechts **Rechte Einzelner** zu be- 85
gründen bezweckt, richtet sich im Kern nach den gleichen Kriterien wie die Feststellung der Eignung zur Entfaltung der unmittelbaren Wirkung (zu unterscheiden von der Frage, ob eine unmittelbare Wirkung wegen der Verpflichtung Einzelner ggf. ausscheidet). Danach können grundsätzlich auch Normen, die ein an die Mitgliedstaaten gerichtetes, inhaltlich hinreichend bestimmtes und unbedingtes Ge- oder Verbot enthalten, individual-

110 EuGH, Rs. C-224/01, Köbler, Slg. 2003, I-10239, Rn. 49.

111 EuGH, Rs. C-224/01, Köbler, Slg. 2003, I-10239, Rn. 53; vertiefend zur Haftung für Judikativunrecht *Gundel*, Gemeinschaftsrechtliche Haftungsvorgaben für judikatives Unrecht – Konsequenzen für die Rechtskraft und das deutsche „Richterprivileg" (§ 839 II BGB), EWS 2004, S. 8 ff.; *Schöndorf-Haubold*, Die Haftung der Mitgliedstaaten für die Verletzung von EG-Recht durch nationale Gerichte, JuS 2006, S. 112 ff.

112 EuGH, verb. Rs. C-46/93 und C-48/93, Brasserie du Pêcheur/Factortame, Slg. 1996, I-1029, Rn. 40 ff.

113 EuGH, verb. Rs. C-46/93 und C-48/93, Brasserie du Pêcheur/Factortame, Slg. 1996, I-1029, Rn. 45 ff.

114 EuGH, verb. Rs. C-171/07 und C-172/07, Apothekerkammer des Saarlandes u.a., Slg. 2009, I-4171, Rn. 19.

berechtigend wirken, soweit die Befolgung des Ge- oder Verbots durch den Staat den Einzelnen begünstigen würde. Soll ein **Verstoß gegen die Pflicht zur Umsetzung einer Richtlinie** die Haftung auslösen, kommt es allerdings nicht auf die Umsetzungspflicht an, sondern darauf, ob die nicht oder unzureichend umgesetzte Norm der Richtlinie die Begründung von Rechten Einzelner bezweckt. Das Gleiche gilt, soweit ein Verstoß gegen die Pflicht zur unmittelbaren Anwendung einer Richtlinienvorschrift oder zur richtlinienkonformen Auslegung geltend gemacht wird, wobei diese Verstöße gegenüber der unzureichenden legislativen Umsetzung regelmäßig keinen weitergehenden Unrechtsgehalt aufweisen dürften. Ebenso wird man für den Fall eines Verstoßes gegen die Vorlagepflicht durch ein letztinstanzliches Gericht (Art. 267 III AEUV) weniger auf diesen Verstoß abzustellen haben, als auf einen aus der Nichtvorlage folgenden Fehler bei der Anwendung materieller unionsrechtlicher Normen.

86 In **Fall 7** kommt es also darauf an, ob die Vorschriften der Pauschalreiserichtlinie, durch die die Pflicht zur Beibringung von Sicherungsscheinen begründet wird, als individualberechtigend anzusehen sind. Dies kann bejaht werden, da die Sicherung gerade den Interessen der Pauschalreisenden dient, deren Vermögen durch eine Insolvenz des Reiseveranstalters gefährdet wird. Der Inhalt der Pflicht ist auch hinreichend bestimmt und die Mitgliedstaaten trifft eine unbedingte Pflicht, entsprechendes nationales Recht zu schaffen.

b) Hinreichend qualifizierter Verstoß

87 Um die Haftung eines Mitgliedstaates nach Unionsrecht auszulösen, genügt nicht jeder noch so geringfügige Verstoß gegen Unionsrecht. Dieser muss vielmehr **„hinreichend qualifiziert“** sein. Das entscheidende Kriterium hierfür sieht der EuGH darin, inwieweit ein Mitgliedstaat die Grenzen, die seinem Ermessen durch das Unionsrecht gesetzt sind, offenkundig und erheblich überschritten hat. Zu den hierbei zu berücksichtigenden Umständen zählt der Gerichtshof das Maß an Klarheit und Genauigkeit der verletzten Vorschrift, den Umfang des **Ermessensspielraums**, den die verletzte Vorschrift den nationalen Behörden einräumt, die Frage, ob der Verstoß vorsätzlich oder fahrlässig begangen oder der Schaden vorsätzlich oder fahrlässig herbeigeführt wurde, die Entschuldbarkeit oder Unentschuldbarkeit eines etwaigen Rechtsirrtums sowie ein etwaiges Mitverschulden der Unionsorgane. Ein hinreichend qualifizierter Verstoß ist jedenfalls dann gegeben, wenn der Verstoß entgegen einer eindeutigen Rspr. des EuGH fortbesteht, oder wenn ein Mitgliedstaat keinerlei Maßnahmen zur Umsetzung einer Richtlinie trifft und auch nicht aufgrund bereits bestehender innerstaatlicher Rechtsvorschriften davon ausgehen durfte, dass es besonderer Umsetzungsmaßnahmen nicht bedarf[115].

88 Für erlittenes **Judikativunrecht** hat der EuGH diese Kriterien in der Entscheidung ***Köbler*** weiter modifiziert. Unter Berücksichtigung der Besonderheiten der richterlichen Funktion und der Belange der Rechtssicherheit soll eine Haftung nur bei **„offenkundigen“ Verstößen** eintreten. Ob ein Verstoß offenkundig ist, sei wiederum im Rahmen einer Gesamtbeurteilung unter Heranziehung der Kriterien für hinreichend qualifizierte Verstöße zu beurteilen. Zusätzlich soll einem etwaigen Verstoß gegen die Vorlagepflicht (Art. 267 III AEUV) besondere Beachtung geschenkt werden[116].

---

115 Siehe aus der Rspr. BGH, WM 2009, S. 621 ff.

116 EuG, Rs. C-224/01, Köbler, Slg. 2003, I-10239; vertiefend dazu *Schöndorf-Haubold*, Die Haftung der Mitgliedstaaten für die Verletzung von EG-Recht durch nationale Gerichte, JuS 2006, S. 112 ff.

Da die Bundesrepublik in **Fall 7** keinerlei Maßnahmen zur Umsetzung der Richtlinie getroffen hatte und auch nicht aufgrund bestehender Rechtsvorschriften davon ausgehen konnte, dass das deutsche Recht bereits richtlinienkonform war, ist der Verstoß gegen die Umsetzungspflicht als hinreichend qualifiziert anzusehen. 89

c) Kausalität

Darüber hinaus muss der entstandene Schaden gerade auf dem Verstoß gegen die individualschützende Norm des Unionsrechts beruhen **(Kausalität)**. Daran fehlt es z.B. dann, wenn eine nicht umgesetzte Richtlinie (hinreichend qualifizierter Verstoß) von den Behörden eines Mitgliedstaats mit inhaltlich falschem Ergebnis unmittelbar angewendet wird. Der hier entstehende Schaden ist nicht auf den Verstoß gegen die Umsetzungspflicht zurückzuführen, sondern auf die falsche Anwendung im Einzelfall. Diese könnte dann allerdings selbst wiederum einen hinreichend qualifizierten Verstoß darstellen[117]. 90

Hätte die Bundesrepublik in **Fall 7** die Richtlinie rechtzeitig umgesetzt, wären die Rückreisekosten der Reisenden von der Versicherung getragen worden, die den Sicherungsschein im konkreten Fall gewährt hätte. Somit ist den Reisenden der Schaden gerade aus dem Verstoß der Bundesrepublik gegen die Pflicht zur Richtlinienumsetzung erwachsen. 91

3. Umsetzung im deutschen Staatshaftungsrecht

Liegen die Voraussetzungen des unionsrechtlichen Staatshaftungsanspruchs vor, so hat der jeweilige Mitgliedstaat den von ihm verursachten Schaden „im Rahmen des nationalen Haftungsrechts" zu ersetzen[118]. Damit wird hinsichtlich Fragen der gerichtlichen Zuständigkeit, des Verfahrens usw. auf das nationale Recht verwiesen, d.h. in Deutschland kommen Art. 34 GG und § 839 BGB zur Anwendung[119]. Dabei sind jedoch die für das nationale Verfahrensrecht allgemein geltenden unionsrechtlichen **Grundsätze der Äquivalenz und Effektivität** zu beachten. Sie besagen, dass die auf den Anspruch angewendeten nationalen Vorschriften nicht weniger günstig für den Anspruchsteller sein dürfen als in rein nationalen Sachverhalten, und dass die nationalen Vorschriften die Durchsetzung des Anspruchs nicht praktisch unmöglich machen oder übermäßig erschweren dürfen (vgl. dazu unten Rn. 110 ff.). Pauschale Beschränkungen der Haftung für Rechtsverletzungen durch die Legislative (fehlende Drittgerichtetheit der Amtspflicht) und Judikative (Spruchrichterprivileg) scheiden unter dem Aspekt der Effektivität von vornherein aus. Die Anspruchsgrundlage der Staatshaftung selbst sieht der BGH daher auch nicht in den – unionsrechtskonform ausgelegten – deutschen Normen (§ 839 BGB i.V.m. Art. 34 GG), sondern vielmehr unmittelbar im Unionsrecht verankert[120]. Auch ein generelles Verschuldenserfordernis nach nationalem Recht ist unionsrechtlich unzulässig, soweit es über die Kriterien für den hinreichend qualifizierten Verstoß hinausgeht[121]. Demgegenüber steht das Unionsrecht der Anwendung der Mitverschuldensregelung des § 839 III BGB nicht entgegen. Auch besondere Anforderungen an den Ersatz reiner Vermögensschäden im nationalen Staatshaftungsrecht sind zulässig, soweit sie einen Anspruch nicht 92

117 Vgl. hierzu EuGH, Rs. C-319/96, Brinkmann Tabakfabriken, Slg. 1998, I-5255, Rn. 26 ff.
118 EuGH, Rs. C-470/03, A.G.M.-COS.MET Srl, Slg. 2007, I-2749, Rn. 89 f.
119 Dazu vgl. *Durner*, Grundfälle zum Staatshaftungsrecht, JuS 2005, S. 793 ff.
120 BGHZ 134, 30 (39).
121 EuGH, verb. Rs. C-46/93 und C-48/93, Brasserie du Pêcheur/Factortame, Slg. 1996, I-1029, Rn. 79 f.

tatsächlich unmöglich machen und mit Blick auf den erlittenen Schaden der Höhe nach angemessen sein[122]. Ob im Einzelfall der Bund, ein Land oder eine Gemeinde Anspruchsgegner sind, beurteilt sich ausschließlich nach nationalem Recht, solange die Effektivität der Durchsetzung des Anspruchs nicht beeinträchtigt ist[123]. Subsidiär ist daher zumindest eine Ausfallhaftung des Bundes anzunehmen.

93 Die Bundesrepublik, die nach innerstaatlichem Recht zur Umsetzung der Pauschalreiserichtlinie verpflichtet war (vgl. Art. 74 I Nr. 1 GG, bürgerliches Recht), kann sich in **Fall 7** nicht darauf berufen, dass nach deutschem Staatshaftungsrecht keine Haftung für Rechtsverstöße durch den Gesetzgeber existiert. Die geltend gemachten Ansprüche bestehen daher dem Grunde nach.

IV. Prozessuale Verschränkung von Unionsrecht und nationalem Gerichtsverfahren – Das Vorabentscheidungsverfahren (Art. 267 AEUV)

94 **Fall 8:** Aufgabe des Registergerichts ist es, bestimmte Informationen des Rechts- und Geschäftsverkehrs, die für die Allgemeinheit von besonderer Bedeutung sind, zuverlässig und vollständig zu registrieren und in einem öffentlichen Register zugänglich zu machen. Der Verband deutscher Daihatsu-Händler e.V. stellt beim AG Kempen – Registergericht – den Antrag, der Daihatsu Deutschland GmbH unter Androhung von Zwangsmaßnahmen aufzugeben, ihre Jahresbilanzen offen zu legen. Das AG legt dem EuGH Fragen zur Auslegung der Ersten Gesellschaftsrechtsrichtlinie (RL 68/151) vor, die vorsieht, dass die Mitgliedstaaten die erforderlichen Maßnahmen treffen, damit Kapitalgesellschaften bestimmte Unterlagen veröffentlichen. Nach dem deutschen HGB in der zu diesem Zeitpunkt geltenden Fassung bestand ein Antragsrecht für ein Verfahren mit Zwangsmaßnahmen jedoch nur für Gesellschafter, Gläubiger sowie den Betriebsrat des Unternehmens. Das AG möchte wissen, ob sich der Verband als Vertreter der Hauptgeschäftspartner von Daihatsu Deutschland unmittelbar auf die RL 68/151 berufen kann. Ist die Vorlage zulässig?

95 Die Verschränkung von innerstaatlichem deutschem Recht und europäischem Unionsrecht führt dazu, dass in Verfahren vor nationalen Gerichten oftmals die Frage auftaucht, wie eine bestimmte Vorschrift des Unionsrechts auszulegen ist oder ob sie die Voraussetzungen einer unmittelbaren Wirkung erfüllt. Zur Sicherung der einheitlichen Auslegung und Anwendung des Unionsrechts konzentrieren die Verträge die letztverbindliche Auslegungszuständigkeit für das Unionsrecht sowie für die Entscheidung über die Gültigkeit von sekundärem Unionsrecht beim **GHEU** und eröffnen nationalen Gerichten die Möglichkeit, unionsrechtliche Fragen, die sich in anhängigen Verfahren stellen, dem Gerichtshof vorzulegen. Soweit gegen die Entscheidung eines nationalen Gerichts kein Rechtsmittel mehr zulässig ist, verpflichtet Art. 267 III AEUV sogar zu einer solchen Vorlage[124].

122 EuGH, Rs. C-445/06, Danske Slagterier, Slg. 2009, I-2119, Rn. 58 ff.
123 EuGH, Rs. C-302/97, Konle, Slg. 1999, I-3099.
124 Eingehend zum Vorabentscheidungsverfahren *Herrmann/Rosenfeldt*, Europäisches Prozessrecht, 2019, § 8; *Latzel/Streinz*, Das richtige Vorabentscheidungsersuchen, NJOZ 2013, S. 97 sowie *Mächtle*, Das Vorabentscheidungsverfahren, JuS 2015, S. 314 ff.

1. Zulässigkeitsvoraussetzungen einer Vorlage

a) Zuständigkeit des EuGH

Gemäß Art. 19 I UAbs. 1 S. 2 EUV sichert der GHEU, bestehend aus dem Gerichtshof (EuGH), dem Gericht (EuG) und den Fachgerichten (bis zum 1.9.2016 allein das nunmehr abgeschaffte Gericht für den öffentlichen Dienst – EuGöD) die Wahrung des Rechts bei der Auslegung und Anwendung der Verträge. Die Zuständigkeitsverteilung zwischen EuGH, EuG und (theoretisch) Fachgerichten ist näher in Art. 256, 257 AEUV sowie der Satzung des GHEU festgelegt. Zwar sieht Art. 256 III UAbs. 1 AEUV vor, dass auch dem EuG Zuständigkeiten für Vorabentscheidungen übertragen werden können. In der Satzung findet sich eine solche Übertragung bislang allerdings nicht (vgl. Art. 23, 51, 54 Satzung des Gerichtshofs). Der EuGH ist damit für Vorabentscheidungen derzeit ausschließlich zuständig. **96**

b) Vorlageberechtigung des nationalen Gerichts

Vorlageberechtigt ist gemäß Art. 267 II AEUV jedes **„Gericht eines Mitgliedstaates"**. **97**
Der Begriff „Gericht" ist dabei unionsrechtlich autonom auszulegen. Er setzt nach übereinstimmender Auffassung voraus, dass sich der Spruchkörper aus unabhängigen, also nicht weisungsgebundenen Mitgliedern zusammensetzt, nach nationalem Recht als streitentscheidende Institution vorgesehen ist, ordnungsgemäß gebildet worden ist, rechtsstaatlichen Verfahrensregelungen unterliegt und Entscheidungen mit Rechtsprechungscharakter trifft, denen die Rechtsordnung des jeweiligen Mitgliedstaats bindende Kraft beimisst[125]. Die Entscheidung muss grundsätzlich auf der Anwendung von Rechtsnormen beruhen und darf nicht allein auf Billigkeitsgesichtspunkte gestützt sein[126]. Als Gericht „eines Mitgliedstaates" sind Gerichte nur dann anzusehen, wenn sie in das staatliche Rechtsschutzsystem eingebunden sind. Dazu zählen nach der Rechtsprechung des EuGH auch **berufsständische Kammergerichte**, soweit sie die genannten Voraussetzungen erfüllen[127]. **Private Schiedsgerichte**, deren Zuständigkeit auf einer zwischen den Parteien freiwillig getroffenen Abrede beruht, sind ungeachtet der Anerkennung ihres Spruchs nach nationalem Recht vom EuGH wegen des fehlenden obligatorischen Charakters ihrer Gerichtsbarkeit nicht als Gerichte eines Mitgliedstaats anerkannt worden[128]. Ob dies auch für **Verbandsschiedsgerichte** (etwa der Sportverbände) gilt, deren Jurisdiktion für die Verbandsmitglieder obligatorisch ist, ist bislang nicht entschieden. Soweit der EuGH jedoch die Bindung des Unionsrechts auch auf sozial mächtige Verbände erstreckt, denen zumindest faktisch Regelungsautonomie für einen bestimmten Lebensbereich zukommt, wird man auch die Vorlageberechtigung von Verbandsschiedsgerichten bejahen können[129] (vgl. auch unten Rn. 147, 156).

In **Fall 8** ist die Vorlage des AG Kempen zulässig. Das AG erfüllt die Voraussetzungen, die der EuGH an das Tatbestandsmerkmal „Gericht eines Mitgliedstaates" knüpft, grundsätzlich ohne Weiteres. Bedenken gegen die Vorlageberechtigung des AG könnten sich allerdings daraus er- **98**

---

125 Vgl. EuGH, Rs. C-517/09, RTL Belgium SA, Slg. 2010, I-14093, Rn. 36 ff.; ausführlich zur Unabhängigkeit deutscher Gerichte im Hinblick auf die Rolle von Legislative und Exekutive bei Ernennungen und Beförderungen EuGH, Rs. C-272/19, Land Hessen, ECLI:EU:C:2020:535, Rn. 42 ff.

126 Vgl. *Pechstein*, EU-Prozessrecht, 4. Aufl. 2011, Rn. 804; *Herrmann/Rosenfeldt*, Europäisches Prozessrecht, 2019, Rn. 425.

127 EuGH, Rs. C-118/09, Koller, Slg. 2010, I-13627, Rn. 21 ff.

128 EuGH, Rs. 102/81, Nordsee/Reederei Mond, Slg. 1982, 1095.

129 Vgl. *Pechstein*, EU-Prozessrecht, 4. Aufl. 2011, Rn. 814.

geben, dass das AG im vorliegenden Fall als Registergericht zu entscheiden hat. Insoweit könnte man der Auffassung sein, das Registergericht treffe keine Entscheidung „mit Rechtsprechungscharakter", sondern handele funktional als Verwaltungsbehörde[130]. Dies wird man regelmäßig aber nur dann bejahen können, wenn auch im Einzelfall kein Rechtsstreit über die registerrechtlichen Pflichten eines Unternehmens geführt wird. Muss das Gericht über die Zwangsmaßnahmen allerdings – wie in **Fall 8** – in einem streitigen Verfahren auf Antrag einer anderen Streitpartei entscheiden, trifft es eine Entscheidung in einem zwischen zwei Parteien anhängigen Rechtsstreit, d.h. mit Rechtsprechungscharakter[131].

c) Zulässige Vorlagefrage

99 Gemäß Art. 267 I AEUV können dem Gerichtshof Fragen zur **Auslegung des Unionsrechts** (Art. 267 I lit. a) AEUV) sowie nach der **Gültigkeit abgeleiteten Unionsrechts** (alle Handlungen der Unionsstellen, Art. 267 I lit. b) AEUV) vorgelegt werden. Die Auslegungsbefugnis des EuGH erstreckt sich damit auf alle Rechtsquellen des Unionsrechts einschließlich der GRC und Beschlüsse zur Änderung des Primärrechts, die im vereinfachten Vertragsänderungsverfahren vom Europäischen Rat angenommen werden[132].

Unzulässig sind demgegenüber Fragen nach der Auslegung nationaler Rechtsvorschriften sowie nach der Vereinbarkeit nationalen Rechts mit dem Unionsrecht, da der EuGH für die Auslegung nationalen Rechts nicht zuständig ist[133]. Der EuGH formuliert unzulässige Fragen aber in zulässige um („Ist das Unionsrecht dahingehend auszulegen, dass es einer Vorschrift des nationalen Rechts entgegensteht, die … [Beschreibung des Inhalts der nationalen Norm]?")[134].

d) Entscheidungserheblichkeit der Vorlagefrage

100 Die Vorlagefrage muss überdies vom vorlegenden Gericht für entscheidungserheblich gehalten werden. Die **Entscheidungserheblichkeit** setzt voraus, dass der **Tenor** der Entscheidung von der Beantwortung der Vorlagefrage abhängt. Auswirkungen allein auf die Begründung eines im Ergebnis unveränderten Urteils sind ohne Belang. Der EuGH prüft die Entscheidungserheblichkeit allerdings nur darauf, ob Vorlagen lediglich konstruiert oder offensichtlich hypothetisch sind, ob zwischen der erbetenen Auslegung des Unionsrechts und den Gegebenheiten des Ausgangsverfahrens offensichtlich kein Zusammenhang besteht[135] oder der nationale Gesetzgeber autonom auf das Unionsrecht verweist, die Auslegung dieser Normen aber ohne den Regelungskontext nicht möglich ist[136]. In diesen Fällen weist der EuGH die Vorlage als unzulässig zurück.

---

130 Vgl. zu einem solchen Fall EuGH, Rs. C-96/04, Standesamt Stadt Niebüll, Slg. 2006, I-3561.

131 Vgl. hierzu EuGH, Rs. C-97/96, Daihatsu Deutschland, Slg. 1997, I-6843. Der EuGH behandelt die Vorlage in dieser Entscheidung ohne weitere Begründung als zulässig; vgl. für die unzulässige Vorlage eines Registergerichts EuGH Rs. C-497/08, Amiraike Berlin GmbH, Slg. 2010, I-11063, Rn. 16 ff.

132 EuGH, Rs. C-370/12, Pringle, ECLI:EU:C:2012:756, Rn. 31.

133 *Pechstein*, EU-Prozessrecht, 4. Aufl. 2011, Rn. 767.

134 *Herrmann/Rosenfeldt*, Europäisches Prozessrecht, 2019, Rn. 423; *Pechstein*, EU-Prozessrecht, 4. Aufl. 2011, Rn. 845 ff.; *Fischer/Fetzer*, Europarecht, 12. Aufl. 2019, Rn. 310.

135 *Herrmann/Rosenfeldt*, Europäisches Prozessrecht, 2019, Rn. 423; vgl. *Fischer/Fetzer*, Europarecht, 12. Aufl. 2019, Rn. 312; *Ehricke*, in: Streinz (Hrsg.), EUV/AEUV, 3. Aufl. 2018, Art. 267 AEUV, Rn. 36.

136 EuGH, Rs. C-620/19, J & S Service, ECLI:EU:C:2020:1011, Rn. 31 ff.

e) Formale Anforderungen an die Vorlage

Gemäß Art. 23 der Satzung des Gerichtshofs ist die Entscheidung des nationalen Gerichts zur Vorlage von diesem dem EuGH zu übermitteln, was eine schriftliche Entscheidung voraussetzt. Der notwendige Inhalt des Vorabentscheidungsersuchens ist in Art. 94 VerfOEuGH geregelt. Unter anderem muss das vorlegende Gericht dem EuGH die zur Auslegung erforderlichen tatsächlichen und rechtlichen Informationen des Ausgangsrechtsstreits übermitteln[137]. **101**

2. Vorlagepflicht letztinstanzlicher Gerichte

Zur Vorlage nicht nur berechtigt, sondern vielmehr **verpflichtet** sind diejenigen Gerichte, deren Entscheidungen nicht mehr mit Rechtsmitteln angegriffen werden können (**letztinstanzliche Gerichte**, Art. 267 III AEUV). Dabei kommt es nach der Rspr. des EuGH nicht darauf an, dass ein nationales Gericht generell am obersten Ende des Instanzenzugs steht, sondern vielmehr, dass die Entscheidung *im konkreten Fall* nicht mehr angegriffen werden kann. Die Möglichkeit einer Verfassungsbeschwerde ist dabei unbeachtlich. Hängt die Zulässigkeit eines Rechtsmittels von einer Zulassung ab, so ist das Gericht, das über die Zulassung des Rechtsmittels abschließend entscheidet, für den Fall der Nichtzulassungsentscheidung als letztinstanzliches Gericht anzusehen[138]. Die Verletzung der Vorlagepflicht aus Art. 267 III AEUV durch das mitgliedstaatliche Gericht kann im Wege eines Vertragsverletzungsverfahrens nach Art. 258 AEUV gerügt werden[139]. **102**

Die Vorlagepflicht besteht **ausnahmsweise dann nicht**, wenn der EuGH über eine gleich lautende Frage bereits entschieden hat oder wenn zu der Rechtsfrage bereits eine gefestigte Rspr. des EuGH besteht *(acte éclairé)*, bzw. wenn die richtige Anwendung des Unionsrechts derart offenkundig ist, dass keinerlei Raum für einen vernünftigen Zweifel an der Beantwortung der aufgeworfenen Frage bleibt *(acte clair)*. Dabei steht das bloße Vorliegen sich widersprechender Entscheidungen anderer einzelstaatlicher Gerichte der Annahme eines acte clair nicht entgegen[140]. Entscheidend ist vielmehr die „Gefahr von Divergenzen in der Rechtsprechung“[141]. Das nationale Gericht muss dann jedoch davon ausgehen, dass auch für die Gerichte der übrigen Mitgliedstaaten die gleiche Gewissheit besteht[142]. Dabei hat es die besondere Terminologie und Systematik des Unionsrechts und mögliche Unterschiede zwischen den Sprachfassungen zu berücksichtigen[143]. Es muss sich allerdings nicht vergewissern, dass auch für nichtgerichtliche Organe, d.h. für Verwaltungsbehörden, die gleiche Gewissheit besteht[144]. Ebenso wenig kann es auf die Auffassung der Parteien des Ausgangsverfahrens ankommen[145]. Unabhängig davon **103**

---

137 EuGH, Rs. C-19/14, Talasca/Stadt Kevelaer, ECLI:EU:C:2014:2049; im Detail *Latzel/Streinz*, Das richtige Vorabentscheidungsersuchen, NJOZ 2013, S. 97 (100).

138 EuGH, Rs. C-99/00, Lyckeskog, Slg. 2002, I-4839, Rn. 14 ff.; Rs. C-210/06, Cartesio, Slg. 2008, I-9641, Rn. 76.

139 EuGH, Rs. C-416/17, Kommission/Frankreich, ECLI:EU:C:2018:811, Rn. 105 ff.

140 EuGH, Rs. C-160/14, Ferreira da Silva e Brito u.a., ECLI:EU:C:2015:565, Rn. 41.

141 EuGH, Rs. C-160/14, Ferreira da Silva e Brito u.a., ECLI:EU:C:2015:565, Rn. 43; s. auch Rs. C-416/17, Kommission/Frankreich, ECLI:EU:C:2018:811, Rn. 110.

142 EuGH, Rs. 283/81, CILFIT, Slg. 1982, 3415, Rn. 13 ff.

143 EuGH, Rs. C-561/19, Consorzio Italian Management e Catania Multiservizi und Catania Multiservizi, ECLI:EU:C:2021:799, Rn. 40 ff.

144 Vgl. EuGH, Rs. C-495/03, Intermodal Transports BV, Slg. 2005, I-8151, Rn. 39.

145 EuGH, Rs. C-561/19, Consorzio Italian Management e Catania Multiservizi und Catania Multiservizi, ECLI:EU:C:2021:799, Rn. 54.

bleibt die Vorlagepflicht bestehen, wenn Bestimmungen einer Verordnung, die mit solchen einer vom EuGH bereits für ungültig erklärten Verordnung vergleichbar oder sogar identisch sind, ebenfalls für ungültig erklärt werden sollen, da der EuGH hierfür ausschließlich zuständig ist[146] (vgl. dazu sogleich Rn. 104). Keine Auswirkungen auf das Bestehen der Vorlagepflicht kann es hingegen haben, wenn das nationale letztinstanzliche Gericht bereits in einem vorhergehenden Verfahren über die Frage entschieden und dort die einschlägigen Unionsvorschriften oder mit dem EU-Recht übereinstimmende Maßstäbe des nationalen Rechts angewandt hat. Andernfalls würde nationalen Gerichten zumindest partiell die Deutungshoheit über den Inhalt des EU-Rechts übertragen[147].

3. Ungeschriebene Vorlagepflicht bei Annahme der Ungültigkeit einer Unionsrechtsnorm

104 Unterinstanzliche Gerichte sind grundsätzlich zur Vorlage nur berechtigt, nicht hingegen verpflichtet. Etwas anderes gilt dann, wenn ein nationales Gericht von der Unwirksamkeit einer Norm des abgeleiteten Unionsrechts ausgehen will. Die einheitliche Geltung und Anwendung des Unionsrechts wären durch Meinungsverschiedenheiten der Gerichte der Mitgliedstaaten über die Gültigkeit von Rechtsvorschriften des Unionsrechts besonders gefährdet. Zudem folgt aus der ausschließlichen Zuständigkeit des Gerichtshofs für die Nichtigerklärung von Handlungen der Unionsorgane und sonstigen Stellen der Union (Art. 263 AEUV), dass diesem auch die Ungültigerklärung vorbehalten sein muss, wenn diese vor nationalen Gerichten geltend gemacht wird. Daraus folgt, dass ein Gericht in jedem Fall den EuGH anrufen muss, wenn es in seinem Urteil von der **Ungültigkeit einer Norm des abgeleiteten Unionsrechts** ausgehen möchte[148] (zu den Besonderheiten in Verfahren des einstweiligen Rechtsschutzes vgl. unten Rn. 139 ff.). Auf eine „offensichtliche Nichtigkeit" i.S. der *Acte-clair*-Doktrin kann sich ein nationales Gericht in diesen Fällen nicht berufen, um von einer Vorlage abzusehen (s. oben Rn. 103).

4. Inzidentrüge (Art. 277 AEUV)

105 Der EuGH entscheidet nach Art. 267 I lit. b) AEUV auch über die Frage der Gültigkeit von Handlungen der Organe der Union, d.h. insbesondere über die Gültigkeit von Verordnungen, Richtlinien und Beschlüssen. Für den direkten Angriff gegen diese Rechtsakte gilt nach Art. 263 VI AEUV eine Frist von zwei Monaten. Art. 277 AEUV – der keine eigenständige Verfahrensart bildet – stellt klar, dass auch nach Ablauf dieser Frist die Gültigkeit von Handlungen mit allgemeiner Geltung vor dem EuGH – inzident – geltend gemacht werden kann. Aus dem Gedanken des effektiven Rechtsschutzes heraus ist diese Möglichkeit auf alle Fälle zu erstrecken, in denen die streitenden Parteien wegen der Einschränkung der Klageberechtigung nach Art. 263 IV AEUV den fraglichen Rechtsakt nicht im Wege der Direktklage nach Art. 263 AEUV angreifen konnten (zu den Voraussetzungen dieses Verfahrens vgl. unten Rn. 210 ff.). Bestand diese Möglichkeit hingegen zweifelsfrei, so ist eine Anwendung des Art. 277 AEUV ausgeschlossen[149]. Bei Verord-

---

146 Vgl. EuGH, Rs. C-461/03, Gaston Schul, Slg. 2005, I-10513, Rn. 19 ff.

147 EuGH, Rs. C-920/19, Fluctus u.a., ECLI:EU:C:2021:395, Rn. 57 ff.; Rs. C-322/16, Global Starnet, ECLI:EU:C:2017:985, Rn. 21 ff.; vgl. hierzu auch *Germelmann/Gundel*, Die Entwicklung der EuGH-Rechtsprechung zum europäischen Verfassungs- und Verwaltungsrecht im Jahr 2017, BayVBl. 2018, S. 689 (700).

148 Vgl. EuGH, Rs. 314/85, Foto-Frost, Slg. 1987, 4199, Rn. 13 ff.

149 Vgl. EuGH, Rs. C-188/92, TWD I, Slg. 1994, I-833, Rn. 23; Rs. C-241/95, Accrington Beef u.a., Slg. 1996, I-6699, Rn. 15 f.; EuGH, Rs. C-135/16, Georgsmarienhütte, ECLI:EU:C:2018:582, Rn. 13 ff.

nungen wird man von einer zweifelsfreien Direktklagemöglichkeit nur in eng umgrenzten Ausnahmefällen ausgehen können (s. dazu auch unten Rn. 223 ff.). Ist eine Präklusion nach den soeben dargestellten Grundsätzen zu bejahen, so fehlt es mangels Möglichkeit der Überprüfung des in Frage stehenden Unionsrechtsakts an der Entscheidungserheblichkeit der Vorlagefrage (Rn. 100). Das Vorabentscheidungsverfahren ist demnach unzulässig[150].

5. Wirkung der Entscheidung des EuGH

106 An einer Regelung der Wirkungen einer Vorabentscheidung durch den EuGH fehlt es. Art. 91 VerfOEuGH legt lediglich fest, dass Urteile des EuGH am Tag ihrer Verkündung **rechtskräftig** werden. Daraus ergibt sich aber noch nicht, welche **Bindungswirkungen** sie für das vorlegende Gericht sowie für andere Gerichte entfalten[151]. Ungeachtet dessen besteht Einigkeit darüber, dass sowohl das vorlegende Gericht als auch alle weiteren Gerichte, die in dem Ausgangsverfahren zu entscheiden haben, an die Entscheidung des Gerichtshofs gebunden sind. Überdies wird der Ungültigerklärung von abgeleitetem Unionsrecht über das konkrete Verfahren hinaus (zumindest faktisch) *Erga-omnes*-Wirkung zugesprochen. Eine erneute Vorlage ist im Fall der Ungültigerklärung daher unzulässig, im Fall der Gültigerklärung bei Vorbringen anderer möglicher Ungültigkeitsgründe aber gerade nicht. Auslegungsurteile binden alle nationalen Gerichte insoweit, als dass sie von der tenorierten Auslegung nicht abweichen dürfen. Vorlagen mit dem Ziel, den EuGH zu einer anderen Auslegung zu bewegen, sind jedoch zulässig. Ebenfalls an die Entscheidungen des EuGH gebunden sind darüber hinaus nach Art. 4 III EUV auch die nationalen Verwaltungsbehörden, die das Unionsrecht anzuwenden haben.

107 Grundsätzlich entfalten die Urteile des EuGH ihre Wirkungen *ex tunc*, d.h. dass z.B. eine vom EuGH vorgenommene Auslegung des Unionsrechts auch auf alle Sachverhalte angewendet werden muss, die in der Vergangenheit liegen, soweit diese noch nicht rechtskräftig abgeschlossen sind. Unter bestimmten Voraussetzungen kann Art. 4 III EUV die mitgliedstaatlichen Behörden und Gerichte dazu verpflichten, der Auslegung des EuGH unter Durchbrechung der Rechts- oder Bestandskraft zur Anwendung auf einen in der Vergangenheit abgeschlossenen Sachverhalt zu verhelfen (vgl. dazu unten Rn. 132 ff.). Der EuGH ist allerdings auch berechtigt, die Wirkung seiner Urteile auf zukünftige Sachverhalte *(ex nunc)* zu begrenzen (doppelt analoge Anwendung des Art. 264 II AEUV)[152].

6. Durchsetzung der Vorlagepflicht vor dem BVerfG

108 Kommt ein letztinstanzliches Gericht seiner Vorlagepflicht nicht nach, besteht die Möglichkeit, die letztinstanzliche Entscheidung unter Berufung auf Art. 101 I 2 GG (Recht auf den gesetzlichen Richter) im Wege der **Verfassungsbeschwerde** vor dem BVerfG anzugreifen. Der EuGH ist im Rahmen des Vorabentscheidungsverfahrens nach st. Rspr. **des BVerfG gesetzlicher Richter i.S.v. Art. 101 I 2 GG**[153]. Wie bei Prozessgrundrechten allgemein prüft das BVerfG aber nicht bloß, ob das fragliche Gericht dem EuGH eine Vorlagefrage hätte stellen müssen (d.h. ob die unionsrechtlichen Voraussetzungen der

150 EuGH, Rs. C-135/16, Georgsmarienhütte, ECLI:EU:C:2018:582, Rn. 13 ff.
151 Vgl. *Pechstein*, EU-Prozessrecht, 4. Aufl. 2011, Rn. 862.
152 Vgl. EuGH, Rs. C-163/90, Legros, Slg. 1992, I-4625, Rn. 30.
153 BVerfG, EuR 1988, S. 190 ff.

Vorlagepflicht gegeben waren), sondern ob es mit dieser Pflicht „offensichtlich unhaltbar", d.h. willkürlich umgegangen ist (verfassungsrechtlicher Prüfungsmaßstab). Zu bejahen ist dies in drei Fallgruppen. In jedem Fall liegt eine maßgebliche Verletzung der Vorlagepflicht vor, wenn das letztinstanzliche Gericht ohne Vorlage an den EuGH von dessen Rspr. bewusst abweicht (1). Auch wenn das Gericht seine Vorlagepflicht grundsätzlich verkennt, d.h. trotz erkannter Entscheidungserheblichkeit einer unionsrechtlichen Frage, deren Beantwortung zweifelhaft ist, eine Vorlage überhaupt nicht in Erwägung zieht, ist die Verfassungsbeschwerde begründet (2). Für den Fall einer unvollständigen Rspr. des EuGH zu der maßgeblichen unionsrechtlichen Frage – der am häufigsten vorkommende Fall – soll ein zur Urteilsaufhebung führender Verstoß gegen Art. 101 I 2 GG dann vorliegen, wenn die vom letztinstanzlichen Gericht gewählte Auffassung schlicht unvertretbar ist bzw. wenn das Gericht „den ihm notwendig zukommenden Beurteilungsrahmen in unvertretbarer Weise überschritten hat" (3). Letzteres kann nach der Rspr. des BVerfG insbesondere der Fall sein, wenn mögliche Gegenauffassungen zu der entscheidungserheblichen Frage der vom Gericht vertretenen Meinung eindeutig vorzuziehen sind[154]. Wenn das nationale Gericht eine eigene Lösung entwickelt, die nicht auf bestehende Rspr. des EuGH zurückgeführt werden kann und auch nicht einer eindeutigen Rechtslage entspricht, liegt eine Überschreitung des Beurteilungsrahmens vor[155]. Auch wenn ein Fachgericht willkürlich von einem „acte clair" oder „acte éclairé" ausgeht, wird dem Rechtssuchenden der gesetzliche Richter entzogen[156]. Im Regelfall muss aus der Entscheidung des letztinstanzlichen Gerichts hervorgehen, dass das Gericht die Möglichkeit einer Vorlage geprüft hat[157]; eine unbegründete Nichtvorlage ist nur ausnahmsweise zulässig[158]. Zudem muss sich das Gericht hinsichtlich des materiellen Unionsrechts hinreichend kundig machen[159].

§ 2 Einfluss des Europäischen Unionsrechts auf VwVfG und VwGO

109 **Fall 9:** Das in der Bundesrepublik ansässige Unternehmen A erhielt im Jahr 2018 auf Grund eines ordnungsgemäßen Antrags von der zuständigen deutschen Behörde gemäß nationalen Subventionsvorschriften eine Investitionszulage i.H.v. 1 000 000 Euro und verwendete diese bestimmungsgemäß. Die Subvention war nach deutschem Recht rechtmäßig, verstieß jedoch gegen Art. 107 I, 108 III AEUV, da sie geeignet war, den Handel zu beeinträchtigen und den Wettbewerb zwischen den Mitgliedstaaten zu verfälschen. Außerdem war die Kommission von den deutschen Behörden vor der Gewährung der Subvention nicht unterrichtet worden. Als die

154 Tiefergehend hierzu *Finck/Wagner*, Eine schrittweise Annäherung des BVerfG an den unionsrechtlichen Maßstab der Vorlagepflicht nach Art. 267 III AEUV beim gesetzlichen Richter?, NVwZ 2014, S. 1286 ff.

155 BVerfG, NJW 2015, 1294 (Rn. 29 ff.); BVerfGK 17, 108 (112–114).

156 BVerfGE 135, 155 (232 f.).

157 Vgl. zu den Voraussetzungen BVerfG, EuZW 2001, S. 255 f.; BVerfG, GRUR 2005, S. 52; BVerfGK 3, 355 (363 f.); BVerfG, NJW 2011, S. 288 ff.; BVerfG, NVwZ 2012, S. 1033 f.; vertiefend dazu *Bäcker*, Altes und Neues zum EuGH als gesetzlichem Richter, NJW 2011, S. 270 ff.; *Schröder*, Die Vorlagepflicht zum EuGH aus europarechtlicher und nationaler Perspektive, EuR 2011, S. 808 ff.; *D. Wolff*, Willkür und Offensichtlichkeit: Die verfassungsgerichtliche Prüfung einer Verletzung von Art. 101 Abs. 1 S. 2 GG i.V.m. Art. 267 Abs. 3 AEUV, AöR 141 (2016), S. 40 ff.

158 BVerfG, Nichtannahmebeschluss vom 23.12.2013 – 1 BvR 512/11 – juris, Rn. 3.

159 BVerfGE 135, 155 (233).

Kommission 2020 von der Subvention erfuhr, richtete sie an die Bundesrepublik Deutschland einen Beschluss, in dem sie die Gewährung der Subvention beanstandete und ihre Rückforderung verlangte. Die zuständige deutsche Behörde hebt daher 2022 den Subventionsbescheid auf und fordert die Subvention von A zurück. A erhebt nach erfolglosem Widerspruch Anfechtungsklage gegen den Aufhebungs- und Rückforderungsbescheid. Wie muss das VG entscheiden?

Fall 10: C führte Geflügelteile in Drittländer aus und erhielt dafür von der zuständigen Behörde Ausfuhrerstattungen auf unionsrechtlicher Grundlage. Im Rahmen einer Überprüfung der für die Erstattung maßgeblichen Tarifstelle im Zolltarif wurde die Einordnung von der Behörde zu Lasten des C geändert. C griff den daraufhin ergehenden Rückforderungsbescheid vor dem Finanzgericht und dem Bundesfinanzhof (BFH) erfolglos an. Eine Vorabentscheidung des EuGH zur Auslegung der streitentscheidenden Vorschriften des Unionsrechts wurde nicht eingeholt. Die befassten Gerichte hielten die Auslegung der Vorschriften für eindeutig. In einem späteren Verfahren zwischen anderen Beteiligten bestätigte der EuGH die Rechtsauffassung des C. Dieser beantragt daraufhin beim zuständigen Hauptzollamt (HZA) die Erstattung des von ihm zuvor zurückgezahlten Betrages samt Zinsen. Das HZA verweist C auf die Bestandskraft des Rückforderungsbescheides und lehnt die geforderte Erstattung ab. Hiergegen wendet sich C mit der Verpflichtungsklage vor dem VG. Wie wird das VG entscheiden?

Fall 11: Eine EU-Verordnung über die gemeinsame Marktordnung für Wein ermächtigt die Kommission, die Destillation von Wein zwingend anzuordnen, wenn aufgrund von Überschüssen mit einem Preisverfall zu rechnen ist. Für das Jahr 2022 traf die Kommission einen entsprechenden Beschluss, in dem die zu destillierende Gesamtmenge für die deutschen Winzer auf 60 000 Hektoliter festgelegt wurde. Die zuständigen deutschen Behörden vollzogen diesen Beschluss, indem sie gegenüber den deutschen Winzern Verwaltungsakte erließen, in denen der anteilig jeweils zu destillierende Wein mengenmäßig festgesetzt war. Die Behörden erklärten die VAe wegen des besonderen Interesses der EU an der schnellen Destillation zur Abwehr der Marktstörung für sofort vollziehbar (§ 80 II S. 1 Nr. 4 VwGO). Winzer W wendet sich klageweise gegen den an ihn gerichteten Bescheid und beantragt beim VG die Wiederherstellung der aufschiebenden Wirkung seines Rechtsbehelfs. Zum einen fehle es an einem überwiegenden öffentlichen Interesse an der sofortigen Vollziehung, zum anderen seien bereits die EU-Verordnung sowie der Kommissionsbeschluss unionsrechtswidrig, wofür gute Argumente sprechen. Wie wird das VG entscheiden?

I. Grundsätze des Verwaltungsvollzugs des Unionsrechts

1. Grundsatz des mitgliedstaatlichen Vollzugs des Unionsrechts

In Ermangelung eines hinreichenden eigenen Verwaltungsapparats und dem Grundsatz 110
der Subsidiarität entsprechend obliegt der Vollzug des Unionsrechts regelmäßig nicht den Organen der Union, sondern den Behörden der Mitgliedstaaten **(indirekter Vollzug, vgl. Art. 291 I AEUV)**. Die Behörden unterliegen damit zumeist – soweit das Unionsrecht nicht ausnahmsweise diesbezügliche Verfahrensvorschriften enthält – dem nationalen Verwaltungsverfahrensrecht und dem anwendbaren Prozessrecht, welches die Mitgliedstaaten im Kern frei gestalten **(Grundsatz der Verfahrensautonomie)**. Dabei steht die Anwendung des nationalen Verfahrensrechts jedoch unter dem Vorbehalt, dass die Einheitlichkeit und Effektivität der Anwendung des Unionsrechts durch nationale Vorschriften nicht beeinträchtigt werden darf. Diesem Zweck dienen die **Grundsätze der Äquivalenz und der Effektivität**[1].

1 Eingehend zur Europäisierung des Verwaltungsrechts *Steinbeiß-Winkelmann*, Europäisierung des Verwaltungsrechtsschutzes, NJW 2010, S. 1233 ff.

111 In den **Fällen 9, 10 und 11** fehlt es jeweils an einschlägigen unionsrechtlichen Vorschriften über das Verwaltungsverfahren. Das anzuwendende Verfahrensrecht bestimmt sich daher nach dem deutschen allgemeinen Verwaltungsrecht. Besondere Vollzugsvorschriften für die fraglichen unionsrechtlich gelagerten Sachverhalte gibt es nicht. Soweit das in Fall 9 und 10 einschlägige unionale Beihilfenrecht (s. dazu unten Rn. 115 ff.) sekundärrechtlich konkretisiert wird, gilt dies nicht für das nationale Rückforderungsverfahren (vgl. Art. 14 Beihilfen-Verfahrens-VO). Es kommen daher das maßgebliche VwVfG sowie die VwGO (bzw. AO und FGO) zur Anwendung.

2. Grundsatz der Äquivalenz

112 Der **Grundsatz der Äquivalenz bzw. Gleichwertigkeit** (früher: Diskriminierungsverbot) verlangt, dass die auf einen unionsrechtlich gelagerten Sachverhalt anzuwendenden Verfahrensvorschriften nicht ungünstiger für den materiell Berechtigten sind als die auf einen vergleichbaren nationalrechtlichen Sachverhalt anzuwendenden Normen. Das bedeutet allerdings nicht, dass notwendigerweise *dieselben* Vorschriften Anwendung finden müssen[2]. Vielmehr ist es gerade den Mitgliedstaaten überlassen, festzulegen, welche Verfahrensvorschriften auf unionsrechtlich gelagerte Sachverhalte Anwendung finden sollen. In den meisten Mitgliedstaaten fehlen allerdings solche Sondervorschriften für den Vollzug des Unionsrechts. In Deutschland wenden die Behörden daher regelmäßig, d.h. jedenfalls in den für den Pflichtstoffbereich relevanten Bereichen, die Vorschriften des Bundes-VwVfG bzw. der jeweiligen Länder-VwVfG sowie die dazugehörigen Zustellungs- und Vollzugsvorschriften an. Für das gerichtliche Verfahren gilt die VwGO. Der Grundsatz der Äquivalenz bereitet in der Fallbearbeitung daher regelmäßig keine besonderen Schwierigkeiten.

113 Da auch in den **Fällen 9, 10 und 11** die allgemeinen Vorschriften des deutschen Verwaltungsverfahrens- und -prozessrechts (bzw. Abgabenverfahrens- und -prozessrechts) zur Anwendung gelangen, ist dem Grundsatz der Äquivalenz Genüge getan.

3. Grundsatz der Effektivität

114 Ungleich größere Bedeutung kommt dem **Grundsatz der Effektivität** zu. Diesem zufolge dürfen auch unterschiedslos anwendbare Verfahrensvorschriften dann nicht angewendet werden, wenn sie dazu führen, dass die Durchsetzung der unionsrechtlich begründeten Rechte **praktisch unmöglich gemacht** oder **übermäßig erschwert** wird[3]. Das kann insbesondere dann der Fall sein, wenn die Mitgliedstaaten aus Gründen der Rechtssicherheit Ausschlussfristen für die Geltendmachung bestimmter Ansprüche vorsehen, oder wenn rechtswidrige Verwaltungsakte in Bestandskraft erwachsen. Solche Regelungen werden durch den Grundsatz der Effektivität jedoch nicht vollends ausgeschlossen. Nach der Rspr. des EuGH ist der Grundsatz der Rechtssicherheit als allgemeiner Rechtsgrundsatz des Unionsrechts anerkannt. Das Unionsrecht verlangt daher aus Sicht des Gerichtshofs gerade nicht, dass eine Verwaltungsbehörde immer verpflichtet ist, eine bestandskräftige – unionsrechtswidrige – Verwaltungsentscheidung zurückzunehmen[4]. Vielmehr ist eine Gesamtabwägung erforderlich. Danach ist die Frage, ob eine nationale Verfah-

2 EuGH, Rs. C-234/17, XC u.a., ECLI:EU:C:2018:853, Rn. 47.
3 EuGH, Rs. 33/76, Rewe, Slg. 1976, 1989, Rn. 5 f.
4 EuGH, Rs. C-453/00, Kühne & Heitz, Slg. 2004, I-837, Rn. 24.

rensvorschrift die Anwendung des Unionsrechts unmöglich macht oder übermäßig erschwert, unter Berücksichtigung der Stellung dieser Vorschrift im gesamten Verfahren, des Verfahrensablaufs und der Besonderheiten des Verfahrens vor verschiedenen nationalen Stellen zu prüfen. Hierbei sind die dem nationalen Rechtsschutzsystem zugrunde liegenden Grundsätze zu berücksichtigen[5].

II. Einzelfragen

Von besonderer praktischer Bedeutung und hoher Examensrelevanz sind die Frage nach der **Durchbrechung der Bestandskraft** nationaler Verwaltungsakte sowie Fragen des **Sofortvollzugs** und des **einstweiligen Rechtsschutzes.** 115

1. Bestandskraft unionsrechtswidriger Verwaltungsakte

a) Rücknahme begünstigender Verwaltungsakte – Beihilfenrückforderung

Die Gewährung von Subventionen an Unternehmen durch nationale Behörden erfolgt mittlerweile in weitem Umfang unter den Bedingungen des Beihilfenrechts der Union. So werden Subventionen an die Landwirtschaft ganz umfassend auf der Grundlage unionalen Sekundärrechts gewährt. Kommt es hierbei zu Vollzugsfehlern, verlangt die EU-Kommission regelmäßig die Rückforderung dieser Beihilfen, die dann wiederum nach nationalem Verwaltungsrecht vorgenommen wird. Das Gleiche gilt für Subventionen außerhalb des Landwirtschaftssektors. Diese unterliegen der **präventiven und repressiven Beihilfenaufsicht der EU-Kommission** nach den **Art. 107 ff. AEUV**. Zumindest Grundkenntnisse dieser Vorschriften können mittlerweile auch im Pflichtstoffbereich erwartet werden[6]. 116

aa) Grundzüge des Beihilfenrechts der Europäischen Union. Art. 107 I AEUV erklärt „staatliche oder aus staatlichen Mitteln gewährte Beihilfen gleich welcher Art, die durch die Begünstigung bestimmter Unternehmen oder Produktionszweige den Wettbewerb verfälschen oder zu verfälschen drohen", für „mit dem Binnenmarkt unvereinbar, soweit sie den Handel zwischen Mitgliedstaaten beeinträchtigen" **(präventives Beihilfenverbot)**. Den Begriff der Beihilfe versteht der EuGH grundsätzlich weit und fasst darunter sowohl positive Leistungen an Unternehmen als auch Erleichterungen in Bezug auf Belastungen, die ein Unternehmen sonst zu tragen hat, ohne dass das Unternehmen dafür eine adäquate Gegenleistung erbringt. Maßgeblich ist ein Vergleich mit **normalen Marktbedingungen**. Der Vorteil muss überdies aus staatlichen Mitteln gewährt werden, d.h. die hierfür verwendeten Mittel müssen zumindest kurzzeitig dem Staat – oder einem staatlich kontrollierten Unternehmen – zur Verfügung gestanden haben. Das ist nach der Rspr. dann nicht der Fall, wenn staatliche Regulierung zu einer unmittelbaren Mittelverschiebung zwischen Unternehmen führt (strittig z.B. bei einer Einspeisungspflicht für Strom aus regenerativen Energien)[7]. 117

---

5 EuGH, Rs. C-312/93, Peterbroek, Slg. 1995, I-4599, Rn. 14; Rs. C-234/17, XC u.a., ECLI:EU:C:2018:853, Rn. 59.

6 Vgl. zur Vertiefung *von Carnap-Bornheim*, Einführung in das Europäische Beihilfenrecht, JuS 2013, S. 215 ff.

7 Eingehend zum Beihilfenbegriff *Stöbener de Mora*, Überall Beihilfen? – Die Kommissionsbekanntmachung zum Beihilfebegriff, EuZW 2016, S. 685 ff.; die Rechtmäßigkeit des deutschen EEG wurde vom EuGH aber inzwischen bestätigt, s. EuGH, Rs. C-405/16P, Deutschland/Kommission, ECLI:EU:C:2019:268.

118 Besondere Schwierigkeiten bereitet die Feststellung des Beihilfencharakters einer Zuwendung dann, wenn der Staat einem Unternehmen einen Ausgleich für eine von diesem erbrachte **Dienstleistung von allgemeinem Interesse**, d.h. im Rahmen der staatlichen **Daseinsvorsorge**, gewährt. Nach der vom EuGH in der Entscheidung ***Altmark Trans*** geäußerten Ansicht unterfallen solche Zuwendungen dann nicht dem Beihilfenbegriff, wenn (1) das begünstigte Unternehmen tatsächlich mit der Erfüllung klar definierter gemeinwirtschaftlicher Verpflichtungen betraut ist, (2) die Berechnung der Ausgleichsleistung nach *ex ante* aufgestellten, objektiven und transparenten Kriterien erfolgt, (3) die Ausgleichszahlungen nur den Kostennachteil infolge der gemeinwirtschaftlichen Verpflichtung ausgleichen und (4) die Höhe des Ausgleichs anhand einer Kostenanalyse eines Durchschnittsunternehmens berechnet wird, sofern die Auswahl des Unternehmens nicht in einem öffentlichen Vergabeverfahren erfolgt ist[8].

119 Art. 107 II lit. a)-c) AEUV zählen bestimmte Formen von Beihilfen auf, die im Wege der **Legalausnahme** vom Beihilfenverbot des Art. 107 I AEUV ausgenommen sind. Daneben eröffnet Art. 107 III i.V.m. Art. 108 AEUV der Kommission die Möglichkeit, bestimmte Arten von Beihilfen nach ihrem Ermessen für mit dem Binnenmarkt vereinbar zu erklären **(Genehmigungsvorbehalt)**.

120 Die genaue Anwendung dieser Ermessenstatbestände hatte die Kommission zunächst – unter Billigung des EuGH – durch den Erlass einer Vielzahl von Leitlinien und sog. Gemeinschaftsrahmen (diese ähneln den deutschen Verwaltungsvorschriften und binden die Ermessensausübung durch die Kommission) entwickelt und präzisiert. Mittlerweile gelten für nahezu alle Beihilfearten sog. **Gruppenfreistellungsverordnungen**, die die Freistellungsvoraussetzungen detailliert regeln[9]. Besonders wichtig ist dabei die Freistellung von Beihilfen von weniger als 200 000 Euro in einem Zeitraum von drei Jahren. Solche ***De-minimis*-Beihilfen** unterliegen nicht der Beihilfenaufsicht durch die Kommission[10]. Darüber hinaus hat die Kommission auch die Möglichkeiten, Maßnahmen zur Stützung der Wirtschaft in akuten Krisensituationen wie während der CoViD19-Pandemie unter EU-weit einheitlichen Rahmenbedingungen (befristet) zuzulassen[11].

121 Art. 108 AEUV weist die Aufgaben der Aufsicht über neue und über bestehende Beihilfen der Mitgliedstaaten ausschließlich der Kommission zu[12]. Dabei unterscheidet Art. 108 AEUV zwischen der **repressiven Aufsicht** über bestehende Beihilfenregelungen nach Abs. 1 und 2 und der **präventiven Beihilfenkontrolle** über neu eingeführte oder umgestaltete Beihilfen nach Abs. 3, regelt das Verfahren vor der Kommission im Übrigen jedoch nur rudimentär. Die ursprünglich durch die EuGH-Rspr. sowie Kommis-

---

8 EuGH, Rs. C-280/00, Altmark Trans, Slg. 2003, I-7747, Rn. 95; vgl. hierzu *Herrmann*, Der gemeinschaftsrechtliche Begriff der Beihilfe, ZEuS 2004, S. 415 ff. (436 ff.) m.w.N.

9 Die Rechtsgrundlage hierfür bildet die VO (EU) 2015/1588 über die Anwendung der Artikel 107 und 108 des Vertrags über die Arbeitsweise der Europäischen Union auf bestimmte Gruppen horizontaler Beihilfen (kodifizierter Text), ABl. Nr. L 248/1; eine umfassende Freistellung erfolgt durch die VO (EU) Nr. 651/2014 zur Feststellung der Vereinbarkeit bestimmter Gruppen von Beihilfen mit dem Binnenmarkt in Anwendung der Artikel 107 und 108 des Vertrags über die Arbeitsweise der Europäischen Union, ABl. 2014 Nr. L 187/1.

10 Vgl. Art. 3 der VO Nr. 1407/2013 über die Anwendung der Artikel 107 und 108 des Vertrags über die Arbeitsweise der Europäischen Union auf De-minimis-Beihilfen, ABl. 2013 Nr. L 352/1.

11 Vgl. *Soltész/Hoffs*, Staatliche Beihilfen im Rahmen der Coronakrise, NZKart 2020, S. 189 ff.

12 Eine Ausnahme von dieser umfassenden Kompetenz der Kommission bildet lediglich die Sonderzuständigkeit des Rates nach Art. 108 II UAbs. 3 und 4 AEUV.

sionsmitteilungen entwickelten Verfahrensregeln sind seit 1999 in der BeihilfenverfahrensVO[13] kodifiziert.

Zentrale Bedeutung im präventiven Beihilfenverfahren kommt der Pflicht der Mitgliedstaaten zu, der Kommission sämtliche neue Beihilfen vor deren Einführung mitzuteilen und die Entscheidung der Kommission über deren Vereinbarkeit mit dem Binnenmarkt, begrenzt durch gewisse Fristen, abzuwarten (**Anmelde- und Stillhaltepflicht**; Art. 108 III AEUV). Nach der Rspr. des EuGH wirkt dieses Durchführungsverbot unmittelbar und kann somit vor den nationalen Gerichten beispielsweise von Wettbewerbern durchgesetzt werden[14]. 122

Nach Auffassung des BGH handelt es sich bei dem aus Art. 108 III AEUV resultierenden Durchführungsverbot um ein **Verbotsgesetz** i.S.d. § 134 BGB[15]. Ein Verstoß begründet die Nichtigkeit zivilrechtlicher und öffentlich-rechtlicher Verträge über die Gewährung der Beihilfe. Darüber hinaus hat der BGH Art. 108 III AEUV im Jahr 2011 auch als Schutzgesetz zu Gunsten von Wettbewerbern des Beihilfenempfängers i.S.v. § 823 II BGB qualifiziert (sowie als Marktverhaltensregel nach § 3a UWG). Auf dieser Grundlage kann auch ein Wettbewerber die Rückzahlung der Beihilfe vor den Zivilgerichten einklagen[16]. 123

In **Fall 9** stellt die Investitionszulage ohne Weiteres eine Beihilfe i.S.v. Art. 107 I AEUV dar. Angesichts der Höhe von 1 000 000 Euro ist diese auch nicht als sog. De-minimis-Beihilfe von der präventiven Beihilfenaufsicht freigestellt und hätte demnach gemäß Art. 108 III AEUV der Kommission mitgeteilt werden müssen. 124

bb) Rückabwicklung unionsrechtswidriger Beihilfen nach deutschem Recht. Hat ein Unternehmen Beihilfen unter Verstoß gegen das Unionsrecht erhalten, hat es diese zur Beseitigung der Wettbewerbsverfälschung grundsätzlich zurückzuzahlen. Die Kommission erlässt in diesem Fall einen auf Art. 108 II AEUV i.V.m. den Vorschriften der VerfVO gestützten Beschluss (Art. 288 IV AEUV) gegenüber dem Mitgliedstaat, in dem dieser aufgefordert wird, die Beihilfe aufzuheben, d.h. von dem begünstigten Unternehmen zurückzufordern. Das **Rückabwicklungsverhältnis** beurteilt sich wg. Fehlens unionsrechtlicher Vorschriften nach deutschem Recht. Soweit eine Beihilfe durch einen Verwaltungsakt (Subventionsbescheid) bewilligt wurde, muss dieser zunächst zurückgenommen werden. Die Rückforderung richtet sich damit nach den **§§ 48, 49a VwVfG** (bzw. den entsprechenden Normen des Landesrechts). Dabei ist jedoch der Grundsatz der Effektivität zu beachten, was zu einer erheblichen Modifikation der Anwendung des § 48 VwVfG führt, die sich zusammenfassend aus der *Alcan*-Entscheidung des EuGH ergibt[17]. 125

Der Subventionsbescheid stellt einen **begünstigenden VA** i.S.v. § 48 I 2, II 1 VwVfG dar, durch den eine einmalige Geldleistung gewährt wurde. Soweit er gegen das Unionsrecht verstößt, ist er als rechtswidrig anzusehen. Maßgeblich hierfür ist der **Beschluss der Kommission** über die Vereinbarkeit der Beihilfe mit dem Binnenmarkt, soweit dieser rechtskräftig ist. Ein nationales Gericht kann die Rechtswidrigkeit nicht abweichend von der Kommission (bzw. dem GHEU) beurteilen. Hieraus folgt, dass ein Mitgliedstaat, 126

13 VO (EU) 2015/1589 über besondere Vorschriften für die Anwendung von Artikel 108 des Vertrags über die Arbeitsweise der Europäischen Union (kodifizierter Text), ABl. 2015 Nr. L 248/9.
14 EuGH, Rs. C-354/90, FNCE/Frankreich, Slg. 1991, I-5505.
15 BGH, V ZR 314/02, EuZW 2003, S. 444 ff.
16 BGHZ 188, 326.
17 EuGH, Rs. C-24/95, Alcan, Slg. 1997, I-1591.

an den eine Rückforderungsentscheidung gerichtet wird, oder das von dieser Rückforderungsentscheidung betroffene Unternehmen sich **unmittelbar gegen den Kommissionsbeschluss** wenden muss, wenn dessen Rechtswidrigkeit geltend gemacht werden soll (Nichtigkeitsklage nach Art. 263 II, IV AEUV: Zu den Voraussetzungen der Klagebefugnis des betroffenen Unternehmens vgl. unten Rn. 226 ff.). Unterlassen der Mitgliedstaat und das Unternehmen dies, kann der Kommissionsbeschluss nicht mehr inzident (vgl. Art. 277 AEUV; dazu oben Rn. 105) überprüft werden[18]. Eine Präklusion tritt aber nur dann ein, wenn der Kläger offensichtlich berechtigt gewesen wäre, den in Frage stehenden Akt des Unionsorgans mit einer zulässigen Nichtigkeitsklage nach Art. 263 IV AEUV anzugreifen (vgl. Rn. 210 ff.)[19]. Das ist jedenfalls dann der Fall, wenn der Beihilfenempfänger im Rückforderungsbeschluss der Kommission namentlich genannt wird.

127 Rechtlich erweisen sich insbesondere der Verbrauch der Subvention durch das Unternehmen, die Unkenntnis des Unternehmens von der Rechtswidrigkeit der Subvention sowie der etwaige Ablauf der Frist nach § 48 IV 1 VwVfG als problematisch. Auch berufen sich Unternehmen mitunter auf ein durch das Verhalten der mitgliedstaatlichen Behörden begründetes Vertrauen in die Rechtmäßigkeit der Subvention. Durch eine strikte Anwendung des § 48 II–IV VwVfG würde die Beihilfenrückforderung damit aber regelmäßig praktisch unmöglich gemacht oder doch zumindest übermäßig erschwert. Auch könnten die nationalen Behörden z.B. durch Untätigkeit die Rückforderung verschleppen und damit den Fristablauf gewollt herbeiführen. Daher ist dem unionsrechtlichen Grundsatz der Effektivität durch eine **unionsrechtskonforme Auslegung** des § 48 VwVfG Rechnung zu tragen (zur unionsrechtskonformen Auslegung s. Rn. 72 f.).

128 Im Einzelnen geht der EuGH davon aus, dass im Rahmen der Interessenabwägung (§ 48 II 1 2. HS VwVfG) das **Unionsinteresse** in vollem Umfang zu berücksichtigen ist. Zwar ist der Vertrauensschutz auch Bestandteil der Unionsrechtsordnung; aufgrund der zwingenden Ausgestaltung des Beihilfenaufsichtsverfahrens darf ein Unternehmen aber nur dann auf den Bestand einer Beihilfe vertrauen, wenn diese unter Einhaltung des vorgesehenen Verfahrens gewährt wurde. Einem sorgfältigen Gewerbetreibenden ist es möglich, sich zu vergewissern, dass dies geschehen ist. Man kann dies entweder als Fall der groben Fahrlässigkeit i.S.v. § 48 II 3 Nr. 3 VwVfG ansehen[20] oder im Rahmen der Interessenabwägung nach § 48 II 1 2. HS VwVfG berücksichtigen[21].

129 Sobald der Rückforderungsbeschluss der Kommission erlassen worden ist, besteht für das Unternehmen auch keine Ungewissheit mehr darüber, ob es die erhaltene Beihilfe zurückzugewähren hat. Das Rücknahmeermessen (§ 48 I VwVfG) der zuständigen deutschen Behörde ist insoweit auf null reduziert. Auch ist die Anwendung der Frist des § 48 IV VwVfG ausgeschlossen, da andernfalls die Rückforderung von der nationalen Behörde praktisch unmöglich gemacht werden könnte. Eine (zeitlich zu begrenzende) Unsicherheit hinsichtlich der Rückabwicklung besteht dann gerade nicht mehr. Auch die Verantwortung der Ausgangsbehörde für die Rechtswidrigkeit der Beihilfe kann der Rückforderung nicht unter dem Aspekt von Treu und Glauben entgegenstehen, da das Unternehmen sich unabhängig vom Verhalten der Behörde zu vergewissern hat, dass das Beihilfenanmeldeverfahren eingehalten worden ist. Aus diesem Grund scheitert die Rückfor-

18 EuGH, Rs. C-188/92, TWD I, Slg. 1994, I-833, Rn. 13 ff.

19 EuGH, Rs. C-158/14, A u.a., ECLI:EU:C:2017:202.

20 So z.B. *Uerpmann-Wittzack*, Examens-Repetitorium Allgemeines Verwaltungsrecht mit Verwaltungsprozessrecht, 5. Aufl. 2018, Rn. 356.

21 Für letztere Variante wohl BVerwGE 106, 328 (338).

derung auch nicht am Wegfall der Bereicherung bei gleichzeitig fehlender Bösgläubigkeit (§ 49a II 2 VwVfG)[22].

In **Fall 9** muss das VG die Klage abweisen. Bei der Anwendung des § 48 VwVfG ist nach dem Grundsatz der Effektivität dem Unionsinteresse an der Beseitigung der Wettbewerbsverzerrung in vollem Umfang Rechnung zu tragen. A hätte vor Verbrauch der Subvention prüfen müssen, ob die Behörde die Beihilfe bei der Kommission ordnungsgemäß angemeldet hat. Angesichts dieses Unterlassens ist sein Vertrauen in den Bestand nicht schutzwürdig, ungeachtet des Verbrauchs der Subvention. Auf die Ausschlussfrist nach § 48 IV VwVfG kann A sich ebenfalls nicht berufen. Die Anwendung dieser Vorschrift ist für den Fall der Rückforderung unionsrechtswidriger Beihilfen grundsätzlich ausgeschlossen[23]. **130**

Exkurs: Rückabwicklung von privatvertraglich gewährten Beihilfen **131**

Ein besonderes Problem stellt sich, wenn die Beihilfe nicht auf der Grundlage eines Subventionsbescheids, sondern im Rahmen eines **privatrechtlichen Vertrags**, etwa durch die zu günstige Veräußerung öffentlicher Unternehmen an private Investoren gewährt wird. Erweist sich die Beihilfe als unionsrechtswidrig, ist der Vertrag u.U. wegen Verstoßes gegen ein Verbotsgesetz i.S.v. § 134 BGB nichtig. Für den Erlass eines Rückforderungsbescheids fehlt in einer solchen Situation im deutschen Recht die Rechtsgrundlage. Grundsätzlich ist die Behörde daher darauf verwiesen, die im Gleichordnungsverhältnis gewährte Beihilfe im Klageweg vor dem VG oder den ordentlichen Gerichten (je nach Qualifizierung des Rechtsverhältnisses) zurückzufordern[24].

Dieser in dem Eilrechtsschutzverfahren *Warnow Werft* vom VG Berlin vertretene zutreffende Rechtsstandpunkt wurde vom OVG Berlin-Brandenburg zu Unrecht zurückgewiesen. Durch die Rückforderungsentscheidung der Kommission werde der Charakter des Rückforderungsverhältnisses zwischen Behörde und Beihilfenempfänger öffentlich-rechtlich geprägt. Anspruchsgrundlage für die Rückforderung sei dann der gewohnheitsrechtlich anerkannte öffentlich-rechtliche Erstattungsanspruch. Zwar fehle es an einer gesetzlichen Grundlage für die Rückforderung durch VA. Den rechtsstaatlichen Anforderungen sei aber durch Art. 16 III (ex-Art. 14 III) der Beihilfenverfahrensverordnung (vgl. oben Rn. 121), der in Deutschland unmittelbar gelte (Art. 288 II AEUV), hinreichend Genüge getan. Eine langwierige Beitreibung im Klagewege werde dem unionsrechtlichen Erfordernis einer sofortigen und tatsächlichen Rückforderung der Beihilfe nicht hinreichend gerecht[25]. Überdies wird in der Literatur unter Hinweis auf die Möglichkeit der Konkurrentenklage gegen eine unionsrechtswidrige Beihilfe betont, dass sich die Pflicht zur Rückzahlung der Beihilfe direkt aus Art. 108 III AEUV ergebe, der im nationalen Recht unmittelbare Wirkung entfalte[26].

Beide Ansätze überzeugen jedoch nicht. Der Notwendigkeit einer schnellen und effektiven Rückforderung kann vielmehr im Wege des einstweiligen Rechtsschutzes hinreichend Rechnung getragen werden[27].

---

22 Vgl. EuGH, Rs. C-24/95, Alcan, Slg. 1997, I-1591, Rn. 23 ff.

23 Vgl. vertiefend *Ehlers*, Rechtsfragen des Subventionsrechts, DVBl 2014, S. 1 ff.; *Finke/Gurlit*, Die Rückabwicklung formell unionsrechtswidriger Beihilfen, JURA 2011, S. 87 ff.; Examensklausur in BayVBl. 2002, S. 350 f. und S. 378 ff.; sowie *Fischer/Fetzer*, Fälle zum Europarecht, 9. Aufl. 2019, Fälle 16 und 17.

24 So die Auffassung des VG Berlin, EuZW 2005, S. 659 f. – m. Anm. *Heidenhain*; ebenso *Herrmann/Kruis*, Die Rückforderung vertraglich gewährter gemeinschaftsrechtswidriger Beihilfen unter Beachtung des Gesetzesvorbehalts, EuR 2007, S. 141 ff.

25 OVG Berlin-Brandenburg, Az. OVG 8 S 93.05, NVwZ 2006, S. 104 ff. Rn. 20 ff.; a.A. ThürOVG, Az. 3 KO 524/08, DVBl 2011, S. 242 ff. Rn. 54.

26 *Heidenhain*, Keine Rückzahlungspflicht einer gemeinschaftsrechtswidrigen Beihilfe, EuZW 2005, S. 660 f.; vgl. auch *Hildebrandt/Castillon*, Rückforderung gemeinschaftsrechtswidriger nationaler Beihilfen, NVwZ 2006, S. 298 ff.

27 Vertiefend hierzu *Herrmann/Kruis*, Die Rückforderung vertraglich gewährter gemeinschaftsrechtswidriger Beihilfen unter Beachtung des Gesetzesvorbehalts, EuR 2007, S. 141 ff.

b) Anspruch auf Rücknahme belastender Verwaltungsakte

132 Ein ähnliches Problem wie im Fall der Beihilfenrückforderung – allerdings unter umgekehrten Vorzeichen – stellt sich, wenn ein Privater wie in **Fall 10** die Rücknahme eines bestandskräftigen *belastenden* unionsrechtswidrigen Verwaltungsakts begehrt, insbesondere weil der EuGH eine zuvor zweifelhafte Rechtslage in seinem Sinne geklärt hat[28]. Zwar kann eine Behörde stets gestützt auf § 48 I VwVfG einen belastenden rechtswidrigen Verwaltungsakt zurücknehmen. Einen Anspruch auf die Rücknahme hat der Einzelne jedoch nicht, d.h. die Behörde handelt regelmäßig nicht ermessensfehlerhaft, wenn sie bereits die Sachprüfung unter Berufung auf die Bestandskraft ablehnt[29]. § 51 VwVfG wiederum, der die Behörde bei Vorliegen seiner Voraussetzungen zur erneuten Sachentscheidung zwingt, bei der die Behörde nach h.M. eine ausschließlich am materiellen Recht auszurichtende Entscheidung zu treffen hat[30], ist auf die Fallkonstellation eines von Beginn an wegen falscher Rechtsanwendung rechtswidrigen Verwaltungsakts nicht anwendbar, sondern setzt vielmehr eine Änderung der Sach-, Rechts- oder Beweislage voraus. Nach deutscher Dogmatik muss sich dafür das materielle Recht selbst, nicht nur dessen Auslegung durch die Gerichte geändert haben[31].

133 Auch der EuGH verlangt nicht, dass die Behörden unionsrechtswidrige Verwaltungsakte ungeachtet ihrer Bestandskraft stets zurücknehmen müssen. Der Grundsatz der Rechtssicherheit, dem die Bestandskraft dient, bildet nämlich auch einen allgemeinen Rechtsgrundsatz des Unionsrechts[32]. Unter bestimmten, vom EuGH in der Entscheidung ***Kühne & Heitz*** entwickelten Voraussetzungen sind die Behörden aus dem in Art. 4 III EUV verankerten Grundsatz der loyalen Zusammenarbeit jedoch verpflichtet, eine **bestandskräftige Verwaltungsentscheidung zu überprüfen**, um einer mittlerweile vom Gerichtshof vorgenommenen Auslegung einer Bestimmung des Unionsrechts Rechnung zu tragen. Stimmen in der Literatur zufolge soll es sich hierbei um eine bloße Überprüfungs-, jedoch nicht um eine Rücknahmepflicht handeln[33]. Es erscheint allerdings überaus zweifelhaft, dass bei Vorliegen der vom EuGH genannten Voraussetzungen tatsächlich noch Raum für eine Überprüfung ohne Aufhebung bleiben soll[34].

134 **Voraussetzung** der Pflicht zur Überprüfung und gegebenenfalls Aufhebung des Verwaltungsakts ist, dass die Behörde nach nationalem Recht zur Rücknahme der Entscheidung befugt ist (1), die Entscheidung infolge eines Urteils eines in letzter Instanz entscheidenden nationalen Gerichts bestandskräftig geworden ist (2), trotz Vorliegens der Voraussetzungen des Art. 267 III AEUV der EuGH nicht um eine Vorabentscheidung ersucht worden ist (3) und der Betroffene sich unmittelbar, nachdem er Kenntnis von der neueren Entscheidung des Gerichtshofs erlangt hat, an die Verwaltungsbehörde wendet (4)[35]. Der

28 Eingehend hierzu *Britz/Richter*, Die Aufhebung eines gemeinschaftsrechtswidrigen nicht begünstigenden Verwaltungsakts, JuS 2005, S. 198 ff.

29 Vgl. *Britz/Richter*, Die Aufhebung eines gemeinschaftsrechtswidrigen nicht begünstigenden Verwaltungsakts, JuS 2005, S. 198 ff. (200).

30 Nach anderer Auffassung ist § 51 VwVfG ausschließlich ein prozessualer Anspruch, wohingegen die Entscheidung in der Sache unter Anwendung der §§ 48, 49 VwVfG zu ergehen habe, vgl. *Maurer/Waldhoff*, Allgemeines Verwaltungsrecht, 20. Aufl. 2020, § 11 Rn. 87.

31 BVerwGE 95, 86.

32 EuGH, Rs. C-453/00, Kühne & Heitz, Slg. 2004, I-873, Rn. 24.

33 So ausdrücklich *Britz/Richter*, Die Aufhebung eines gemeinschaftsrechtswidrigen nicht begünstigenden Verwaltungsaktes, JuS 2005, S. 198 ff. (201 f.); ähnlich *Frenz*, Rücknahme eines gemeinschaftswidrigen belastenden Verwaltungsaktes, DVBl 2004, S. 375 ff. (376).

34 In diese Richtung auch *Lindner*, Anmerkungen zu EuGH, Rs. C-453/00, BayVBl. 2004, S. 590 ff. (591).

35 EuGH, Rs. C-453/00, Kühne & Heitz, Slg. 2004, I-873, Rn. 28.

Betroffene muss also im früheren Verfahren seine unionsrechtlich begründeten Rechte auch gerichtlich geltend gemacht haben. Dabei muss er sich allerdings nicht explizit auf das Unionsrecht berufen haben, sofern die nationalen Gerichte zwingende Vorschriften des innerstaatlichen Rechts von Amts wegen anwenden[36]. Auch sieht das Unionsrecht keine Ausschlussfrist vor, innerhalb derer der Betroffene seinen Wiederaufnahmeantrag stellen muss. Das mitgliedstaatliche Recht kann solche Fristen allerdings regeln[37]. Hat der Betroffene eine Verwaltungsentscheidung einfach hingenommen, kommt eine Aufhebung des Verwaltungsakts *nach diesen Grundsätzen* nicht in Betracht[38]. Weniger strenge Maßstäbe gelten dann, wenn ein unionsrechtswidriger Verwaltungsakt Dauerwirkungen entfaltet, deren Aufrechterhaltung eine Negation grundlegender unionsbürgerlicher Freiheiten bedeutet. In solchen Fällen muss stets eine Überprüfungsmöglichkeit gegeben sein[39]. Im deutschen Recht lassen sich die Vorgaben der *Kühne & Heitz*-Rspr. des Gerichtshofs durch eine am Effektivitätsgrundsatz ausgerichtete unionsrechtskonforme Auslegung von § 48 I VwVfG und/oder § 51 VwVfG umsetzen[40].

In **Fall 10** hat C seine rechtlichen Bedenken in allen Instanzen vorgebracht, ohne dass die Gerichte den EuGH um Auslegung der fraglichen Tarifposition des Zolltarifs ersucht hätten. Die deutschen Behörden sind grundsätzlich nach § 48 I VwVfG dazu befugt, einen rechtswidrigen VA zurückzunehmen. Eine Vorlage an den EuGH hatte nicht stattgefunden und C hat unmittelbar nach Kenntnis von dem neuen Urteil des Gerichtshofs bei der zuständigen Behörde die Rückerstattung beantragt. Die Voraussetzungen einer Überprüfungspflicht nach der Entscheidung *Kühne & Heitz* liegen damit vor. Gründe, aus denen heraus der ursprüngliche VA nicht durch einen neuen Bescheid ersetzt werden sollte, sind nicht ersichtlich. Das VG muss der Klage daher stattgeben. 135

c) Durchbrechung der Rechtskraft von (zivilrechtlichen) Urteilen

Die Grundsätze der Äquivalenz und Effektivität (s. Rn. 110 ff.) sind nicht nur im Rahmen des Verwaltungsvollzugs anwendbar, sondern beeinflussen in gleicher Weise das nationale Zivilverfahrensrecht. Wie die Bestandskraft von Verwaltungsakten kann auch die **Rechtskraft von Urteilen** die Durchsetzung des Unionsrechts verhindern oder praktisch unmöglich machen. Insoweit hatte sich der Gerichtshof hinsichtlich einer Rechtskraftdurchbrechung bei unionsrechtswidrigen Zivilurteilen jedoch zunächst zurückhaltend gezeigt[41]. In der jüngeren Rspr. hat er allerdings in bestimmten **Ausnahmekonstellationen** Einschränkungen der Tragweite der Rechtskraft von Urteilen für unionsrechtlich geboten erachtet[42]. Zwar sei auch der Grundsatz der Rechtskraft im Unionsrecht 136

36 EuGH, Rs. C-2/06, Kempter, Slg. 2008, I-411, Rn. 34 ff.

37 EuGH, Rs. C-2/06, Kempter, Slg. 2008, I-411, Rn. 54 ff.

38 EuGH, verb. Rs. C-392/04 u. C-422/04, i-21 Germany GmbH, Slg. 2006, I-8559, Rn. 49 ff.; für eine Gleichbehandlung *Frenz*, Rücknahme eines gemeinschaftswidrigen belastenden Verwaltungsaktes, DVBl 2004, S. 375 ff. (376).

39 EuGH, Rs. C-249/11, Hristo Byankov, NVwZ 2013, S. 273 ff.

40 Für eine Lösung über § 48 I VwVfG *Britz/Richter*, Die Aufhebung eines gemeinschaftsrechtswidrigen nicht begünstigenden Verwaltungsaktes, JuS 2005, S. 198 ff. (202); für eine Lösung über eine Kombination beider Normen *Streinz*, Europarecht, 11. Aufl. 2019, Rn. 618; ähnlich *Lindner*, Anmerkungen zu EuGH, Rs. C-453/00, BayVBl. 2004, S. 590 ff. (592).

41 EuGH, Rs. C-234/04, Kapferer, Slg. 2006, I-2585; vertiefend *Schmahl*, Durchbrechung der Rechtskraft nationaler Gerichtsentscheidungen zu Gunsten der Effektivität des Unionsrechts?, EuZW 2010, S. 927 ff.

42 S. jüngst EuGH, verb. Rs. C-370/17 und C-37/18, CRPNPAC, ECLI:EU:C:2020:260, Rn. 87 ff.; vgl. auch eingehend *Schmahl/Köber*, Durchbrechung der Rechtskraft nationaler Gerichtsentscheidungen zu Gunsten der Effektivität des Unionsrechts?, EuZW 2010, S. 927 ff.

prinzipiell anerkannt. Soweit die Rechtskraft einer Entscheidung aber dazu führe, dass ein unionsrechtswidriges Urteil einer Durchsetzung des Unionsrechts entgegenstehe, obwohl die unionsrechtlichen Aspekte (im konkreten Fall: die Beihilfenrechtswidrigkeit eines Vertrages) vor dem Gericht gar nicht behandelt worden waren, müsse der Grundsatz der Effektivität die Rechtskraft überwinden[43].

2. Sofortvollzug und vorläufiger Rechtsschutz

137 Die Effektivität des Unionsrechts kann auch durch nationale Vorschriften über den Sofortvollzug von Verwaltungsakten sowie über die Gewährung vorläufigen Rechtsschutzes beeinträchtigt werden. Die maßgeblichen Vorschriften des Verfahrens- und Prozessrechts (§§ 80 ff., 123 VwGO; Vergleichbares gilt aber auch im Zivilprozessrecht, soweit ein europarechtlich beeinflusster Sachverhalt gegeben ist) sind daher ebenfalls unionsrechtskonform im Lichte von Art. 4 III AEUV auszulegen (s. auch oben Rn. 72). Das führt dazu, dass die deutschen Behörden im Rahmen der **Anordnung der sofortigen Vollziehbarkeit** eines Verwaltungsakts das Unionsinteresse an einem gleichmäßigen und effektiven Vollzug im Rahmen des öffentlichen Interesses nach § 80 II 1 Nr. 4 VwGO in vollem Umfang zu berücksichtigen haben[44].

138 In **Fall 11** musste die Behörde das Unionsinteresse an dem sofortigen und effektiven Vollzug der Destillationspflicht zur umgehenden Beseitigung der Marktstörung daher im Rahmen des § 80 II 1 Nr. 4 VwGO berücksichtigen. Für das VG gilt im Rahmen des Verfahrens nach § 80 V 1 VwGO nichts anderes.

139 Die Erfolgsaussichten eines Antrags nach § 80 V bzw. § 123 VwGO hängen regelmäßig zu einem Großteil von der summarischen Prüfung des Hauptsacherechtsbehelfs ab. Unionsrechtlich problematisch ist dies dann, wenn ein Gericht die aufschiebende Wirkung eines Verwaltungsakts wegen Zweifeln an der unionsrechtlichen Rechtsgrundlage (z.B. einer von den nationalen Behörden vollzogenen EU-Verordnung) anordnen oder wiederherstellen will (vgl. § 80 V VwGO). Für den Erlass einer einstweiligen Anordnung gilt das Gleiche[45]. Die Entscheidung über die **Ungültigkeit abgeleiteten Unionsrechts** ist nämlich gerade ausschließlich dem EuGH vorbehalten. Auch unterinstanzliche mitgliedstaatliche Gerichte sind daher zur Vorlage an den EuGH nach Art. 267 AEUV verpflichtet, wenn sie ihre Entscheidung auf die Ungültigkeit abgeleiteten Unionsrechts stützen wollen (vgl. oben Rn. 104). Der EuGH erkennt die Befugnis der mitgliedstaatlichen Gerichte zur Gewährung vorläufigen Rechtsschutzes jedoch grundsätzlich an.

140 Die **Voraussetzungen für die Gewährung des Eilrechtsschutzes** hat der EuGH in den Entscheidungen *Zuckerfabrik Süderdithmarschen* und *Atlanta III* in Parallelität zu Art. 279 AEUV entwickelt[46]. Danach können nationale Gerichte sowohl im Verfahren

43 EuGH, Rs. C-505/14, Klausner Holz, ECLI:EU:C:2015:742.

44 EuGH, Rs. 217/88, Tafelwein, Slg. 1990, I-2879; *Schenke*, Verwaltungsprozessrecht, 17. Aufl. 2021, Rn. 1058; vgl. auch *Stern*, Die Einwirkungen des europäischen Gemeinschaftsrechts auf die Verwaltungsgerichtsbarkeit, JuS 1998, S. 769 ff. (775) und *Kahl*, 35 Jahre Verwaltungsverfahrensgesetz – 35 Jahre Europäisierung des Verwaltungsverfahrensrechts, NVwZ 2011, S. 449 ff.

45 Beispielhaft *Herrmann/Krätzschmar*, Grimmiger Großbauer sucht diskrete Datenverarbeitung, JURA 2013, S. 61 ff.

46 EuGH, verb. Rs. C-143/88 und C-92/89, Zuckerfabrik Süderdithmarschen, Slg. 1991, I-415; Rs. C-465/93, Atlanta III, Slg. 1995, I-3761; vgl. dazu auch *Stern*, Die Einwirkungen des europäischen Gemeinschaftsrechts auf die Verwaltungsgerichtsbarkeit, JuS 1998, S. 769 ff. (775 f.).

nach § 80 V VwGO als auch nach § 123 VwGO vorläufigen Rechtsschutz unter folgenden Voraussetzungen gewähren:

- Es müssen **erhebliche Zweifel an der Gültigkeit** der Handlung der Union bestehen und das nationale Gericht muss den Gerichtshof mit der Gültigkeitsfrage im Rahmen eines Vorabentscheidungsverfahrens befassen (soweit dieser mit der Frage noch nicht befasst ist).
- Die Entscheidung muss **dringlich** sein, d.h. dem Antragsteller muss ein schwerer und nicht wiedergutzumachender Schaden drohen, der nicht lediglich in einem Geldschaden bestehen darf, es sei denn, dieser habe eine die Existenz bedrohende Wirkung (z.B. drohende Insolvenz).
- Das **Interesse der Union** an der Vollziehung muss **angemessen berücksichtigt** werden.
- Das nationale Gericht muss **Entscheidungen des EuGH** sowie des EuG über die Gültigkeit der Handlung der Union sowie über den vorläufigen Rechtsschutz **in gleichartigen Fällen beachten.**

In **Fall 11** kommt eine Wiederherstellung bzw. Anordnung der aufschiebenden Wirkung des Rechtsbehelfs des W somit nicht in Betracht. Selbst wenn man erhebliche Zweifel an der Gültigkeit der VO bzw. dem Beschluss der Kommission hätte, genügten diese doch nicht, ihren effektiven Vollzug durch die Gewährung vorläufigen Rechtsschutzes zu beeinträchtigen. W droht hier zwar ein nicht unerheblicher Schaden; bei diesem handelt es sich aber um einen reinen Geldschaden, der bei späterer Feststellung der Rechtswidrigkeit der Destillationsanordnung ohne Weiteres kompensiert werden kann. Darauf, dass der finanzielle Schaden Existenz bedrohend sei, gibt es keinen Hinweis im Sachverhalt. 141

3. Entstehung subjektiver Rechte und Klagebefugnis (§ 42 II VwGO)

Auch die nach § 42 II VwGO (ggf. analog) erforderliche **Klagebefugnis** kann sich aus dem Unionsrecht ergeben. Soweit das Unionsrecht unmittelbar anwendbar ist und Rechtspositionen von Individuen begründet, ist ihre Klagebefugnis zu bejahen, selbst wenn im Einzelfall die Anforderungen der deutschen Schutznormlehre nicht erfüllt sind. Darüber hinaus verlangt das Unionsrecht teilweise (insbesondere im Umweltrecht) **Verbandsklagerechte**, die mit dem individualrechtsschützenden Konzept der VwGO nur schwerlich in Einklang gebracht werden können. Vor diesem Hintergrund hat der EuGH 2011 die in der alten Fassung des § 2 I Nr. 1 UmwRG[47] enthaltene **„Schutznormakzessorietät" für unionsrechtswidrig** erachtet und Umweltverbänden eine Berufung auf die unmittelbare Wirkung des Art. 10a UVP-Richtlinie zugebilligt[48]. Demgegenüber scheiterte eine Klage der EU-Kommission, die darauf gerichtet war, das Junktim zwischen objektivem Rechtsschutz und subjektiver Rechtsverletzung, wie es in § 113 I 1 VwGO zum Ausdruck kommt, gänzlich zu Fall zu bringen[49]. Anders als das Unionsrecht, welches 142

47 Gesetz über ergänzende Vorschriften zu Rechtsbehelfen in Umweltangelegenheiten nach der EG-Richtlinie 2003/35/EG (Umwelt-Rechtsbehelfsgesetz) vom 7.12.2006, BGBl. 2006 I, S. 2816.

48 EuGH, Rs. C-115/09, Trianel, Slg. 2011, I-3673; s. auch JuS 2011, S. 1147 – m. Anm. *Murswiek*. § 2 I Nr. 1 UmwRG ist zwischenzeitlich angepasst worden; dazu auch *Schwerdtfeger*, Erweiterte Klagerechte für Umweltverbände – Anmerkung zum Urteil des EuGH v. 12.5.2011 in der Rechtssache Trianel, EuR 2012, S. 80 ff. Zu Klagerechten im Bereich des Umweltschutzes vgl. auch EuGH, Rs. C-243/15, Lesoochranárske zoskupenie VLK („Slowakischer Braunbär II"), ECLI:EU:C:2016:838; EuGH, Rs. C-664/15, Protect Umweltorganisation, ECLI:EU:C:2017:987.

49 EuGH, Rs. C-137/14, Kommission/Deutschland, ECLI:EU:C:2015:683.

eine umfängliche objektive Rechtmäßigkeitsprüfung anordnet, soweit die Klagebefugnis gegeben ist, beschränkt das deutsche Verwaltungsrecht die Begründetheitsprüfung auf solche Rechtsverstöße, die den Kläger in seinen subjektiven Rechten verletzen[50]. Um die praktische Wirksamkeit von Richtlinien nicht zu gefährden, drängt der EuGH durch seine Rechtsprechung die deutsche Verwaltungsgerichtsbarkeit jedoch zu einer immer mehr an objektiven Grundsätzen ausgerichteten Überprüfung von Verwaltungsentscheidungen[51].

§ 3 Materiell-rechtliche Beschränkungen durch das Europäische Unionsrecht

I. Überblick

143 Die bisherigen Ausführungen behandelten – vom Beihilfenrecht der Union abgesehen – **strukturelle Einwirkungen** des Unionsrechts auf das nationale Recht. Im Rahmen des Pflichtstoffs werden daneben aber auch Grundkenntnisse einer Reihe **materiell-rechtlicher Vorgaben des Unionsrechts** erwartet. Neben dem Beihilfenrecht (vgl. oben Rn. 117 ff.) sind dies vor allem die **Grundfreiheiten** sowie die **Unionsbürgerschaft**. Genauere Kenntnisse aus den Bereichen der einzelnen Politiken der Union (Wettbewerbspolitik jenseits des Beihilfenrechts, Wirtschafts- und Währungsunion, gemeinsame Handelspolitik, Umweltpolitik etc.) werden im Pflichtstoff grundsätzlich nicht erwartet bzw. sind Gegenstand von Schwerpunktbereichen. Auch vertiefte Fragestellungen zum Verhältnis der Organe der Union zueinander (vgl. zu den Organen unten Rn. 245 ff.) überschreiten regelmäßig den Prüfungsstoff des Pflichtfachs Europarecht. Sollte eine Klausur ausnahmsweise doch einmal diese Bereiche berühren, sollten die aufgeworfenen Fragen regelmäßig unter Rückgriff auf den Wortlaut der Verträge lösbar sein.

II. Die Grundfreiheiten des Unionsrechts

144 Für die Examenspraxis im Pflichtstoff – insbesondere im öffentlichen Recht – sind die **Grundfreiheiten des Unionsrechts** von besonders großer Bedeutung[1]. Unter Grundfreiheiten versteht man die Warenverkehrsfreiheit (Art. 34 ff. AEUV), die Freizügigkeit der Arbeitnehmer (Art. 45 ff. AEUV), die Niederlassungsfreiheit (Art. 49 ff. AEUV), die Dienstleistungsfreiheit (Art. 56 ff. AEUV) sowie die Kapital- und Zahlungsverkehrsfreiheit (Art. 63 ff. AEUV). Alle diese Grundfreiheiten begründen nach der st. Rspr. des EuGH unmittelbar anwendbare **subjektive Rechte** für Individuen und Unternehmen. Sie haben am **Anwendungsvorrang** des Unionsrechts teil (s. oben Rn. 65 ff.). Den Grundfreiheiten widersprechendes nationales Recht ist somit von den mitgliedstaatlichen Behörden und Gerichten von Amts wegen außer Anwendung zu lassen.

50 Vgl. *Skouris*, Auswirkungen der Rechtsprechung des Europäischen Gerichtshofs auf die Funktion der deutschen Verwaltungsgerichtsbarkeit – Zur Reichweite des Urteils des EuGH vom 15.10.2015 in der Rechtssache C-137/14, DVBl 2016, S. 937 ff.

51 Vgl. *Hofmann*, Der Abschied von der (ohnehin meist falsch verstandenen) Verfahrensautonomie der Mitgliedstaaten?, EuR 2016, S. 188 ff.

1 Ähnlich die lesenswerte Überblicksdarstellung bei *Cremer*, Die Grundfreiheiten des Europäischen Unionsrechts, JURA 2015, S. 39 ff. (39).

1. Allgemeine Strukturen

Die Rspr. des EuGH hat zu einem weitgehenden Gleichlauf der Prüfung von Grundfreiheitsverletzungen geführt (**Konvergenz der Grundfreiheiten**). Es hat sich daher eingebürgert, die allgemeinen Lehren der Grundfreiheiten, ihre gemeinsamen Strukturen, „vor die Klammer“ zu ziehen und einheitlich darzustellen[2]. Vereinzelt weisen die unterschiedlichen Grundfreiheiten zwar auch noch Besonderheiten auf; deren Kenntnis kann aber im Rahmen des Pflichtstoffs ganz überwiegend nicht erwartet werden. **145**

a) Funktion und Anwendbarkeit der Grundfreiheiten

Die Union verwirklicht gemäß Art. 26 I, II AEUV einen **Binnenmarkt**, d.h. einen Raum ohne Binnengrenzen, und gewährleistet darin den freien Waren-, Personen-, Dienstleistungs- und Kapitalverkehr zwischen den Mitgliedstaaten. Die Grundfreiheiten bilden auf primärrechtlicher Ebene das Mittel zur Beseitigung von Hindernissen für diesen Freiverkehr. Sekundärrechtlich werden sie durch Harmonisierungsmaßnahmen insbesondere gemäß Art. 26 I, 114 AEUV ergänzt (vgl. dazu unten Rn. 239). Als subjektive Rechte mit Vorrang vor dem innerstaatlichen Recht aktivieren die Grundfreiheiten die Marktbürger, dem Unionsrecht vor den nationalen Gerichten dezentral zur Durchsetzung zu verhelfen. Inhaltlich richten sich die Grundfreiheiten auf gleichberechtigten **Marktzugang**, hingegen weder auf vollständige Marktgleichheit in allen Mitgliedstaaten noch auf eine generelle Liberalisierung. **146**

Ihrer Schutzrichtung nach sind die Grundfreiheiten primär gegen **staatliche Maßnahmen der Mitgliedstaaten** (einschließlich ihrer sub-nationalen Gebietskörperschaften, sonstigen öffentlich-rechtlichen Hoheitsträgern wie z.B. Universitäten, Rundfunkanstalten sowie staatlich kontrollierten Unternehmen) gerichtet (die sich auch nicht ins Privatrecht „flüchten“ können, s. unten Rn. 156). Darüber hinaus ist aber nach der st. Rspr. des Gerichtshofs auch die **Union** selber an die Grundfreiheiten gebunden, wenn sie binnenmarktrelevante Regelungen erlässt (vgl. dazu auch unten Rn. 254 ff.). Gewisse Erweiterungen ergeben sich daraus, dass den Mitgliedstaaten nicht nur alle Maßnahmen verboten sind, die die Grundfreiheiten ungerechtfertigt beschränken, sondern dass diese darüber hinaus auch verpflichtet sind, gegen Beschränkungen der Grundfreiheiten **durch Dritte** vorzugehen (Schutzpflicht). Insoweit kann ein Eingriff durch Unterlassen angenommen werden, der allerdings möglicherweise durch den Schutz der Grundrechte Dritter gerechtfertigt ist (s. unten Rn. 160). Darüber hinaus hat der EuGH entschieden, dass **sozial mächtige Berufsverbände**, denen durch einen Mitgliedstaat die Regelung eines ganzen Wirtschaftsbereichs überlassen ist, ebenfalls an die Grundfreiheiten gebunden sind (vgl. dazu unten Rn. 179 ff.). Besondere Bedeutung kommt dieser Rspr. insbesondere im Hinblick auf die Arbeitnehmerfreizügigkeit zu, da Arbeitsverhältnisse ganz weitreichend z.B. durch Tarifverträge geregelt sind. Aber auch im Bereich der selbstständig Berufstätigen ist die Selbstregulierung durch Berufskammern geeignet, die Grundfreiheiten (hier vor allem Niederlassungs- und Dienstleistungsfreiheit) in gleicher Weise zu beeinträchtigen wie staatliche Maßnahmen. In der Rs. *Fra.bo* bejahte der EuGH zudem erstmals die Geltung der Warenverkehrsfreiheit für ein staatsfernes Zertifizierungsinstitut und stellte dazu u.a. auf die faktische Möglichkeit des Instituts ab, den nationalen Marktzugang für **147**

2 Vgl. vertiefend *Ehlers*, in: ders. (Hrsg.), Europäische Grundrechte und Grundfreiheiten, 4. Aufl. 2015, § 7; *Fischer/Fetzer*, Europarecht, 12. Aufl. 2019, Rn. 414–468.

zertifizierungspflichtige Produkte zu regeln[3]. Eine unmittelbare Bindung von privaten Einzelnen hat der EuGH hingegen bislang nur für die Arbeitnehmerfreizügigkeit angenommen[4].

b) Struktur der Prüfung der Grundfreiheiten

148 Für die genaue Untergliederung und die Bezeichnung der einzelnen Ebenen bei der Prüfung der Grundfreiheiten besteht kein einheitlicher Standard. Besonders im Pflichtfachbereich bietet sich ein dreistufiger Aufbau nach **Schutzbereich**, **Eingriff** und **Rechtfertigung** an, wie er auch von der Prüfung von Grundrechtsverletzungen im Rahmen einer Verfassungsbeschwerde bekannt ist.

149 **aa) Schutzbereich.** Zunächst muss ein Sachverhalt überhaupt in den **sachlichen Schutzbereich** einer der Grundfreiheiten fallen. Neben dem Vorliegen der besonderen sachlichen Voraussetzungen der jeweiligen Grundfreiheit (Ware, Dienstleistung, Arbeitnehmer, Niederlassung, Zahlung, Kapital, s. dazu jeweils unten) muss dem Sachverhalt ein wirtschaftliches **grenzüberschreitendes Element** innewohnen, d.h. der Sachverhalt muss einen Bezug zum Wirtschaftsverkehr zwischen den Mitgliedstaaten aufweisen. Reine **Inlandssachverhalte** fallen ebenso wenig in den Anwendungsbereich der Grundfreiheiten wie **Drittstaatensachverhalte**, d.h. Sachverhalte, die den Wirtschaftsverkehr mit Staaten außerhalb der EU berühren (Ausnahme: Kapital- und Zahlungsverkehrsfreiheit, Art. 63 I AEUV: „[…] sowie zwischen den Mitgliedstaaten und dritten Ländern"). Hier können allenfalls völkerrechtliche Verträge der Union mit dem jeweiligen Drittstaat einschlägig sein (vgl. Art. 47 EUV, Art. 216 AEUV), die mitunter den Grundfreiheiten ähnliche Regelungen enthalten. Dementsprechend steht das Unionsrecht einer **Inländerdiskriminierung**, d.h. der Schlechterstellung von Inlandssachverhalten (Bsp.: Residenzpflicht für inländische, hingegen nicht für ausländische Rechtsanwälte) nicht entgegen[5]. Vielmehr verursacht das Unionsrecht solche Konstellationen sogar, wenn eine Grundfreiheit in der Ausprägung eines Beschränkungsverbots (vgl. dazu sogleich unten Rn. 154) die Anwendung bestimmter Normen des nationalen Rechts auf EU-Ausländer unterbindet, diese aber auf Inländer weiter anwendbar bleiben (bloßer Anwendungsvorrang, s. Rn. 65). Im Rahmen eines Vorabentscheidungsverfahrens genügt es dem EuGH für die Frage der Entscheidungserheblichkeit regelmäßig, dass eine nationale Vorschrift auch grenzüberschreitende Sachverhalte erfassen kann, da er den mitgliedstaatlichen Gerichten zubilligt, diese ggf. in rein innerstaatlichen Sachverhaltskonstellationen wegen Gleichbehandlungsgeboten des nationalen Rechts ebenfalls nicht anzuwenden[6].

150 Keine Anwendung finden die Grundfreiheiten auch dann, wenn auf den Sachverhalt **Sekundärrecht** anwendbar ist, das im durch Auslegung zu ermittelnden Ergebnis zumeist gegenüber den Grundfreiheiten spezieller ist[7]. Sekundärrecht muss allerdings selbst mit den Grundfreiheiten vereinbar sein, da es andernfalls nichtig wäre. Die Spezialität des

---

3 EuGH, Rs. C-171/11, Fra.bo, ECLI:EU:C:2012:453, Rn. 21 ff.; klausurmäßig aufbereitet von *Otto/Hein*, Jetzt geht's um die Wurst!, JuS 2014, S. 529 ff.

4 Vgl. EuGH, Rs. C-281/98, Angonese, Slg. 2000, I-4139; Rs. C-94/07, Raccanelli, Slg. 2008, I-5939; einen Überblick der grundfreiheitlichen Bindungen Privater geben *Ludwigs/Weidermann*, Drittwirkung der Europäischen Grundfreiheiten – Von der Divergenz zur Konvergenz?, JURA 2014, S. 152 ff.

5 Im Einzelnen *Bösch*, Die Inländerdiskriminierung, JURA 2009, S. 91 ff.

6 EuGH, Rs. C-384/08, Attanasio Group, Slg. 2010, I-2055, Rn. 22 ff.

7 EuGH, Rs. C-470/03, A.G.M.-COS.MET Srl, Slg. 2007, I-2749, Rn. 50–54.

Sekundärrechts reicht zudem stets nur so weit, wie es selbst abschließende Regelungen trifft. Daneben bleibt ein Rückgriff auf das Primärrecht daher häufig möglich[8].

Bestimmte Bereiche nimmt der AEUV von der Anwendung der Grundfreiheiten aus (**Bereichsausnahmen**). Das ist z.B. der Fall für die Beschäftigung in der öffentlichen Verwaltung (Art. 45 IV AEUV) sowie für Tätigkeiten, die dauernd oder zeitweise mit der Ausübung hoheitlicher Gewalt verbunden sind (Art. 51 I, 62 AEUV). Der EuGH interpretiert diese Bereichsausnahmen grds. unionsrechtlich autonom und restriktiv. Ferner genießen bestimmte allgemein verbotene oder sozialschädliche Verhaltensweisen generell keinen Schutz der Grundfreiheiten. Hierfür werden übereinstimmende nationale Vorschriften der EU-Mitgliedstaaten sowie einschlägige völkerrechtlich und unionsrechtlich begründete Verbote als Indizien herangezogen[9]. 151

In gängigen Prüfungsschemata findet sich zudem der **personale Schutzbereich** der Grundfreiheiten – ausgehend von dem Grundsatz, dass die Grundfreiheiten primär nur Staatsangehörige der Mitgliedstaaten als Berechtigte kennen. Dies trifft jedoch nur auf die personenbezogenen Grundfreiheiten, d.h. die Arbeitnehmer-, Niederlassungs- und Dienstleistungsfreiheit zu. Bei der Warenverkehrs- sowie der Kapital- und Zahlungsverkehrsfreiheit wäre dieser Prüfungspunkt ein Fehler, weil die Anwendung dieser Grundfreiheiten überhaupt nicht an die Eigenschaften eines Berechtigten anknüpft, sondern allein an das Vorliegen einer grenzüberschreitenden Waren-, Kapital- oder Zahlungsverkehrstransaktion. Diese kann aber ohne Weiteres auch von juristischen Personen sowie von Drittstaatenangehörigen durchgeführt werden[10]. Bei Waren ist lediglich erforderlich, dass sie sich in der Union zollrechtlich „im freien Verkehr" befinden, d.h. die notwendige zollrechtliche Behandlung durchlaufen haben (Art. 28 II, 29 AEUV). Der Kapital- und Zahlungsverkehr ist auch gegenüber Drittstaaten durch Art. 63 AEUV geschützt, für Transaktionen zwischen den Mitgliedstaaten kommt es auf die Staatsan- bzw. -zugehörigkeit der beteiligten natürlichen oder juristischen Personen hingegen nicht an. 152

Im Bereich der **Dienstleistungsfreiheit** sind zwar grundsätzlich nur Unionsbürger berechtigt. Auch hier ist der EuGH jedoch zumeist großzügig, sofern z.B. ein Drittstaatsangehöriger (türkischer Staatsangehöriger) eine Korrespondenzdienstleistung (Sportwetten) aus dem EU-Ausland (Österreich) an einen deutschen Dienstleistungsempfänger vermittelt. Zwar kann sich Ersterer nicht auf seine Dienstleistungsvermittlungsfreiheit berufen; allerdings kann er sich auf die Dienstleistungsfreiheit des Anbieters berufen, dessen Leistung er vermittelt[11]. Was die **Arbeitnehmerfreizügigkeit** angeht, versteht sich von selbst, dass diese nur von natürlichen Personen in Anspruch genommen werden kann. Denkbar ist aber auch, dass sich ein Unternehmen als Arbeitgeber oder als Arbeitsvermittler auf diese Grundfreiheit beruft – das Recht zur Einstellung oder Vermittlung von Drittstaatlern ist von der Arbeitnehmerfreizügigkeit aber nicht geschützt. Im Rahmen der Niederlassungs- und Dienstleistungsfreiheit sind **innerhalb der Union angesiedelte Gesellschaften**, d.h. rechtsfähige Personenmehrheiten bzw. juristische Personen, gemäß Art. 54, 62 AEUV ausdrücklich den Staatsangehörigen der Mitgliedstaaten gleichgestellt. Daneben genießen Angehörige einer großen Zahl dritter Staaten den Grundfreiheiten ähnelnde Freizügigkeits- oder doch zumindest Gleichbehandlungsrechte, die auf von der EU abgeschlossenen 153

8 EuGH, Rs. C-385/10, Elenca Srl, ECLI:EU:C:2012:634, Rn. 19.
9 EuGH, Rs. C-137/09, Josemans, Slg. 2010, I-13019, Rn. 36–43.
10 Vgl. *Fischer/Fetzer*, Europarecht, 12. Aufl. 2019, Rn. 431, 580.
11 Zu einem solchen Fall s. BVerfG, NVwZ-RR 2015, S. 1 f.

Partnerschafts- und Assoziierungsabkommen beruhen[12]. Solche Bestimmungen müssten in einer Klausur jedoch zwingend im Anhang abgedruckt werden.

154 **bb) Eingriffe.** Als Eingriffe in den Schutzbereich der Grundfreiheiten kommen zunächst alle Maßnahmen in Betracht, durch die Sachverhalte mit Auslandsbezug schlechter behandelt werden als rein inländische Sachverhalte **(Diskriminierungen)**, also z.B. die Anwendung von Zöllen oder mengenmäßigen Beschränkungen gegenüber ausländischen Waren oder das Verbot bestimmter Tätigkeiten für ausländische Dienstleistungserbringer. Die unterschiedliche Behandlung kann dabei (im Falle von Normen als Tatbestandsvoraussetzung) ausdrücklich an die Staatsangehörigkeit einer Person oder die Herkunft einer Ware anknüpfen **(offene bzw. direkte Diskriminierung)**. Sie kann sich aber auch auf solche Merkmale beziehen, die typischerweise weit häufiger von Inländern als von Bürgern anderer Mitgliedstaaten erfüllt werden (**versteckte bzw. indirekte Diskriminierung**, z.B. Wohnsitz- oder Spracherfordernisse)[13].

155 Darüber hinaus hat der EuGH sämtliche Grundfreiheiten von bloßen Diskriminierungs- zu sog. **Beschränkungsverboten** weiterentwickelt. Die argumentative Grundlage hierfür bildet der Gedanke der möglichst weitreichenden Verwirklichung des Binnenmarkts als grenzüberschreitender Raum, in dem der Wirtschaftsverkehr keinen Hindernissen begegnet (*Effet-utile*-Gedanke). Auch Rechtsvorschriften, die unterschiedslos auf inländische wie grenzüberschreitende Sachverhalte Anwendung finden, können sich für die grenzüberschreitende Wirtschaftstätigkeit als Markteintrittsbarrieren auswirken. Als beschränkende Eingriffe in die Grundfreiheiten werden nach der auf alle Personenverkehrsfreiheiten anwendbaren ***Gebhard*-Formel** des EuGH nunmehr alle nationalen Maßnahmen gewertet, die die **Ausübung der Grundfreiheiten *„behindern oder weniger attraktiv machen können"***[14].

156 Nicht maßgeblich ist die Art des Eingriffs, d.h. es muss sich nicht um rechtsverbindliches Handeln des Staats z.B. durch Gesetze, Verordnungen oder Verwaltungsakte handeln. Vielmehr kann sogar rein tatsächliches Handeln staatlicher Stellen wie z.B. die finanzielle Förderung einer Kampagne, einheimische Erzeugnisse zu kaufen, bereits eine Beeinträchtigung der Grundfreiheiten darstellen. Der Eingriff muss entweder vom Mitgliedstaat selbst vorgenommen werden oder ihm zurechenbar sein. Unerheblich ist dabei auch die Handlungs- oder Erscheinungsform. Wenn eine öffentlich-rechtliche Einrichtung durch eine von ihr beherrschte juristische Person des Privatrechts agiert, so ist auch letztere an die Grundfreiheiten gebunden. Verträge, die unter Verletzung der Grundfreiheiten von dieser juristischen Person geschlossen werden, sind aufgrund Verstoßes gegen ein Verbotsgesetz gemäß § 134 BGB nichtig[15]. Daneben können Eingriffe von sozial mächtigen Verbänden ausgehen oder ausnahmsweise von einzelnen Unternehmen oder Privaten (s. oben Rn. 147).

---

12 S. zu einem solchen Fall *Streinz/Herrmann*, Sammy will auch spielen! Freizügigkeitsrechte von Profifußballspielern aus assoziierten Drittstaaten in der Europäischen Union, Original-Referendarexamensklausur, JuS 2008, S. 903 ff.

13 Dazu eingehend *W. Michl*, in: Pechstein/Nowak/Häde (Hrsg.), Frankfurter Kommentar EUV/GRC/AEUV, 2017, Art. 18 AEUV, Rn. 15 ff.

14 EuGH, Rs. C-55/94, Gebhard, Slg. 1995, I-4165, Rn. 37; vertiefend hierzu *Ohler*, Das Beschränkungsverbot der Grundfreiheiten, JA 2006, S. 839 ff.

15 S. Beschluss des BVerfG v. 19.7.2016, 2 BvR 470/15; dazu *Wollenschläger*, Vertragsnichtigkeit als Fehlerfolge bei grundrechts- und grundfreiheitenwidrigem privatrechtsförmigem Verwaltungshandeln, NVwZ 2016, S. 1535 ff.; klausurmäßig aufbereitet in RÜ 2016, S. 726 ff.

cc) Rechtfertigung.

(1) Schranken. Die Grundfreiheiten sind **nicht schrankenlos** gewährleistet. So sind z.B. Eingriffe in die Warenverkehrsfreiheit nach Art. 36 AEUV zulässig, soweit sie aus Gründen der öffentlichen Sittlichkeit, Ordnung und Sicherheit oder zum Schutz von Menschen, Tieren oder Pflanzen, des nationalen Kulturguts oder des gewerblichen und kommerziellen Eigentums gerechtfertigt sind und kein Mittel zur willkürlichen Diskriminierung oder eine verschleierte Handelsbeschränkung darstellen. Ähnliche, allerdings auf weniger Rechtfertigungsgründe beschränkte Regelungen finden sich in den Art. 45 III, 52 I (ggf. i.V.m. Art. 62) und 65 AEUV. Diese Rechtfertigungsgründe werden vom EuGH unionsautonom und eng ausgelegt. Insbesondere darf der Begriff der öffentlichen Ordnung nicht als Einfallstor für alle möglichen Belange gewertet werden. Hierunter versteht der EuGH lediglich wesentliche, grundlegende Interessen des Staates, die tatsächlich und hinreichend schwer gefährdet sein müssen.[16] Welche diese sind, dürfen die Mitgliedstaaten zwar grds. selbst festlegen. Auch hinsichtlich der Bestimmung des Schutzniveaus bei legitimen Schutzzielen wird den Mitgliedstaaten ein Wertungsspielraum eingeräumt[17]. Die Festlegung unterliegt aber der Kontrolle durch den EuGH am Maßstab des Unionsrechts (und wird mitunter im Rahmen der Verhältnismäßigkeitsprüfung vom EuGH dann auch gekippt, s. unten Rn. 161). 157

Die Erweiterung des Eingriffsbegriffs auch auf unterschiedslos anwendbare Beschränkungen macht es notwendig, über die geschriebenen Rechtfertigungsgründe hinaus anzuerkennen, dass bestimmte mitgliedstaatliche Eingriffe in die Wirtschaftstätigkeit erforderlich sein können. Seit der grundlegenden – zum Warenverkehr ergangenen – Entscheidung ***Cassis de Dijon*** lässt der EuGH daher **unterschiedslos anwendbare Beschränkungen** der Grundfreiheiten durch die Mitgliedstaaten zu, die 158

„notwendig sind, um ***zwingenden Erfordernissen*** gerecht zu werden, insbesondere den Erfordernissen einer wirksamen steuerlichen Kontrolle, des Schutzes der öffentlichen Gesundheit, der Lauterkeit des Handelsverkehrs und des Verbraucherschutzes."[18]

Mittlerweile hat der EuGH eine **ganze Reihe weiterer zwingender Erfordernisse** anerkannt, darunter den Umweltschutz, das finanzielle Gleichgewicht der Sozialversicherungssysteme, den Schutz der Verkehrssicherheit usw. Eine Kenntnis aller dieser anerkannten Kriterien kann grundsätzlich nicht erwartet werden. Im Kern geht es darum, dass ein öffentliches Interesse am Schutz bestimmter Rechtsgüter besteht und dieser Schutz den Grundgedanken des Unionsrechts entspricht. Dies lässt sich insbesondere durch die Anerkennung der geschützten Belange im Unionsrecht selbst nachweisen, beispielsweise für den Umweltschutz durch Art. 11, 191 ff. AEUV. Generell darf es sich **nicht um rein wirtschaftliche Gründe** handeln, insbesondere nicht protektionistische Motive, da diese dem Binnenmarktgedanken strikt zuwiderlaufen. Offene Diskriminierungen können durch eine Berufung auf zwingende Erfordernisse nicht gerechtfertigt werden. Diesbezüglich bleibt es allein bei den geschriebenen Rechtfertigungsgründen[19]. 159

Besondere praktische Bedeutung kommt dem Umstand zu, dass der EuGH auch die **EU-Grundrechte** (vgl. dazu unten Rn. 257 ff.) als geeignet ansieht, den Grundfreiheiten 160

16 EuGH, Rs. C-339/19, Romenergo und Aris Capital, ECLI:EU:C:2020:709, Rn. 40; Rs. C-66/18, Kommission/Ungarn, ECLI:EU:C:2020:792, Rn. 182.

17 EuGH, Rs. C-148/15, Deutsche Parkinson Vereinigung/ZBUW, ECLI:EU:C:2016:776, Rn. 30.

18 EuGH, Rs. 120/78, Cassis de Dijon, Slg. 1979, 649, Rn. 8.

19 In Bestätigung seiner st. Rspr. EuGH, Rs. C-296/15, Medisanus, ECLI:EU:C:2017:431, Rn. 68, 80.

Schranken zu ziehen. So kann beispielsweise die Genehmigung einer Demonstration, die zur Blockade einer wichtigen grenzüberschreitenden Straßenverbindung führt, dadurch gerechtfertigt sein, dass ein Mitgliedstaat seinen Bürgern die Versammlungs- und Meinungsfreiheit gewährleisten will[20]. Ebenso kann das Verbot von Gewalt verherrlichenden Spielformen (z.B. „Laserdrome") unter Berufung auf die Menschenwürde (Verstoß gegen das Menschenbild des GG) gerechtfertigt sein[21]. Auch das Koalitions- und Arbeitskampfrecht von Gewerkschaften hat der EuGH als einen solchen rechtfertigenden Belang (für einen Eingriff in die Niederlassungsfreiheit eines Unternehmers) angesehen[22].

161 **(2) Schranken-Schranken.** Selbst wenn ein geschriebener Rechtfertigungsgrund oder ein zwingendes Erfordernis vorliegt, ist der Eingriff in die Grundfreiheit nur dann gerechtfertigt, wenn er auch **verhältnismäßig** ist, wobei der EuGH meist nur die Geeignetheit und die Erforderlichkeit des Eingriffs – diese in der Tendenz allerdings strenger als das BVerfG – prüft, hingegen selten ausdrücklich die Angemessenheit (Verhältnismäßigkeit im engeren Sinne). Vereinzelt prüft der Gerichtshof allerdings Angemessenheitsaspekte auch im Rahmen der Erforderlichkeitsprüfung. Dann weist der Gerichtshof z.B. darauf hin, dass durch eine weniger in die Grundfreiheiten eingreifende Maßnahme ebenfalls ein hinreichendes Schutzniveau erreicht werden könne[23]. Eine besondere Rolle spielt in diesem Zusammenhang oftmals, ob bestimmte Zwecke durch Vorschriften und Kontrollen im Herkunftsstaat bereits erreicht wurden, so dass ihre Wiederholung unverhältnismäßig wäre (Herkunftslandprinzip). Hieraus ergibt sich eine weitreichende Pflicht zur gegenseitigen Anerkennung z.B. von technischen Standards. Zusätzlich muss eine Maßnahme, die in eine Grundfreiheit eingreift, auch die EU-Grundrechte des Betroffenen (vgl. Rn. 257 ff.) wahren[24].

2. Warenverkehrsfreiheit

162 **Fall 12:** Das deutsche Arzneimittelgesetz (a.F.) erlaubt den Vertrieb verschreibungsfreier wie auch verschreibungspflichtiger Medikamente ausschließlich in Apotheken, die von dem Inhaber persönlich zu führen sind. Jeder Apotheker kann somit nur eine Apotheke betreiben. Die Abgabe der Medikamente ist nur in den Apothekenräumen direkt an die Kunden erlaubt. Ein Versand mit der Post ist verboten. Damit soll eine hochwertige Beratung sichergestellt und den Gefahren des Medikamentenmissbrauchs entgegengewirkt werden. Eine niederländische Internetapotheke hält dieses Verbot für unvereinbar mit der Warenverkehrsfreiheit. Mit Recht[25]?

a) Schutzbereich

163 Grundvoraussetzung für die Anwendbarkeit der Warenverkehrsfreiheit ist, dass eine „Ware" betroffen ist. Dazu zählt jeder körperliche Gegenstand, dem ein Geldwert zukommt und der als Gegenstand eines Handelsgeschäfts grenzüberschreitend verbracht

20 EuGH, Rs. C-112/00, Schmidberger (Brennerblockade), Slg. 2003, I-5659; dazu *Michael/Sauer*, Übungsfall „Grenzgänger" – Autobahnblockade im Spiegel deutscher und europäischer Grundrechte und Grundfreiheiten, ZJS 2010, S. 86 ff.

21 EuGH, Rs. C-36/02, Omega (Laserdrome), Slg. 2004, I-9609.

22 EuGH, Rs. C-341/05, Laval, Slg. 2007, I-11767.

23 S. z.B. EuGH, Rs. C-333/14, Scotch Whisky Association, ECLI:EU:C:2015:845, Rn. 46. Danach war die Erforderlichkeit der Einführung eines Mindestpreises für Alkohol beispielsweise nicht gegeben, wenn stattdessen die Steuern für alkoholische Getränken erhöht werden könnten.

24 S. jüngst EuGH, Rs. C-78/18, Kommission/Ungarn, ECLI:EU:C:2020:476, Rn. 101.

25 Nach EuGH, Rs. C-322/01, Deutscher Apothekerverband (DocMorris I), Slg. 2003, I-14887.

werden kann. Darunter fällt nach der Rspr. des EuGH z.B. Abfall, weil dieser zumindest manchmal einen Geldwert hat. Auch Strom und Gas werden – im Einklang mit internationalen Usancen – trotz ihrer problematischen Körperlichkeit als Waren angesehen (und daher im EU-Zolltarif aufgeführt)[26]. Geld selbst kann insoweit eine Ware darstellen, als es nicht als Zahlungsmittel verwendet wird. So dürfte z.B. der grenzüberschreitende Vertrieb ganzer Serien seltener Euro-Münzen unter die Waren- und nicht unter die Zahlungsverkehrsfreiheit fallen[27].

Soweit bei einem körperlichen Gegenstand auf diesem selbst nicht der Schwerpunkt der Leistung liegt (z.B. die Zeichnungen eines Architekten, Lotterielose, Werbematerialien), ist nicht die Warenverkehrsfreiheit einschlägig, sondern die Dienstleistungsfreiheit (s. unten Rn. 189 ff.). Der Gegenstand „verkörpert" insoweit lediglich die Dienstleistung[28]. **164**

Die Ware muss aus der Union stammen oder sich in dieser zumindest im freien Verkehr befinden (Art. 28 II AEUV). Die Voraussetzungen hierfür regelt Art. 29 AEUV. **165**

Arzneimittel **(Fall 12)** sind unproblematisch Waren. **166**

b) Eingriffe

Art. 28 f., 30 AEUV verbieten zunächst generell, d.h. ohne Rechtfertigungsmöglichkeit für die Mitgliedstaaten, Zölle und Abgaben gleicher Wirkung zwischen den Mitgliedstaaten. Daneben sind gemäß Art. 34, 35 AEUV mengenmäßige Ein- und Ausfuhrbeschränkungen und Maßnahmen gleicher Wirkung verboten. Mengenmäßige Ein- oder Ausfuhrbeschränkungen liegen vor, wenn die Einfuhr oder Ausfuhr der Zahl oder Menge nach geregelt wird (also z.B. Einfuhr von maximal 50 000 Kraftfahrzeugen). Auch ein völliges Einfuhrverbot kann eine mengenmäßige Beschränkung (Nullkontingent) darstellen, bildet aber jedenfalls eine Maßnahme gleicher Wirkung. Im Unterschied dazu ist ein vollständiges Vermarktungsverbot lediglich eine Maßnahme gleicher Wirkung, wenn es für inländische und ausländische Erzeugnisse gleichermaßen gilt. Unter **Maßnahmen gleicher Wirkung** (wie eine mengenmäßige Einfuhrbeschränkung – in Bezug auf Ausfuhrbeschränkungen hat der EuGH einen anderen Weg eingeschlagen[29]) versteht der EuGH in st. Rspr. seit der Entscheidung ***Dassonville*** **167**

„jede Handelsregelung der Mitgliedstaaten, die geeignet ist, den innergemeinschaftlichen [jetzt: *innerunionalen*] Handel unmittelbar oder mittelbar, tatsächlich oder potentiell zu behindern"[30] (sog. **Dassonville-Formel**).

Diese sehr weite Formel hat der EuGH in der Entscheidung ***Keck*** relativiert und **bestimmte Verkaufsmodalitäten** – in Abgrenzung zu **produktbezogenen Regeln** – vom Begriff der Maßnahmen gleicher Wirkung ausgenommen. Unter produktbezogenen Regeln sind alle Vorschriften z.B. über die Aufmachung, Zubereitung, Verpackung oder Etikettierung von Erzeugnissen zu verstehen. Diese wirken sich auf den grenzüberschreitenden Handel stets aus und gelten daher immer als Maßnahmen gleicher Wirkung, weil **168**

26 S. z.B. EuGH, Rs. C-305/17, FENS spol. s r. o., ECLI:EU:C:2018:986.
27 Dazu eingehend *Schütz/Bruha/König*, Casebook Europarecht, 2004, S. 543 f.
28 Vgl. *Schütz/Bruha/König*, Casebook Europarecht, 2004, S. 717 f.
29 *Brigola*, Art. 35 AEUV von Groenveld bis New Valmar – Abschied eines Fremdkörpers im Gebäude des freien Warenverkehrs, EuZW 2017, S. 5 ff.
30 EuGH, Rs. 8/74, Dassonville, Slg. 1974, 837, Rn. 5.

der Hersteller einer Ware diese Bestimmungen jeweils für jedes Land anpassen muss. Hingegen sind Verkaufsmodalitäten wie z.B. Ladenöffnungszeiten, Nachtbackverbote oder Verkaufsbeschränkungen für Tankstellen dann nicht als Maßnahmen gleicher Wirkung anzusehen, wenn sie inländische wie ausländische Waren rechtlich und faktisch gleichermaßen betreffen und für alle Wirtschaftsteilnehmer unterschiedslos gelten.

168a Sodann hatte der EuGH wiederholt über die Zulässigkeit von Nutzungsverboten und -beschränkungen zu entscheiden[31]. Dabei hat der Gerichtshof dem Vorschlag, parallel zur Keck-Rechtsprechung auch die Kategorie von „Nutzungsmodalitäten" einzuführen, eine Absage erteilt[32]. Entscheidend ist für den Gerichtshof danach allein, inwieweit eine Maßnahme den Zugang zum Markt eines Mitgliedstaats behindert[33]. Für Nutzungsverbote, die keine sinnvolle Benutzungsmöglichkeit für eine Ware mehr übriglassen, kann man das ohne Weiteres bejahen. In der jüngeren EuGH-Rspr. findet sich zunehmend (aber nicht immer) anstelle der Keck-Judikatur eine **Dreistufenprüfung** für die Feststellung eines Eingriffs in Art. 34 AEUV. Danach greifen unmittelbare oder mittelbare Diskriminierungen (erste Stufe), die Missachtung des Herkunftslandprinzips bei produktbezogenen Regelungen (zweite Stufe, s. unten Rn. 170) sowie erhebliche Marktzugangsbehinderungen (dritte Stufe) jeweils in die Warenverkehrsfreiheit ein[34]. Andere Ergebnisse in der Sache bringt diese Modifikation allerdings nicht mit sich. Vielmehr handelt es sich um eine zusammenfassende Systematisierung der bisherigen Rspr. In der Klausurbearbeitung empfiehlt es sich daher, die Dreistufenprüfung als Aufbauschema zu verwenden und trotzdem im Rahmen der dritten Stufe auch auf die Ausnahme von bestimmten Verkaufsmodalitäten nach der Keck-Rspr. abzustellen, insbesondere da der EuGH auch in jüngeren Entscheidungen[35] mitunter auf die Keck-Rechtsprechung bzw. den Begriff der zulässigen Verkaufsmodalitäten rekurriert[36]. Generell stellt allerdings die „erhebliche Marktzugangsbehinderung" auch ein geeignetes Auffangmerkmal dar, um Fälle sachgerecht zu lösen.

169 Das Versandhandelsverbot für Arzneimittel **(Fall 12)** trifft ausländische Apotheken stärker als deutsche Apotheken, da deutsche Apotheken in ihren Ladengeschäften Arzneimittel verkaufen können, während ausländische Apotheken vom deutschen Markt praktisch ausgeschlossen sind, da auch die Eröffnung von Zweigstellen nicht möglich ist. Es stellt sich somit nicht als zulässige Verkaufsmodalität, sondern als Handelsregelung dar, die geeignet ist, den Handel innerhalb der Union unmittelbar und tatsächlich zu beeinträchtigen, und ist somit als Maßnahme gleicher Wirkung wie eine mengenmäßige Einfuhrbeschränkung zu qualifizieren.

31 EuGH, Rs. C-110/05, Kommission/Italien, Slg. 2009, I-519; EuGH, C-142/05, Åklagaren, Slg. 2009, I-4273.

32 *Kröger*, Nutzungsmodalitäten im Recht der Warenverkehrsfreiheit, EuR 2012, S. 468 ff.

33 *Dietz/T. Streinz*, Das Marktzugangskriterium in der Dogmatik der Grundfreiheiten, EuR 2015, S. 50 ff.

34 EuGH, Rs. C-110/05, Kommission/Italien, Slg. 2009, I-519, Rn. 35 ff.; EuGH, Rs. C-142/05, Mickelsson und Roos, Slg. 2009, I-4273, Rn. 24 ff.; EuGH, Rs. C-108/09, Ker-Optika, Slg. 2010, I-12213, Rn. 48 ff.

35 S. z.B. EuGH, Rs. C-198/14, Visnapuu, ECLI:EU:C:2015:751, Rn. 103; vgl. auch *Epiney*, Die Rechtsprechung des EuGH im Jahr 2016, NVwZ 2017, S. 846 ff. (851).

36 S. z.B. EuGH, Rs. C-221/15, Établissements Fr. Colruyt NV, ECLI:EU:C:2016:704, Rn. 37; ausführlich zu dieser neuen Entwicklung *Cremer*, Die Grundfreiheiten des Europäischen Unionsrechts, JURA 2015, S. 39 ff. (50 f.); *Cremer/Bothe*, Die Dreistufenprüfung als neuer Baustein der warenverkehrsrechtlichen Dogmatik, EuZW 2015, S. 413 ff.; *Reyes y Ráfales*, 6 Jahre „Anhänger-Rechtsprechung" zu Art. 34 Alt. 2 AEUV, DVBl 2015, S. 268 ff.

c) Rechtfertigung

Gerechtfertigt sind Eingriffe, insbesondere Maßnahmen gleicher Wirkung, wenn einer der Rechtfertigungsgründe des Art. 36 AEUV vorliegt und der Eingriff verhältnismäßig ist, oder wenn eine unterschiedslos anwendbare Maßnahme zwingenden Erfordernissen in verhältnismäßiger Weise dient. Im Rahmen der Verhältnismäßigkeitsprüfung ist hier besonders der **Grundsatz der gegenseitigen Anerkennung (bzw. das Herkunftslandprinzip)** zu beachten, nach dem Waren, die im Herkunftsstaat rechtmäßig in Verkehr gebracht worden sind, nur ausnahmsweise nicht auch in den anderen Mitgliedstaaten verkehrsfähig sind[37]. 170

In **Fall 12** kommt eine Rechtfertigung aus Gründen des Gesundheitsschutzes (Art. 36 AEUV) im Hinblick auf verschreibungspflichtige Medikamente, hingegen nicht auf verschreibungsfreie in Betracht. Zur Verhinderung von Medikamentenmissbrauch bei verschreibungsfreien Medikamenten ist die Regelung bereits nicht geeignet, da auch das Versandhandelsverbot niemanden daran hindert, sich beliebig viele verschreibungsfreie Medikamente in einer Vielzahl von Apotheken zusammenzukaufen. Bei verschreibungspflichtigen Präparaten mag man die Beratung in der Apotheke sowie die Prüfung der Echtheit des Rezepts als notwendig und geeignet erachten[38]. Das Versandhandelsverbot wurde vom deutschen Gesetzgeber – mittlerweile auch für verschreibungsfreie Tierarzneimittel – beseitigt[39]. 171

3. Arbeitnehmerfreizügigkeit

Fall 13: Der niederländische Fußballer B möchte nach Ablauf seines Vertrags von einem belgischen zu einem französischen Profifußballclub wechseln, sieht sich daran jedoch durch die damaligen Regularien des belgischen und des französischen Fußballverbands gehindert. Diese sehen vor, dass ein Verein die Freigabe für einen Spieler auch dann verweigern kann, wenn dessen Vertrag bei dem Club ausläuft. In der Praxis lassen sich die Vereine diese sog. Freigabeerklärung „abkaufen" (Ablösesumme)[40]. Kann B sich gegenüber den Fußballverbänden, die als privatrechtliche Vereine organisiert sind, auf die Arbeitnehmerfreizügigkeit des AEUV berufen[41]? 172

a) Schutzbereich

Der Anwendungsbereich der Arbeitnehmerfreizügigkeit bestimmt sich danach, ob derjenige, der den grenzüberschreitenden Sachverhalt erfüllt, **Arbeitnehmer** i.S.v. Art. 45 AEUV ist. Auch dieses Tatbestandsmerkmal ist unionsrechtlich autonom auszulegen, wobei es jedoch nicht ausgeschlossen ist, auf Kriterien der nationalen Rechtsordnungen abzustellen, obwohl deren Einordnung nicht maßgeblich ist. Im Hinblick auf die grundlegende Bedeutung der Grundfreiheit legt der EuGH den Begriff generell weit aus. So sind 173

37 Vgl. EuGH, Rs. C-672/15, Noria Distribution, ECLI:EU:C:2017:310.

38 Vgl. vertiefend zu der Problematik *Ruffert*, Internet-Apotheke und Dogmatik der Grundfreiheiten: Die Entscheidung DocMorris des EuGH, JURA 2005, S. 258 ff.

39 Ein Gesetzesvorhaben der Großen Koalition zur erneuten Einführung eines Versandhandelsverbots für verschreibungspflichtige Arzneimittel nach der Entscheidung des EuGH in der Rs. C-148/15, Deutsche Parkinson Vereinigung/ZBUW, ECLI:EU:C:2016:776, die die deutsche Preisbindung für mit dem Unionsrecht unvereinbar erklärte (s. *Streinz*, Europarecht: Vorabentscheidung zu einheitlichen Apothekenabgabepreisen, JuS 2017, S. 83 ff.), wurde nicht umgesetzt.

40 Solche Ablösesummen bzw. „Transferentschädigungen" erhalten Vereine heute nur noch, wenn ein Spieler den Verein trotz laufenden Vertrags wechseln will.

41 Nach EuGH, Rs. C-415/93, Bosman, Slg. 1995, I-4921.

z.B. auch Beamte, Auszubildende oder Rechtsreferendare Arbeitnehmer i.S.v. Art. 45 AEUV. Entscheidend ist, dass jemand **unselbstständig** für einen anderen eine **wirtschaftlich verwertbare Tätigkeit** verrichtet, für die er als Gegenleistung eine **Vergütung** erhält[42].

174 Die **Arbeitnehmereigenschaft** wird nicht dadurch ausgeschlossen, dass die wirtschaftliche Tätigkeit z.B. sportlichen, künstlerischen oder kulturellen Charakter hat, solange sie Teil des Wirtschaftslebens ist. Die wirtschaftliche Komponente der Tätigkeit darf aber auch nicht völlig untergeordnet oder unwesentlich[43] sein. Erfolgt eine Beschäftigung überwiegend im Interesse des Beschäftigten, etwa zum Zwecke seiner Wiedereingliederung in das Arbeitsleben oder der Rehabilitation z.B. von Drogen- oder Alkoholabhängigen, steht dies der Arbeitnehmereigenschaft entgegen. Die Frage der Unselbstständigkeit, durch die zugleich die Arbeitnehmerfreizügigkeit von der Dienstleistungsfreiheit nach den Art. 56 ff. AEUV abgegrenzt wird (s. auch Rn. 190), ist anhand einer Gesamtwürdigung von Weisungsgebundenheit und Abhängigkeit des Beschäftigten zu beurteilen. Ebenfalls keine Arbeitnehmer sind diejenigen, die einer generell verbotenen, sittenwidrigen oder strafbaren Tätigkeit nachgehen (z.B. ein Profikiller). Anders ist es bei einer lediglich gesellschaftlich geächteten, aber nicht prinzipiell verbotenen Tätigkeit (typisches Beispiel: Prostitution), d.h. hier kann die Arbeitnehmerfreizügigkeit zur Anwendung kommen[44]. Die Vergütung muss weder für den Lebensunterhalt genügen noch muss sie zwingend in Geld erfolgen. Auch eine parallele Inanspruchnahme von Sozialleistungen schließt die Arbeitnehmereigenschaft nicht aus.

175 Für Beschäftigungen in der **öffentlichen Verwaltung** gilt die Bereichsausnahme des Art. 45 IV AEUV. Davon werden aber nur Funktionen erfasst, die tatsächlich mit der Ausübung hoheitlicher Gewalt verbunden sind und eine besondere Treuebeziehung zum Staat erfordern, wie z.B. Richter, Polizei, Militär, hingegen nicht Lehrer, Professoren oder Ärzte (es sei denn, dass diese besondere hoheitliche Aufgaben wahrnehmen, z.B. im Rahmen von Staatsprüfungen).

176 Arbeitnehmer der Mitgliedstaaten genießen die vorrangig zu prüfenden sog. Mobilitätsrechte aus Art. 45 III AEUV, insbesondere auf **Einreise und Aufenthalt** (Art. 45 III lit. b), c) AEUV) sowie auf **Zugang zum Arbeitsmarkt** im Zielland (Art. 45 III lit. a), c) AEUV). Das darüber hinaus in Art. 45 II AEUV enthaltene Diskriminierungsverbot ist vom EuGH ebenfalls zu einem **allgemeinen Beschränkungsverbot** hinsichtlich **Beschäftigung**, **Entlohnung** und **sonstiger Arbeitsbedingungen** ausgebaut worden. Durch Sekundärrecht sind diese Berechtigungen sehr weitreichend konkretisiert und teilweise auch erweitert worden. Zudem sind die Freizügigkeitsrechte sekundärrechtlich auf weitere Gruppen von Personen, die selbst nicht Arbeitnehmer sind, ausgedehnt worden. Auch die Unionsgrundrechte (unten Rn. 257 ff.) können eine Ausweitung der Rechte auf Familienangehörige von EU-Ausländern, die aus Drittstaaten stammen, bewirken. Daneben tritt mittlerweile das allgemeine Recht auf Freizügigkeit aus der Unionsbürgerschaft nach Art. 21 AEUV. Eine genauere Kenntnis der aus diesen höchst komplizierten und unübersichtlichen Regelungen abzuleitenden Rechte kann im Pflichtstoff kaum erwartet wer-

42 Vgl. *Fischer/Fetzer*, Europarecht, 12. Aufl. 2019, Rn. 507.

43 Dies ist nicht schon anzunehmen, wenn das Arbeitsverhältnis nur wenige Stunden umfasst oder einen geringen Beschäftigungsgrad aufweist, s. EuGH, Rs. C-432/14, O/Bio Philippe Auguste SARL, ECLI:EU:C:2015:643.

44 EuGH, verb. Rs. 115/81 und 116/81, Adoui, Slg. 1982, 1665, Rn. 8.

den. Zumindest müssten in der Klausur die einschlägigen Sekundärrechtsakte mitgeteilt werden.

Ein Profifußballspieler ist ohne Zweifel Arbeitnehmer i.S.v. Art. 45 AEUV **(Fall 13)**. Eine generelle Ausnahme zu Gunsten des Sports enthält der AEUV nicht. In einer Mannschaftssportart wird ein Sportler stets unselbstständig tätig, weil er an die Weisungen insbesondere des Trainers gebunden ist, seine Einsatzzeiten nicht frei bestimmen kann und sich in die Mannschaft einfügen muss. Als Profi erhält er naturgemäß auch eine Vergütung. Ob auch Amateure, die z.B. nur geringe Einsatzprämien erhalten, Arbeitnehmer sind, hat der EuGH bislang nicht entschieden. Einzelsportler unterfallen je nach Sachverhaltskonstellation entweder der Dienstleistungs- oder der Niederlassungsfreiheit. Echte Amateursportler können sich ggfs. auf das allgemeine Diskriminierungsverbot (Art. 18 AEUV) i.V.m. der Unionsbürgerschaft (Art. 20 ff. AEUV) berufen (zu diesen s. unten Rn. 202 ff.), soweit sie z.B. von ihrer Freizügigkeit in der EU (Art. 21 AEUV) Gebrauch gemacht haben[45]. 177

b) Eingriffe

Als Eingriffe kommen sowohl diskriminierende Maßnahmen als auch bloße Beschränkungen in Betracht. Maßnahmen, die nur ganz mittelbar von Einfluss auf die Entscheidung von Arbeitnehmern sind, in einem anderen Mitgliedstaat tätig zu werden, stellen allerdings keine Eingriffe dar[46]. Von besonderer praktischer Bedeutung sind insbesondere die Fälle der **Ausweisung** von straffällig gewordenen Arbeitnehmern. Diese stellen einen finalen Eingriff in das Aufenthaltsrecht dar. Ebenfalls typische Eingriffe sind **Qualifikationsanforderungen**, wobei zu beachten ist, dass die Anerkennung beruflicher Befähigungsnachweise weitgehend durch Sekundärrecht geregelt ist. 178

Gerade im Bereich der Arbeitnehmerfreizügigkeit kommen nicht nur staatliche Eingriffe in Betracht, sondern auch Eingriffe durch die **Tarifparteien**, sonstige **private Berufsverbände** sowie durch einzelne **Arbeitgeber**, unabhängig von deren Rechtsform[47]. Diese sind nach der Rspr. des EuGH in ***Angonese*** zumindest insofern an die Arbeitnehmerfreizügigkeit gebunden, als sie unabhängig vom Einzelfall Regeln aufstellen (s. auch oben Rn. 156)[48]. 179

Regelungen, die wie in **Fall 13** von einem Fußballverband kraft vereinsrechtlicher Satzungsautonomie erlassen wurden, sind damit ebenfalls an der Arbeitnehmerfreizügigkeit zu messen. Diese findet auch auf kollektive oder privatvertragliche Beschränkungen Anwendung, um in staatlich nicht geregelten Arbeitsverhältnissen Schutzlücken zu vermeiden und eine unionsweite Gleichbehandlung der Arbeitnehmer zu gewährleisten. 180

Das Recht eines Vereins, nach Ablauf des Vertrags eines Spielers eine Ablösesumme von dem neuen Verein zu fordern, ist geeignet, diesen Spieler davon abzuhalten, sich im EU-Ausland einen neuen Verein zu suchen. Die Regelung erschwert damit die Ausübung des Freizügigkeitsrechts. Sie gilt zwar unterschiedslos für alle Spieler und auch für Wechsel zu Vereinen im Inland, stellt aber eine Beschränkung dar.

45 EuGH, Rs. C-22/18, TopFit e. V. und Daniele Biffi, ECLI:EU:C:2019:497.
46 EuGH, Rs. C-190/98, Graf, Slg. 2000, I-493, Rn. 21 ff.
47 EuGH, Rs. C-94/07, Raccanelli, Slg. 2008, I-5939, Rn. 42 ff.
48 EuGH, Rs. C-281/98, Angonese, Slg. 2000, I-4139, Rn. 30 ff.

c) Rechtfertigung

181 Auch im Bereich der Arbeitnehmerfreizügigkeit lässt der EuGH neben den in Art. 45 III AEUV genannten Belangen der öffentlichen Ordnung, Sicherheit und Gesundheit zwingende Erfordernisse des Allgemeinwohls als Rechtfertigungsgründe – allerdings nicht für offen diskriminierende Eingriffe – zu. Auch wenn die geschriebenen Rechtfertigungsgründe sich systematisch nur auf die Mobilitätsrechte (Art. 45 III AEUV) beziehen, liegt es nach Wortlaut und Zweck nahe, sie auch auf die allgemeine Arbeitnehmerfreizügigkeit des zweiten Absatzes anzuwenden. Bei indirekt diskriminierenden Maßnahmen kann unstreitig auf die ungeschriebenen Rechtfertigungsgründe zurückgegriffen werden. Die in Art. 45 III AEUV genannten Gründe sind grundsätzlich eng auszulegen. Sie begründen insbesondere die Möglichkeit der Ausweisung eines EU-Ausländers, wobei aber eine Ausweisung nur dann verhältnismäßig sein kann, wenn von der konkret auszuweisenden Person eine Gefahr für die öffentliche Sicherheit und Ordnung ausgeht. Eine Regelausweisung für den Fall der strafrechtlichen Verurteilung ist mit dem EU-Recht nicht vereinbar[49]. Soweit es um die Rechtfertigung eines Eingriffs durch einen privaten Verband oder ein Unternehmen geht (horizontale Direktwirkung), genügt ein sachlicher, den Wertungen des Unionsrechts nicht zuwiderlaufender Grund („objektive Erwägungen"), z.B. für die Ungleichbehandlung. Anders als die Mitgliedstaaten müssen Private keine „zwingenden Erfordernisse des *Allgemeinwohls*" verfolgen. Jeder Eingriff ist zudem auf seine Verhältnismäßigkeit hin zu prüfen.

182 Die Ablösesummen bei abgelaufenen Verträgen **(Fall 13)** sind nicht zu rechtfertigen. Zwar erkennt der Gerichtshof an, dass die spezifischen Erfordernisse des Sports (vgl. Art. 165 I UAbs. 2 AEUV) mitunter sogar Diskriminierungen (z.B. bei Nationalmannschaften) rechtfertigen können. Auch genügen für bloße Beschränkungen objektive Erwägungen. Allerdings müssen Beschränkungen dann auch verhältnismäßig sein. Daran fehlt es hier. Als Ausbildungsentschädigung sind die Ablösesummen bereits ungeeignet, weil die Regelung nicht darauf abstellt, dass ein Spieler tatsächlich in dem Verein ausgebildet wurde, bei dem er beschäftigt ist. Für die Sicherstellung der Ausbildung des Fußballnachwuchses bestehen andere Möglichkeiten, die die Freizügigkeit weniger beschränken. Zur Erhaltung des finanziellen Gleichgewichts zwischen den Vereinen ist die Regelung ebenfalls ungeeignet[50].

4. Niederlassungsfreiheit

a) Schutzbereich

183 Die Staatsangehörigen der Mitgliedstaaten sowie die nach den Rechtsvorschriften der Mitgliedstaaten gegründeten Gesellschaften, die in der Union ihren satzungsmäßigen Sitz, ihre Hauptverwaltung oder Hauptniederlassung haben (Art. 54 AEUV), genießen gemäß Art. 49 I AEUV das **Recht auf freie Niederlassung** einschließlich der Gründung von Agenturen, Zweigniederlassungen oder Tochtergesellschaften. Gemäß Art. 49 II AEUV umfasst dies die Aufnahme und Ausübung **selbstständiger Erwerbstätigkeiten** sowie die **Gründung und Leitung von Unternehmen**. In Abgrenzung zur Dienstleistungserbringung ist die Niederlassung damit auf eine stabile und kontinuierliche Teilnahme am Wirtschaftsleben eines Mitgliedstaates ausgerichtet. Maßgeblich dafür sind Dauer und Häufigkeit der Leistung, regelmäßige Wiederkehr und Kontinuität. Das Vorhalten

49 Vgl. hierzu *Haratsch/Koenig/Pechstein*, Europarecht, 12. Aufl. 2020, Rn. 985.
50 Vgl. EuGH, Rs. C-415/93, Bosman, Slg. 1995, I-4921, Rn. 104 ff.

von Infrastruktur (z.B. einem Büro) führt nicht notwendigerweise zum Vorliegen einer Niederlassung. Entscheidend ist, ob eine ausschließliche oder überwiegende Ausrichtung auf einen Mitgliedstaat erkennbar ist, wobei jedoch berücksichtigt werden muss, dass die Möglichkeit einer parallelen Niederlassung in mehreren Mitgliedstaaten von Art. 49 I 2 AEUV gerade vorausgesetzt wird. Die Niederlassungsfreiheit gewährt naturgemäß auch die notwendigen Aufenthaltsrechte für den sich niederlassenden EU-Ausländer. Das Aufenthaltsrecht besteht auch dann weiter, wenn ein Unionsbürger zunächst tatsächlich von der Niederlassungsfreiheit Gebrauch gemacht hat, diesen Status dann aber unfreiwillig verliert, beispielsweise durch Aufgabe der ausgeübten Tätigkeit mangels Aufträgen. Er genießt dann in gewisser Weise „Bestandsschutz“[51].

Vom Schutzbereich der Niederlassungsfreiheit umfasst wird die freie Standortwahl einer einmal nach dem Recht eines Mitgliedstaats gegründeten Gesellschaft. Damit ist es unvereinbar, z.B. einer nach dem Recht eines anderen Mitgliedstaats gegründeten Kapitalgesellschaft die Rechtsfähigkeit nach deutschem Gesellschaftsrecht zu versagen, weil sie ihren Verwaltungssitz in Deutschland hat (so aber die in Deutschland vorherrschende **Sitztheorie**). Für Gesellschaften gilt damit innerhalb der EU der Grundsatz der gegenseitigen Anerkennung, d.h. die Mitgliedstaaten müssen den **Zuzug** von Gesellschaften zulassen[52]. Einschränkungen des Wegzugsrechts sind nach der Rechtsprechung des EuGH in weiterem Umfang zulässig[53], können aber unter Umständen ebenfalls in die Niederlassungsfreiheit eingreifen[54]. Ebenfalls unter die Niederlassungsfreiheit fällt die Möglichkeit der **grenzüberschreitenden Verschmelzung und grenzüberschreitenden Umwandlung** von Gesellschaften, soweit solche Vorgänge rein innerstaatlich zulässig sind (Diskriminierungsverbot)[55]. Entschieden hat der EuGH dies bislang jedoch nur für den Fall des Zuzugs; ob auch *Heraus*verschmelzungen bzw. *Heraus*umwandlungen von der Niederlassungsfreiheit erfasst werden, ist ungeklärt, vor dem Hintergrund der Rspr. des EuGH zum fehlenden Wegzugsrecht wohl aber zu verneinen[56]. 184

Die **Bereichsausnahme** des Art. 51 I AEUV ist eng auszulegen und erfasst nur solche Tätigkeiten, die eine spezifische Teilnahme an der Ausübung öffentlicher Gewalt darstellen, d.h. wenn die fragliche Tätigkeit mit Zwangsbefugnissen, Sonderrechten oder Hoheitsprivilegien verbunden ist[57]. 185

b) Eingriffe

Zwar deutet Art. 49 II AEUV auf ein bloßes Diskriminierungsverbot hin („nach den Bestimmungen [...] für seine eigenen Angehörigen“), der EuGH hat aber auch die Niederlassungsfreiheit zu einem **umfassenden Beschränkungsverbot** ausgebaut. Einen Eingriff bildet danach jede Maßnahme, die geeignet ist, den Gebrauch der Niederlassungs- 186

51 EuGH, Rs. C-442/16, Gusa, ECLI:EU:C:2017:1004.

52 Vgl. EuGH, Rs. C-212/97, Centros, Slg. 1999, I-1459; Rs. C-208/00, Überseering, Slg. 2002, I-9919; Rs. C-167/01, Inspire Art, Slg. 2003, I-10155.

53 EuGH, Rs. C-210/06, Cartesio, Slg. 2008, I-9641; s. dazu *Leible/Hoffmann*, Cartesio – fortgeltende Sitztheorie, grenzüberschreitender Formwechsel und Verbot materiellrechtlicher Wegzugsbeschränkungen, BB 2009, S. 58 ff.

54 EuGH, Rs. C-106/16, POLBUD, ECLI:EU:C:2017:804.

55 EuGH, Rs. C-411/03, SEVIC, Slg. 2005, I-10805; Rs. C-378/10, VALE Építési, ECLI:EU: C:2012:440.

56 Vgl. hierzu *Siems*, SEVIC: Der letzte Mosaikstein im Internationalen Gesellschaftsrecht der EU?, EuZW 2006, S. 135 ff.

57 Vgl. EuGH, Rs. C-342/15, Piringer, ECLI:EU:C:2017:196, Rn. 48 ff. zur Anwendung der Bereichsausnahme auf Tätigkeiten von Notaren.

freiheit zu behindern oder weniger attraktiv zu machen[58] (s. oben Rn. 155). Solche Maßnahmen können auch von privat organisierten Berufs- und Wirtschaftsverbänden ausgehen[59]. Typische Beschränkungen der Niederlassungsfreiheit sind z.B. Verbote mehrfacher Niederlassung, Bedürfnisregelungen, Wohnsitz-, Genehmigungs-, Zulassungs- sowie Qualifikationserfordernisse[60]. Zudem hat der EuGH Arbeitskampfmaßnahmen von Gewerkschaften, die gegen Betriebsverlagerungen ins EU-Ausland gerichtet sind, als Beschränkungen angesehen (die aber durch das Grundrecht der Koalitionsfreiheit und des Streikrechts gerechtfertigt sein können; s. dazu oben Rn. 160 sowie unten Rn. 257 ff.).

c) Rechtfertigung

187 Neben den Rechtfertigungsgründen in Art. 52 AEUV, die eng auszulegen sind, kommt eine Rechtfertigung von Eingriffen (außer bei offenen Diskriminierungen) auch über zwingende Erfordernisse des Allgemeinwohls in Betracht, soweit der Eingriff verhältnismäßig ist. Art. 52 AEUV hat – wie Art. 45 III AEUV – seinen Hauptanwendungsbereich im Ausländerrecht, insbesondere im Zusammenhang mit der Ausweisung von EU-Ausländern, die sich niedergelassen haben. Hier gelten die gleichen Grundsätze wie bei Art. 45 III AEUV.

5. Dienstleistungsfreiheit

188 **Fall 14:** U betreibt eine Reiseskischule in München. Von dort aus fährt er mit seinen Skilehrern und Skischülern wochenweise in die österreichischen Alpen. Das Land Tirol erlässt nun ein Skischulgesetz, das den gewerblichen Skiunterricht in Tirol niedergelassenen Skischulen vorbehält und diese verpflichtet, in einem Skiort Büro und Sammelplatz zu unterhalten sowie zwischen Weihnachten und Ostern durchgehend Kurse anzubieten. Ortsfremde Skischulen können Skiunterricht in den Tiroler Skigebieten danach nur im Rahmen eines „gelegentlichen Ausflugsverkehrs" erteilen. Die Gesamtaufenthaltsdauer in Österreich darf dann aber vier Wochen pro Saison keinesfalls überschreiten. U fragt seinen Anwalt, ob eine solche Regelung europarechtlich überhaupt zulässig sei.

a) Schutzbereich

189 Unter die Dienstleistungsfreiheit fallen gemäß Art. 57 I AEUV Leistungen, die in der Regel – nicht zwingend im Einzelfall – gegen Entgelt erbracht werden, soweit sie nicht den anderen Grundfreiheiten unterliegen. Dabei ist zu beachten, dass das Entgelt nicht unbedingt vom Empfänger der Leistung kommen muss, sondern z.B. auch von einer Krankenversicherung direkt an einen Arzt für die Behandlung eines Versicherten ausgezahlt werden kann.

190 Die Dienstleistungsfreiheit bildet einen **Auffangtatbestand**. Von der Warenverkehrsfreiheit ist die Dienstleistungsfreiheit über das Merkmal „körperlicher Gegenstand" abzugrenzen (vgl. Rn. 163 f.), von der Arbeitnehmerfreizügigkeit über die Selbstständigkeit der Tätigkeit und von der Niederlassungsfreiheit danach, ob lediglich die gelegentliche und vorübergehende (dann Dienstleistung) oder die überwiegende und dauerhafte (dann Niederlassung) Teilnahme am Wirtschaftsleben eines Mitgliedstaats beabsichtigt ist. Die

58 Vgl. EuGH, Rs. C-411/03, SEVIC, Slg. 2005, I-10805, Rn. 20 ff.
59 *Oppermann/Classen/Nettesheim*, Europarecht, 9. Aufl. 2021, § 28 Rn. 31.
60 *Tietje*, in: Ehlers (Hrsg.), Europäische Grundrechte und Grundfreiheiten, 4. Aufl. 2015, § 10 Rn. 54.

schwierige Abgrenzung von der Kapitalverkehrsfreiheit im Zusammenhang mit Finanzdienstleistungen kann im Pflichtstoff nicht erwartet werden[61].

Die in Art. 57 II AEUV enthaltene **Aufzählung** ist nicht abschließend („insbesondere"), zeigt aber beispielhaft, welche Tätigkeiten typischerweise unter den Dienstleistungsbegriff fallen können. **191**

Zu beachten ist schließlich noch die Regel des Art. 58 AEUV, wonach Verkehrsdienstleistungen vom Anwendungsbereich des Art. 56 AEUV ausgenommen sind. Dementsprechend fallen auch Verkehrsvermittlungsdienste wie *Uber* nicht in den Anwendungsbereich der Dienstleistungsfreiheit[62]. **191a**

Auch die Dienstleistungsfreiheit ist nur auf **grenzüberschreitende Sachverhalte** anwendbar. Dabei wird zwischen den Fällen der aktiven (der Erbringer begibt sich für die Leistung ins Ausland), der passiven (der Empfänger begibt sich für die Leistung ins Ausland) und der sog. Korrespondenzdienstleistung (nur die Leistung überschreitet die Grenze, z.B. telefonische Beratung, Online-Dienste etc.) unterschieden, die alle vom Schutzbereich erfasst werden. Ebenfalls unter die Dienstleistungsfreiheit fallen Sachverhalte, bei denen sich Erbringer und Empfänger der Leistung gemeinsam ins Ausland begeben, weil die Leistung nur dort erbracht werden kann (sog. „auslandsbedingte" Dienstleistung, z.B. durch Reiseführer) oder dort aufgrund bestimmter Umstände erbracht werden soll (z.B. Repetitoriumscrashkurs auf Mallorca). Auch andere Kombinationen der drei Erbringungsarten sind denkbar und von der Dienstleistungsfreiheit erfasst. **192**

In **Fall 14** liegt ein Fall der kombiniert aktiven/passiven Dienstleistungserbringung vor, wobei offen bleiben kann, ob man heutzutage bei alpinem Wintersport schon von einer „auslandsbedingten" Dienstleistung sprechen kann, weil in deutschen Skigebieten (oft) keine hinreichenden Schneemengen liegen. Vom Vorliegen einer Niederlassung i.S.v. Art. 49 ff. AEUV kann im Fall einer solchen Reiseskischule wie der des U wohl noch nicht gesprochen werden. Jedenfalls wird eine Niederlassung nicht bereits dann vorliegen, wenn die Skischule von den gut vier Monaten Skisaison nur einige Wochen in Österreich verbringt. Zudem gilt es zu berücksichtigen, dass U seine Kunden aus Deutschland selbst mitbringt, so dass man bezweifeln kann, dass er überhaupt am Wirtschaftsleben eines anderen Mitgliedstaates effektiv teilnimmt. **193**

b) Eingriffe

Auch die Dienstleistungsfreiheit verbietet **diskriminierende** und lediglich **beschränkende** Eingriffe. Die typischen Eingriffe ähneln denen im Rahmen der Arbeitnehmerfreizügigkeit und Niederlassungsfreiheit (berufliche Qualifikationsnachweise, Sprachkenntnisse, Wohnsitzerfordernisse, Pflicht zur Eintragung in die Handwerksrolle, Notwendigkeit behördlicher Erlaubnisse für bestimmte Tätigkeiten etc.). Die Idee einer Übertragung der Keck-Rechtsprechung (s. Rn. 168 ff.), so dass auch die Dienstleistungsfreiheit bereits auf Eingriffsebene eingeschränkt werden könnte, wurde vom EuGH nie explizit aufgegriffen und stößt in jüngerer Zeit explizit auf Ablehnung[63]. Dennoch beschreitet der EuGH hier einen im Ergebnis vergleichbaren Weg. Nach diesem liegt schon kein Eingriff **194**

---

61 S. dazu *Haratsch/Koenig/Pechstein*, Europarecht, 12. Aufl. 2020, Rn. 1050.

62 EuGH, Rs. C-434/15, Asociación Profesional Elite Taxi, ECLI:EU:C:2017:981.

63 Generalanwalt Szpunar, Schlussanträge v. 3.9.2020, Rs. C-311/19, BONVER WIN, ECLI:EU:C:2020:640, Rn. 65–76.

vor, wenn die Erbringung der Dienstleistung als solche nicht beschränkt wird und die Maßnahme keinen diskriminierenden Charakter aufweist[64].

195 Durch die zeitliche Beschränkung der Erteilung von Skiunterricht auf maximal vier Wochen pro Skisaison **(Fall 14)** wird ausländischen Skischulen die Nutzung der Dienstleistungsfreiheit erheblich erschwert (quantitative Leistungsbeschränkung). Die Maßnahme stellt somit zumindest eine Beschränkung dar (das Kriterium „ortsfremd" trifft aufgrund der Gesamtkonstruktion der Regelung ganz überwiegend ausländische Skischulen, so dass man hier auch eine versteckte Diskriminierung annehmen kann).

c) Rechtfertigung

196 Für die Rechtfertigung von Eingriffen in die Dienstleistungsfreiheit gelten die gleichen Maßstäbe wie bei den anderen Grundfreiheiten, d.h. neben den über Art. 62 AEUV anwendbaren Gründen des Art. 52 I AEUV kommt eine Rechtfertigung vor allem durch zwingende Erfordernisse des Allgemeinwohls in Betracht. Bei der Verhältnismäßigkeitsprüfung ist dem Umstand besonders Rechnung zu tragen, dass der Dienstleistungserbringer – im Unterschied zum Niederlassungsbewerber – nur vorübergehend und gelegentlich in dem anderen Mitgliedstaat tätig wird. Dementsprechend können an ausländische Dienstleistungserbringer nicht die gleichen Anforderungen gestellt werden wie an natürliche und juristische Personen, die sich niederlassen wollen.

197 Die zeitliche Beschränkung der Dienstleistungserbringung auf vier Wochen pro Saison bei gleichzeitiger qualifizierter Residenzpflicht für den Fall der Niederlassung **(Fall 14)** ist nicht zu rechtfertigen. Allenfalls wäre denkbar, dass aus Gründen der Pistensicherheit die Anzahl von Skikursen in den Skigebieten beschränkt werden soll. Dafür ist das zeitliche Kriterium aber völlig ungeeignet, da die Zahl der gleichzeitig angebotenen Skikurse, der mitgenommenen Skilehrer und Schüler etc. nicht beschränkt wird. Die Residenzpflicht stellt im Übrigen eine Beschränkung der Niederlassungsfreiheit von Skischulen dar, die ebenfalls nicht zu rechtfertigen ist.

6. Kapital- und Zahlungsverkehrsfreiheit

198 Der Kapital- und Zahlungsverkehrsfreiheit dürfte allgemein für die Prüfungspraxis im Pflichtstoffbereich die geringste Bedeutung zukommen, da die zugrunde liegenden Fallkonstellationen oftmals spezielleren, wenig prüfungstauglichen Rechtsgebieten entstammen und überdies die Abgrenzung der Kapitalverkehrsfreiheit von den anderen Grundfreiheiten überaus kompliziert ist (vgl. Art. 49 II, 58 II, 66 II AEUV). Vertiefte Kenntnisse sollten sich die Kandidaten der Schwerpunktbereiche **Steuerrecht** sowie **Gesellschafts- und Kapitalmarktrecht** aneignen, da die Kapitalverkehrsfreiheit hier eine zentrale Rolle spielt[65]. Abgrenzungsfragen können sich insbesondere in Bezug auf die Dienstleistungsfreiheit ergeben. Sofern der Aspekt der Kapitalverkehrsfreiheit nur notwendige Folge der Dienstleistungserbringung ist, wie es beispielsweise für ausländische Banken als Dienstleistungserbringer häufig zu bejahen sein wird, ist die nationale Rege-

64 Vgl. *Epiney*, Die Rechtsprechung des EuGH im Jahr 2015, NVwZ 2016, S. 510 ff.; EuGH, Rs. C-98/14, Berlington Hungary, ECLI:EU:C:2015:386, Rn. 36.

65 Vgl. hierzu vertiefend *Schießl*, Europäisierung der Unternehmensbesteuerung durch den EuGH, NJW 2005, S. 849 ff.; allgemein zur Kapitalverkehrsfreiheit *Trautwein*, Die Kapitalverkehrsfreiheit gem. Art. 56 I EG, JA 2008, S. 281 ff.

lung nach ihrem Schwerpunkt nur am Maßstab der Dienstleistungsfreiheit (Art. 56 AEUV) zu messen[66].

Anders als die anderen Grundfreiheiten ist die Kapital- und Zahlungsverkehrsfreiheit auch **gegenüber Drittstaaten** gewährleistet. Der Außenkapital- und -zahlungsverkehr kann allerdings nach Maßgabe der Art. 64, 66 und 75 AEUV beschränkt werden, wobei für Maßnahmen nach Art. 75 i.V.m. Art. 215 AEUV zuvor eine Maßnahme im Rahmen der Gemeinsamen Außen- und Sicherheitspolitik (GASP, Art. 23 ff. EUV) erlassen worden sein muss. **199**

Unter **Kapitalverkehr** versteht man den grenzüberschreitenden Verkehr von Sach- und Geldkapital, vorwiegend zu Anlage- bzw. Investitionszwecken. Beispiele sind der Erwerb von Grundstücken (sofern nicht zu Wohnzwecken eines Freizügigkeitsberechtigten, da dann bereits die Freizügigkeitsvorschriften eingreifen) oder Unternehmensanteilen. Der EuGH stellt nach wie vor auf die beispielhafte Aufzählung in der (nicht mehr geltenden) Kapitalverkehrsrichtlinie[67] ab, die vor der Neufassung der Vorschriften über den freien Kapitalverkehr durch den Vertrag von Maastricht die sekundärrechtliche Grundlage für den freien Kapitalverkehr bildete[68]. Anders als die anderen Grundfreiheiten haben die Art. 63 ff. AEUV erst seit dem 1.1.1994 unmittelbare Wirkung. Ein zu rechtfertigender Eingriff ist in sämtlichen Beschränkungen des Kapitalverkehrs über die Grenzen eines Mitgliedstaats hinweg zu sehen; eine Diskriminierung liegt bei einer mittelbaren oder unmittelbaren Ungleichbehandlung zwischen dem innerstaatlichen und dem grenzüberschreitenden Kapitalverkehr vor, die nicht einem objektiven Unterschied der Sachverhalte entspricht[69]. Zur Rechtfertigung können die in Art. 65 AEUV genannten Gründe oder sonstige zwingende Gründe des Allgemeininteresses herangezogen werden. Im Rahmen der Verhältnismäßigkeitsprüfung ist der EuGH jedoch üblicherweise streng, wie insb. das Beispiel staatlicher Sonderrechte an privaten Kapitalgesellschaften („goldene Aktien"), durch die der Erwerb einer effektiven Kontrollmehrheit durch ausländische Unternehmen erschwert wird, zeigt[70]. Für Drittlandssachverhalte, die im Pflichtstoff aber wohl keine Rolle spielen, dürfte der EuGH großzügiger sein. **200**

Zahlungsverkehr (Art. 63 II AEUV) meint den Transfer von Geldmitteln als Gegenleistung für eine bezogene Leistung, wobei nicht erforderlich ist, dass der Bezug der Leistung selbst von einer Grundfreiheit geschützt war (z.B. Überweisung auf ein ausländisches Konto eines inländischen Lieferanten). **201**

66 EuGH, Rs. C-580/15, Van der Weegen u.a., ECLI:EU:C:2017:429.

67 Richtlinie 88/361/EWG, ABl. 1988 Nr. L 178/5.

68 EuGH, Rs. C-78/18, Kommission/Ungarn, ECLI:EU:C:2020:476, Rn. 47.

69 EuGH, Rs. C-78/18, Kommission/Ungarn, ECLI:EU:C:2020:476, Rn. 52 f.

70 EuGH, Rs. C-503/99, Goldene Aktien I – Energieversorgung Belgien, Slg. 2002, I-4509; EuGH, Rs. C-483/99, Goldene Aktien II – Energieversorgung Frankreich, Slg. 2002, I-4781; EuGH, Rs. C-112/05, Kommission/Deutschland („Volkswagengesetz"), Slg. 2007, I-9020; insgesamt dazu *Stöber*, Goldene Aktien und Kapitalverkehrsfreiheit in Europa, NZG 2010, S. 977 ff.

III. Unionsbürgerschaft und allgemeines Diskriminierungsverbot

202 Von wachsender Bedeutung sind die durch den Vertrag von Maastricht in den AEUV (damals noch EGV) eingefügten Vorschriften über die **Unionsbürgerschaft** (Art. 20 ff. AEUV)[71]. Diese beruht auf der Staatsangehörigkeit der Mitgliedstaaten und ergänzt diese[72]. Ob jemand Staatsangehöriger eines Mitgliedstaats ist, beurteilt sich grundsätzlich allein nach dessen Staatsangehörigkeitsrecht und unterliegt keiner Kontrolle durch die anderen Mitgliedstaaten (Grundsatz der gegenseitigen Anerkennung der Staatsbürgerschaft)[73].

203 Die Unionsbürger genießen auch ohne den wirtschaftlichen Kontext einer der Grundfreiheiten (z.B. als Rentner oder Studierende) nach Art. 21 I AEUV **Freizügigkeit** im Hoheitsgebiet der Mitgliedstaaten. Diese unterliegt allerdings Beschränkungen aus dem Sekundärrecht, deren Einzelheiten (v.a. die Bedingung aus Art. 7 I lit. b) der Freizügigkeits-RL[74], dass der Unionsbürger über **ausreichende Existenzmittel** und eine Krankenversicherung verfügt) den Pflichtstoff bei weitem übersteigen[75]. In Examensklausuren müssten entweder die einschlägigen Normen abgedruckt sein und mit den herkömmlichen unionsrechtlichen Auslegungsmethoden ohne Weiteres eine Subsumtion zulassen. Oder – dies ist der häufigere Fall – es wird lediglich die Tatsache mitgeteilt, dass ein Sachverhaltsakteur die Staatsangehörigkeit eines anderen EU-Staates hat. In diesem Fall ist davon auszugehen, dass dieser berechtigterweise von seinem unionsbürgerlichen Freizügigkeitsrecht Gebrauch gemacht hat.

203a Von besonderer Bedeutung für die Ausbildung und die Klausurpraxis ist in diesem Zusammenhang das **allgemeine Diskriminierungsverbot** des Art. 18 I AEUV. Dessen Anwendung erfordert eine Absicherung nach zwei Seiten: Der Sachverhalt muss einerseits überhaupt in den **sachlichen Anwendungsbereich der Verträge** fallen, darf andererseits aber nicht durch speziellere Bestimmungen der Verträge abgedeckt sein. Ersteres versteht der EuGH traditionell weit und lässt genügen, dass ein Sachverhalt das Unionsrecht berührt. Eine Rechtsetzungskompetenz der Union ist hierfür nicht erforderlich (s. dazu allgemein Rn. 237 ff.)[76]. Im Zweifel genügt es anzunehmen, dass der Betroffene von seinem Freizügigkeitsrecht aus Art. 21 I AEUV Gebrauch gemacht hat. Im Hinblick auf die **Subsidiarität** des Art. 18 I AEUV gegenüber allen anderen Normen, die auch Ungleichbehandlungen aufgrund der Staatsangehörigkeit abdecken, ist stets (auch im Aufbau) vorrangig zu prüfen, ob eine der Grundfreiheiten des Binnenmarkts greift, auch wenn sich dies in einigen Konstellationen nicht unmittelbar aufdrängt (vgl. die Bsp. aus dem Bereich der Dienstleistungsfreiheit in Rn. 153, 192). Wenn die Anwendbarkeit des Art. 18 I AEUV geklärt ist, folgt eine zweistufige Prüfung, ob tatbestandlich eine unmittelbare oder mittelbare **Ungleichbehandlung aufgrund der Staatsangehörigkeit** vor-

---

71 Ausführlich dazu: *Schmahl/Jung*, Die Unionsbürgerschaft: Ein komplexes Rechtsinstitut mit weitreichenden Folgen, JURA 2016, S. 1272 ff.

72 Vgl. auch BVerfGE 113, 273.

73 Welchen unionsrechtlichen Grenzen die – mitunter allzu leichthändige – Vergabe von Staatsangehörigkeiten durch einzelne Mitgliedstaaten – namentlich Malta und Zypern – unterliegt, ist Gegenstand von Vertragsverletzungsverfahren der Kommission, über die aber noch nicht entschieden ist.

74 Richtlinie 2004/38/EG, ABl. 2004 Nr. L 158/77.

75 Vgl. etwa EuGH, Rs. C-333/13, Dano, ECLI:EU:C:2014:2358; EuGH, Rs. C-67/14, Alimanovic, ECLI:EU:C:2015:597. Dazu s. *Thym*, Sozialhilfe für erwerbsfähige Unionsbürger: Das Bundessozialgericht auf Umwegen, NZS 2016, S. 441.

76 Vgl. *Haratsch/Koenig/Pechstein*, Europarecht, 12. Aufl. 2020, Rn. 772 ff.

liegt und ob diese ggf. **gerechtfertigt** ist. Hierfür gelten die gleichen Grundsätze wie bei den entsprechenden Punkten im Rahmen der Grundfreiheiten (Rn. 154, 158 f.). Da es hier keine geschriebenen Rechtfertigungsgründe gibt, kann stets auf ungeschriebene zwingende Erfordernisse des Allgemeinwohls zurückgegriffen werden[77].

Die Weite des Tatbestands eröffnet einen Zugriff auf zahlreiche, sonst unionsrechtlich nicht beeinflusste Materien, wie z.B. den persönlichen Schutzbereich nationaler Bürgerrechte (vgl. Rn. 73; gilt auch für natürliche Personen), die Regelungen von Sportverbänden im Amateurbereich (Rn. 177), das Namensrecht[78] oder öffentlich-rechtliche Abgaben im nicht-harmonisierten Bereich. **204**

Bsp.: Die Bundesrepublik wollte für die Nutzung aller deutschen Fernstraßen eine Infrastrukturabgabe („Pkw-Maut") einführen und gleichzeitig alle im Inland Kfz-Steuerpflichtigen bei der – eigentlich außerhalb der EU-Kompetenzen liegenden – Kfz-Steuer maßgeschneidert entlasten, so dass die neue Abgabe für diese wirtschaftlich nicht spürbar gewesen wäre. Dass Bürger anderer EU-Staaten mit ihren Wagen kostenpflichtige Strecken in Deutschland benutzen, fällt in den Anwendungsbereich der Verträge, da sie – in Ermangelung entgegenstehender Anhaltspunkte – von ihrem Freizügigkeitsrecht nach Art. 21 I AEUV Gebrauch machen. Soweit sie im Rahmen einer wirtschaftlichen Aktivität unterwegs sind, ist die jeweils einschlägige Grundfreiheit vorrangig (z.B. für Warenlieferungen mit einem Pkw oder Kleintransporter Art. 34 AEUV; für die Fahrt zu einem Wellness-Hotel, also zur Inanspruchnahme einer Dienstleistung, Art. 56 AEUV). Da bei Gesamtbetrachtung von Abgabeneinführung und Kfz-Steuer-Senkung weit überwiegend deutsche Staatsangehörige wirtschaftlich verschont bleiben, Bürger anderer Staaten jedoch zahlen sollten (Stichwort „Ausländermaut"), ordnete der EuGH das Konstrukt als mittelbare Diskriminierung ein. Als Rechtfertigungsgrund konnte nicht angeführt werden, dass inländische Steuerzahler schon einen Beitrag zur Straßenfinanzierung leisteten (rein wirtschaftliche Argumentation, s. Rn. 159). Stattdessen musste die Bundesregierung auf andere legitime Ziele wie den Umweltschutz ausweichen, die jedoch der Verhältnismäßigkeitsprüfung nicht standhielten[79].

Das Freizügigkeitsrecht aus der Unionsbürgerschaft schützt im Übrigen auch vor Maßnahmen des Herkunftsstaats, z.B. an den Wohnsitz im Inland geknüpfte Auszahlungen von Renten und Ähnlichem[80]. Daneben genießen die Unionsbürger nach Art. 22 I, II AEUV das aktive und passive **Kommunalwahlrecht** sowie das aktive und passive **Wahlrecht zum Europäischen Parlament** nach den gleichen Bedingungen wie die Einheimischen. Hinzu treten das Recht auf subsidiären **diplomatischen Schutz** (Art. 23 AEUV) sowie das **Petitionsrecht** zum Europäischen Parlament und das Recht, sich an den Bürgerbeauftragten des Europäischen Parlaments zu wenden (Art. 24 II, III AEUV). **205**

---

77 *W. Michl*, in: Pechstein/Nowak/Häde (Hrsg.), Frankfurter Kommentar EUV/GRC/AEUV, 2017, Art. 18 AEUV, Rn. 32.

78 Grundlegend EuGH, Rs. C-353/06, Grunkin-Paul, Slg. 2008, I-7639; Rs. C-208/09, Sayn-Wittgenstein, Slg. 2010, I-13693.

79 EuGH, Rs. C-591/17, Österreich/Deutschland, ECLI:EU:C:2019:504, Rn. 58 ff.; *W. Michl*, in: Pechstein/Nowak/Häde (Hrsg.), Frankfurter Kommentar EUV/GRC/AEUV, 2017, Art. 18 AEUV, Rn. 22.

80 Siehe z.B. EuGH, Rs. C-520/04, Turpeinen, Slg. 2006, I-10685.

Teil 2

Verfahren vor dem Gerichtshof der Europäischen Union

§ 4 Überblick über das Rechtsschutzsystem der Verträge

206 Art. 19 I UAbs. 1 S. 2 EUV weist die Sicherung der Beachtung des Unionsrechts dem Gerichtshof der Europäischen Union **(GHEU)** als Organ der EU (vgl. Art. 13 I EUV) zu. Der GHEU besteht aus dem **Gerichtshof (EuGH)**, dem 1989 gegründeten **Gericht (EuG)** sowie den **Fachgerichten**, von denen es bis zum 1.9.2016 jedoch nur ein – nunmehr abgeschafftes – für den öffentlichen Dienst gab **(EuGöD)**. Die prozessrechtlichen Vorschriften für EuGH und EuG finden sich in den Art. 19 EUV und Art. 251 bis 281 AEUV, in der Satzung des GHEU sowie in den beiden Verfahrensordnungen (VerfO-EuGH, VerfOEuG). Nicht alle diese Rechtsquellen sind in den jeweils zugelassenen Hilfsmitteln abgedruckt (im Nomos Text „Europarecht", der z.B. in Bayern im Pflichtstoff zugelassen ist, fehlt die VerfOEuG).

207 Von den Verfahrensarten vor dem EuGH und dem EuG sind im Pflichtstoff das **Vorabentscheidungsverfahren** (Art. 267 AEUV), die **Nichtigkeitsklage** (Art. 263 AEUV) und das **Vertragsverletzungsverfahren** (Art. 258 ff. AEUV) von Bedeutung. Hinzu kommen die Untätigkeitsklage (Art. 265 AEUV), die Amtshaftungsklage gegen die Union (Art. 268 i.V.m. Art. 340 II AEUV), die Beamtenklage (Art. 270 AEUV) sowie das Gutachtenverfahren (Art. 218 XI AEUV)[1].

208 Die **überwiegende Klausurperspektive** im Rahmen des Pflichtstoffs Europarecht und Staatsrecht III ist die eines nationalen Gerichts, wie sie Grundlage des Teils 1 dieses Examinatoriums ist. In diesem Rahmen wurde das **Vorabentscheidungsverfahren** vor dem EuGH bereits dargestellt (s. oben Rn. 94 ff.), da dieses zwar vor dem Gerichtshof stattfindet, aber auf einem Vorlagebeschluss eines nationalen Gerichts beruht. Das nationale Gericht sollte sich also mit der Zulässigkeit einer solchen Vorlage selbst auseinandersetzen. Selbstverständlich kann ein Vorabentscheidungsverfahren in Examensklausuren auch aus der Perspektive des EuGH zu begutachten sein. Insoweit ergeben sich gegenüber der oben unter Rn. 94 ff. erfolgten Darstellung jedoch keine Besonderheiten. Besondere Wachsamkeit ist allerdings angezeigt, wenn die Vorlagefrage des nationalen Gerichts im Wortlaut angegeben ist, weil es sich dann oftmals um eine an sich unzulässige und daher umzuformulierende Frage handeln wird (vgl. dazu oben Rn. 99).

209 Für den Pflichtstoff ebenfalls relevant und angesichts der wachsenden Bedeutung des Europarechts gewiss noch im Rahmen des zulässigen Prüfungsstoffs sind die im Folgenden dargestellten Verfahren der **Nichtigkeitsklage** sowie des **Vertragsverletzungsverfahrens**.

1 S. allg. zum Rechtsschutzsystem der EU nach dem VvL *Thiele*, Das Rechtsschutzsystem nach dem Vertrag von Lissabon – (K)ein Schritt nach vorn?, EuR 2010, S. 30 ff.; *Rademacher*, Rechtsschutzgarantien des Unionsrechts, JuS 2018, S. 337 ff.

§ 5 Die Nichtigkeitsklage

Die **Nichtigkeitsklage** nach Art. 263 AEUV eröffnet die Möglichkeit, Handlungen der Organe sowie der sonstigen Einrichtungen der EU, d.h. im Wesentlichen die in Art. 288 AEUV aufgezählten Arten von Rechtsakten (Verordnungen, Richtlinien, Beschlüsse, vgl. oben Rn. 22 ff.), durch den EuGH bzw. das EuG für nichtig erklären zu lassen (Art. 264 AEUV). Ihrem Charakter nach verbindet die Nichtigkeitsklage Elemente einer Anfechtungsklage (soweit Beschlüsse betroffen sind) und einer Normenkontrollklage (soweit Richtlinien und Verordnungen angegriffen werden). In diesem Mischcharakter liegt einer der Gründe für eines der schwierigsten und klausurrelevantesten Probleme: die Klagebefugnis von natürlichen und juristischen Personen gegen Verordnungen und Richtlinien nach Art. 263 IV AEUV. Diesbezüglich haben sich durch den VvL einige teils gravierende und in ihrer Bedeutung jedenfalls anfänglich streitige Änderungen ergeben[1]. 210

Fall 15:[2] Der Rat und das Europäische Parlament erlassen gestützt auf Art. 114 I AEUV eine Verordnung, durch die Tierversuche zur Erprobung von kosmetischen Erzeugnissen in der gesamten EU untersagt werden. Die Vermarktung von Kosmetika, die an Tieren erprobt wurden, wird ebenfalls ohne Weiteres verboten. Hiergegen erheben einige Herstellerunternehmen von Kosmetika Klage vor dem GHEU. Durch die Verordnung werde ihnen ihre Geschäftsgrundlage entzogen. Der Verordnung fehle es an einer Rechtsgrundlage und sie verletze überdies die Warenverkehrsfreiheit und die Unionsgrundrechte. Der Rat und das Parlament halten entgegen, einige Mitgliedstaaten hätten angekündigt, Vermarktungsverbote für tierversuchserprobte Kosmetika zu erlassen. Haben die Klagen Aussicht auf Erfolg? 211

I. Zulässigkeitsvoraussetzungen

Bei den Zulässigkeitsvoraussetzungen einer Nichtigkeitsklage bestehen wesentliche Unterschiede zwischen Klagen, die von den in Art. 263 II AEUV aufgezählten **privilegiert Klagebefugten** (Mitgliedstaaten, Europäisches Parlament, Rat, Kommission), von den in Art. 263 III AEUV genannten **teilprivilegiert** (EZB, Rechnungshof und Ausschuss der Regionen) und von den sonstigen, **nicht privilegiert Klagebefugten** gem. Art. 263 IV AEUV erhoben werden. Abweichungen bestehen zum einen hinsichtlich der Notwendigkeit einer besonderen Klagebefugnis für Letztere sowie insbesondere hinsichtlich der Frage der Zuständigkeit des EuGH bzw. des EuG. 212

1. Sachliche Zuständigkeit

Die Zuständigkeit für Verfahren vor dem GHEU liegt beim EuGH, soweit die Vorschriften der Verträge bzw. der Satzung nichts anderes bestimmen. Die Zuständigkeitsverteilung zwischen EuGH und EuG richtet sich nach Art. 256 AEUV. Das EuG entscheidet 213

1 Vgl. hierzu *Herrmann/Rosenfeldt*, Europäisches Prozessrecht, 2019, Rn. 265–271; *Pechstein*, EU-Prozessrecht, 4. Aufl. 2011, Rn. 332-569; zu den Änderungen durch den VvL *Cremer*, Zum Rechtsschutz des Einzelnen gegen abgeleitetes Unionsrecht nach dem Vertrag von Lissabon, DÖV 2010, S. 58 ff. sowie *Herrmann*, Individualrechtsschutz gegen Rechtsakte mit „Verordnungscharakter“ nach dem Vertrag von Lissabon, NVwZ 2011, S. 1352 ff. und *Rosenfeldt*, Das Erfordernis fehlender Durchführungsmaßnahmen – Zu jüngsten Konkretisierungen des Art. 263 IV 3. Var. AEUV durch die Rechtsprechung, EuZW 2015, S. 174 ff.

2 Zur Vertiefung s. auch *Herrmann/Rosenfeldt*, Europäisches Prozessrecht, 2019, Fall 2 (Rn. 216 ff.).

nach Art. 256 I UAbs. 1 S. 1 AEUV auch über Klagen nach Art. 263 AEUV im ersten Rechtszug, jedoch mit Ausnahme der Klagen, die gemäß der Satzung dem Gerichtshof vorbehalten sind. In Bezug auf Nichtigkeitsklagen findet sich ein derartiger Vorbehalt in Art. 51 der Satzung des Gerichtshofs. Daraus ergibt sich, dass das EuG für **alle Nichtigkeitsklagen von natürlichen und juristischen Personen** zuständig ist sowie für die **Nichtigkeitsklagen der Mitgliedstaaten**, die in Art. 51 I lit. a) 1. bis 3. Spiegelstrich der Satzung genannt werden. Für **Klagen der Organe** der Union sowie die sonstigen Klagen der Mitgliedstaaten ist hingegen der EuGH zuständig. Den Fall parallel anhängiger Verfahren vor EuG und EuGH regeln Art. 54 III, IV der Satzung.

214 Für die Klagen der Kosmetikhersteller **(Fall 15)** nach Art. 263 IV AEUV ist das EuG zuständig (Art. 256 I UAbs. 1 S. 1 AEUV, Art. 51 Satzung des Gerichtshofs).

2. Parteifähigkeit

215 **Aktiv parteifähig** sind die Mitgliedstaaten, die in Art. 263 II AEUV genannten Unionsorgane (vgl. Art. 13 I UAbs. 2 EUV), der Rechnungshof, die EZB und der Ausschuss der Regionen (Art. 263 III AEUV) sowie alle natürlichen und juristischen Personen (Art. 263 IV AEUV). Bei Letzteren kommt es auf die Staatsangehörigkeit bzw. auf den Sitz der juristischen Person nicht an, d.h. es können auch Privatpersonen und Unternehmen aus Drittstaaten vor dem GHEU eine Nichtigkeitsklage erheben[3]. Der Begriff der „juristischen Person“ ist unionsrechtlich autonom auszulegen und umfasst auch öffentlich-rechtliche Körperschaften (insbesondere auch die deutschen Bundesländer, Landkreise und Gemeinden[4]) sowie rechtsfähige Personengesellschaften und Personengruppen, soweit diesen ein Recht zustehen kann. Eine besondere Klagemöglichkeit für den Bundesrat und den Bundestag sehen Art. 8 des Protokolls (Nr. 2) über die Anwendung der Grundsätze der Subsidiarität und der Verhältnismäßigkeit[5] i.V.m. Art. 23 Ia GG und § 12 IntVG vor.

216 **Passiv parteifähig** sind Rat, Kommission, EZB, das Europäische Parlament, der Europäische Rat und die sonstigen Einrichtungen der Union, da nur deren Handlungen vom GHEU kontrolliert werden können (Art. 263 I, V AEUV).

217 In **Fall 15** sind die Unternehmen aktiv parteifähig nach Art. 263 IV AEUV, der Rat und das Parlament passiv parteifähig nach Art. 263 I AEUV.

3. Klagegegenstand

218 **Tauglicher Klagegegenstand** können die in Art. 263 I AEUV aufgezählten Gesetzgebungsakte (s. Art. 289 III AEUV), Handlungen des Rats, der Kommission und der EZB sein, die keine Empfehlung oder Stellungnahme sind, sowie die Handlungen von Parlament und Rat, soweit sie Rechtswirkungen gegenüber Dritten erzeugen. Im Kern bedeutet dies, dass vor allem die in Art. 288 II, III, IV AEUV aufgezählten Rechtsakte, also **Verordnungen**, **Richtlinien** und **Beschlüsse**, tauglicher Klagegegenstand sein können. Daneben können aber unter Umständen auch **Empfehlungen** i.S.v. Art. 288 V AEUV einen tauglichen Klagegegenstand darstellen, sofern die „angefochtene Handlung aufgrund

3 *Pechstein*, EU-Prozessrecht, 4. Aufl. 2011, Rn. 360, 366.
4 EuGH, Rs. 222/83, Differdange, Slg. 1984, 2889, Rn. 9.
5 ABl. 2016 Nr. C 202/206.

ihres Inhalts keine echte Empfehlung ist", es sich mithin nur um eine „Schein-Empfehlung" handelt, der trotz ihrer formal fehlenden Bindungswirkung verbindliche Wirkung zukommen soll[6]. Sonstige rechtsverbindliche Handlungen der Organe (atypische Rechtsakte[7]) dürften im Pflichtstoff regelmäßig keine Rolle spielen.

Art. 263 IV AEUV unterscheidet hinsichtlich des Klagegegenstandes zwischen **zwei unterschiedlichen Fallgruppen**: eine Klage ist gegen „Handlungen" der in Abs. 1 genannten Einrichtungen möglich, wenn gleichzeitig eine Adressatenstellung oder eine unmittelbare und individuelle Betroffenheit vorliegt (1), sowie gegen „Rechtsakte mit Verordnungscharakter", die sie unmittelbar betreffen und keine Durchführungsmaßnahmen mehr nach sich ziehen (2). Da in der ersten Fallgruppe jede Art von rechtsverbindlicher Handlung angreifbar ist, ergibt sich auf der Grundlage des neugefassten Abs. 4 keine von der Frage der Klagebefugnis lösbare Beschränkung des tauglichen Klagegegenstands. Ob ein Rechtsakt „Verordnungscharakter" hat und ob er Durchführungsmaßnahmen nach sich zieht oder nicht, ist nur für die genauen Anforderungen an die Klagebefugnis von Bedeutung und sollte daher sinnvollerweise auch erst an dieser Stelle geprüft werden (s. dazu unten Rn. 231). 219

Die Verordnung über das Verbot von Tierversuchen zur Erprobung kosmetischer Erzeugnisse in **Fall 15** ist grundsätzlich als Handlung von Parlament und Rat ein tauglicher Klagegegenstand i.S.v. Art. 263 I und IV AEUV. Ob die Unternehmen dadurch unmittelbar und individuell i.S.v. Art. 263 IV AEUV betroffen werden oder ob es sich um einen Rechtsakt mit Verordnungscharakter handelt, der die Unternehmen unmittelbar betrifft und keine Umsetzungsmaßnahmen nach sich zieht, ist eine Frage der Klagebefugnis (s. dazu unten Rn. 232). 220

4. Richtiger Beklagter

Die Nichtigkeitsklage ist gegen das Organ der Union, welches die angegriffene Handlung erlassen hat, zu richten (vgl. Art. 263 I AEUV). Soweit Parlament und Rat im Verfahren nach den Art. 289, 294 AEUV gemeinsam einen Rechtsakt erlassen haben, ist die Klage gegen beide Organe zu richten. 221

Richtige Beklagte in **Fall 15** sind das Parlament und der Rat, da beide die Verordnung gemeinsam im Verfahren nach Art. 289, 294 AEUV erlassen haben (vgl. Art. 114 I 2 AEUV). 222

5. Klagebefugnis

Art. 263 AEUV unterscheidet zwischen den in Abs. 2 aufgezählten **privilegiert Klagebefugten**, den in Abs. 3 genannten **teilprivilegiert Klagebefugten** und den in Abs. 4 aufgeführten **nicht privilegiert Klagebefugten**. 223

Die **privilegiert Klagebefugten** (Mitgliedstaaten und die genannten Organe) müssen nicht die Verletzung eigener Rechte oder ein anderweitiges Interesse an der Nichtigerklärung der angegriffenen Handlung geltend machen, d.h. sie erheben eine objektive Normenkontrollklage. 224

6 EuGH, Rs. C-16/16, Belgien/Kommission, ECLI:EU:C:2018:79; *Gundel*, Rechtsschutz gegen Empfehlungen der Kommission?, EuR 2018, 593 ff.

7 Vgl. zu diesen *Pechstein*, EU-Prozessrecht, 4. Aufl. 2011, Rn. 376 ff.

225 Im Unterschied hierzu sind die **EZB**, der **Rechnungshof** und der **Ausschuss der Regionen** nach Art. 263 III AEUV nur klagebefugt, wenn ihre Klage auf die Wahrung ihrer Rechte abzielt. Diese sind den institutionellen Vorschriften (Art. 282 ff., 285 ff. und 305 ff. AEUV) bzw. den Verfahrensvorschriften der entsprechenden Handlungen (z.B. Art. 177 AEUV) zu entnehmen.

226 Am wichtigsten und problematischsten ist die Beschränkung der Klagebefugnis von **natürlichen und juristischen Personen** nach Art. 263 IV AEUV, die sich durch den VvL erheblich geändert hat. Soweit diese nicht eine an sie gerichtete Handlung (in der Regel Beschlüsse nach Art. 288 IV AEUV) angreifen, sondern eine an einen Dritten gerichtete oder adressatenlose Handlung, müssen sie geltend machen, durch den Rechtsakt „unmittelbar und individuell" betroffen zu sein (s. dazu sogleich Rn. 227 ff.). Handelt es sich beim Klagegegenstand um einen „Rechtsakt mit Verordnungscharakter", der keine Umsetzungsmaßnahmen nach sich zieht, genügt eine unmittelbare Betroffenheit (s. dazu sogleich Rn. 231).

227 Das Merkmal der **„Betroffenheit"** setzt lediglich voraus, dass tatsächliche Interessen des Klägers berührt sind. Eine mögliche Verletzung in bestimmten Individualrechten ist nicht erforderlich[8]. Voraussetzung für die **unmittelbare Betroffenheit** ist, dass die Maßnahme sich auf die Interessen des Individuums unmittelbar auswirkt, weil keine Durchführungsmaßnahmen mehr erforderlich sind (**formelle** unmittelbare Betroffenheit) oder dass – für den Fall, dass noch Umsetzungsmaßnahmen erforderlich sind – den hierzu Verpflichteten (z.B. den Mitgliedstaaten) kein Ermessen zukommt (**materielle** unmittelbare Betroffenheit)[9]. Diese Voraussetzungen sind z.B. im Falle eines Beihilfenrückforderungsbeschlusses der Kommission (vgl. oben Rn. 125 f.) idealtypisch erfüllt, weil dem Mitgliedstaat, an den der Beschluss adressiert ist, keinerlei Ermessen hinsichtlich des „Ob" der Rückforderung zukommt. Bei Richtlinien wird die Klagebefugnis regelmäßig schon wegen des mitgliedstaatlichen Spielraums bei der Umsetzung an dieser Voraussetzung scheitern.

228 Die **individuelle Betroffenheit** bereitet hingegen mehr Schwierigkeiten. Der EuGH verwendet hierfür seit 1963 in st. Rspr. die sog. **Plaumann-Formel**. Danach ist der Kläger nur dann individuell betroffen, wenn der Rechtsakt ihn

„wegen bestimmter persönlicher Eigenschaften oder besonderer, ihn aus dem Kreis aller übrigen Personen heraushebender Umstände berührt und ihn daher in ähnlicher Weise individualisiert wie den Adressaten [eines Beschlusses]"[10].

229 Eine Betroffenheit in diesem Sinne ist wiederum idealtypisch in dem an einen Mitgliedstaat gerichteten **Beihilfenrückforderungsbeschluss** gegeben, da der Beihilfenempfänger, von dem die Beihilfe zurückgefordert werden muss, darin namentlich bezeichnet wird. Hieraus folgt dessen Möglichkeit, gegen den Rückforderungsbeschluss der Kommission unmittelbar vor dem GHEU vorzugehen. Tut er dies nicht, kann er in einem späteren Verfahren dessen Rechtswidrigkeit nicht mehr inzident geltend machen (vgl. oben Rn. 126). Auch wenn ein Unternehmen Verfahrensrechte in einem Kartell-, Beihilfen- oder Antidumpingverfahren hatte (z.B. als Wettbewerber), nimmt der EuGH eine Klagebefugnis gegen den abschließenden Beschluss der Kommission an. Hingegen genügt

8 *Haratsch/Koenig/Pechstein*, Europarecht, 12. Aufl. 2020, Rn. 541.
9 EuG, Rs. T-492/12, von Storch u.a./EZB, EuZW 2014, S. 156; klausurmäßig aufbereitet von *Hansen*, Anforderungen an die Klagebefugnis bei der Nichtigkeitsklage nach Art. 263 Abs. 4 AEUV, RÜ 2014, S. 179 ff.
10 EuGH, Rs. 25/62, Plaumann, Slg. 1963, 199, Rn. 8.

nach der st. Rspr. des EuGH die Betroffenheit als bloßer Angehöriger einer abstrakt beschriebenen Adressatengruppe (z.B. „alle Tabakhersteller") nicht, und zwar auch dann nicht, wenn die Gruppe feststeht und nicht mehr veränderbar ist (z.B. Anknüpfung an einen in der Vergangenheit abgeschlossenen Sachverhalt)[11].

Vor dem Inkrafttreten des VvL waren **zwischen EuG und EuGH** die Fälle der Klagebe- 230
fugnis von Unternehmen gegen **Verordnungen**, durch die bestimmten Adressatengruppen Verhaltensweisen mit unmittelbarer Wirkung untersagt werden, **umstritten**. Das EuG hatte in der Entscheidung ***Jégo-Quéré***[12] – gestützt auf den Gedanken des effektiven Rechtsschutzes – eine Klagebefugnis für derartige Fälle bejaht. Der EuGH hat diese Rechtsauffassung hingegen in der Entscheidung ***UPA***[13] und in der Revisionsentscheidung ***Jégo-Quéré***[14] abgelehnt und auf den Wortlaut des ex-Art. 230 IV EGV sowie die Grenzen seiner Kompetenzen verwiesen. Es sei Aufgabe der nationalen Gerichte, in solchen Fällen effektiven Rechtsschutz zu gewährleisten (vgl. nunmehr Art. 19 I UAbs. 2 EUV). Je nach Einzelfallkonstellation müsste man nach deutschem Verwaltungsprozessrecht eine Feststellungsklage oder eine allgemeine Leistungsklage (Unterlassungsklage) zulassen, um diesen Anforderungen gerecht zu werden[15].

Durch den VvL wurden die Voraussetzungen der Klagebefugnis natürlicher und juristi- 231
scher Personen in Reaktion auf diese Auseinandersetzung modifiziert. Der neu gefasste Art. 263 IV AEUV hat zum einen die Beschränkung der zulässigen Klagegegenstände auf Beschlüsse aufgegeben. Stattdessen wird eine Klagemöglichkeit von natürlichen und juristischen Personen „gegen die an sie gerichteten oder sie unmittelbar und individuell betreffenden *Handlungen*" eröffnet (s. oben Rn. 219). Hinsichtlich der letzteren Möglichkeit ist an der ***Plaumann*-Formel** festzuhalten. Darüber hinaus ist eine Individualnichtigkeitsklage nunmehr aber auch möglich gegen „Rechtsakte mit Verordnungscharakter", die eine natürliche oder juristische Person unmittelbar betreffen und keine Durchführungsmaßnahmen nach sich ziehen.

Problematisch ist dabei zunächst der Begriff des „Verordnungscharakters". Nach der zutreffenden Auffassung des EuGH (Rs. ***Inuit Tapiriit Kanatami***) lässt sich der Bedeutungsgehalt nur vor dem Hintergrund der Entstehungsgeschichte des VvL und dessen Vergleich mit dem gescheiterten Verfassungsvertrag zutreffend ermitteln. Danach sind **Rechtsakte mit „Verordnungscharakter"** nicht alle Verordnungen, sondern nur abstrakt-generelle Rechtsakte (Verordnungen oder Richtlinien), die **keinen „Gesetzgebungsakt"** darstellen, d.h. die nicht in einem Gesetzgebungsverfahren erlassen worden sind (vgl. Art. 289 III AEUV)[16]. Beschlüsse mit allgemeiner Geltung (etwa solche der

11 S. z.B. EuGH, Rs. 307/81, Alusuisse/Rat und Kommission, Slg. 1982, 3463, Rn. 11.

12 EuG, Rs. T-177/01, Jégo-Quéré, Slg. 2002, II-2365.

13 EuGH, Rs. C-50/00 P, UPA, Slg. 2002, I-6677.

14 EuGH, Rs. C-263/02 P, Jégo-Quéré, Slg. 2004, I-3425.

15 Vgl. hierzu *Gundel*, Die Rechtsprechung zur Individualklagebefugnis des Art. 263 Abs. 3 AEUV nach dem Vertrag von Lissabon – Eine Bestandsaufnahme zu den Folgen der Neuregelung, EWS 2014, S. 22 ff.; *W. Michl*, Verwaltungsgerichtlicher Rechtsschutz in der Jacobs gap nach Maßgabe des Art. 19 I UAbs. 2 EUV, NVwZ 2014, S. 841 ff.

16 EuGH, Rs. C-583/11 P, Inuit Tapiriit Kanatami, ECLI:EU:C:2013:625 – m. Anm. *Streinz*, JuS 2014, S. 184 ff.; so bereits *Herrmann*, Individualrechtsschutz gegen Rechtsakte mit „Verordnungscharakter" nach dem Vertrag von Lissabon, NVwZ 2011, S. 1352 ff.; vgl. zu diesem Problemkreis inkl. der immer seltener vertretenen Gegenauffassung m.w.N. *Gundel*, Die Rechtsprechung zur Individualklagebefugnis des Art. 263 Abs. 3 AEUV nach dem Vertrag von Lissabon – Eine Bestandsaufnahme zu den Folgen der Neuregelung, EWS 2014, S. 22 ff. und *Streinz*, Individualrechtsschutz im Kooperationsverhältnis, EuZW 2014, S. 17 ff.

Kommission zur Beurteilung, ob eine nationale Regelung mit dem EU-Beihilfenrecht vereinbar ist) fallen jedoch ebenfalls unter diese Variante[17].

Doch auch die weitere Voraussetzung fehlender Durchführungsmaßnahmen darf nicht vorschnell bejaht werden. Der EuGH stellt insoweit auf den dokumentierten Zweck der Neuregelung, Rechtsschutzlücken zu schließen, ab und bejaht (potentielle) Durchführungsmaßnahmen bereits dann, wenn auf nationaler Ebene Rechtsschutzmöglichkeiten gegen den Rechtsakt oder auf seiner Grundlage erlassene Maßnahmen bestehen[18]. Eine positive Begriffsbestimmung haben EuG und EuGH bislang noch nicht entwickelt[19].

232 In **Fall 15** sind die Klagen nach der Rspr. des EuGH sowie der hier vertretenen Auffassung nicht zulässig. Die Kosmetikhersteller sind nicht aufgrund besonderer persönlicher Eigenschaften betroffen, sondern nur als Angehörige der Gruppe „Kosmetikunternehmen". Es fehlt in der zweiten Klagevariante des Art. 263 IV AEUV daher an der individuellen Betroffenheit. Da die Verordnung auf Art. 114 I AEUV gestützt erlassen wurde und somit infolge der Anwendbarkeit des ordentlichen Gesetzgebungsverfahrens einen „Gesetzgebungsakt" darstellt (Art. 289 III AEUV), kann sie auch nicht als Rechtsakt mit Verordnungscharakter nach der dritten Klagevariante qualifiziert werden, so dass ein Verzicht auf die individuelle Betroffenheit nicht in Betracht kommt. Nach der Gegenauffassung, die auch Gesetzgebungsakten Verordnungscharakter zuspricht, ist die Klage zulässig, da sie wohl auch keine Durchführungsmaßnahmen nach sich zieht.

6. Geltendmachung eines Klagegrunds

233 Der Kläger muss einen der in Art. 263 II AEUV abschließend aufgezählten **Klagegründe** geltend machen, d.h. das Vorliegen schlüssig behaupten. Dazu müssen die wesentlichen Sachverhaltsumstände geschildert und es muss dargelegt werden, inwieweit hieraus die Nichtigkeit der angegriffenen Handlung folgt. Eine zutreffende Zuordnung zu den Nichtigkeitsgründen ist nicht erforderlich[20].

7. Form und Frist

234 Die Klage ist binnen zwei Monaten (Art. 263 VI AEUV) schriftlich (Art. 21 SatzungGHEU) zu erheben. Die Klagefrist berechnet sich nach Art. 49 ff. VerfOEuGH bzw. Art. 58 ff. VerfOEuG.

II. Begründetheit und Urteilsfolgen

235 **Fall 16:** Wie **Fall 15**, nur dass die Klage gegen das Tierversuchsverbot diesmal von einem Mitgliedstaat erhoben worden und daher zulässig ist.

---

17 Dazu eingehend EuGH, verb. Rs. C-622/16 P bis C-624/16 P, Scuola Elementare Maria Montessori/Kommission, ECLI:EU:C:2018:873, Rn. 22 ff.

18 EuGH, Rs. C-274/12 P, Telefónica, ECLI:EU:C:2013:852, Rn. 27 ff.; EuGH, verb. Rs. C-622/16 P bis C-624/16 P, Scuola Elementare Maria Montessori/Kommission, ECLI:EU:C:2018:873, Rn. 58 ff.

19 Vgl. aber Generalanwältin Kokott, Schlussanträge v. 21.3.2013, Rs. C-274/12 P, Telefónica, ECLI:EU:C:2013:204, Rn. 30–56; dazu insgesamt *Rosenfeldt*, Das Erfordernis fehlender Durchführungsmaßnahmen – Zu jüngsten Konkretisierungen des Art. 263 IV 3. Var. AEUV durch die Rechtsprechung, EuZW 2015, S. 174 ff.

20 Vgl. *Pechstein*, EU-Prozessrecht, 4. Aufl. 2011, Rn. 524.

Soweit einer der in Art. 263 II AEUV genannten Klagegründe vorliegt, erklärt – je nach Zuständigkeit – das EuG oder der EuGH die angefochtene Handlung für nichtig (Art. 264 AEUV). Diese kassatorische Wirkung greift *erga omnes* (für alle Mitgliedstaaten und Organe). Die Nichtigerklärung wirkt grundsätzlich *ex tunc* (Art. 264 I AEUV). Ausnahmsweise kann der EuGH allerdings die Wirkungen des Urteils nach Art. 264 II AEUV beschränken. Dabei prüft das EuG oder der EuGH die Rechtmäßigkeit der angegriffenen Handlung im Rahmen der Begründetheit rein objektiv, d.h. es kommt auf die Verletzung eines subjektiven Rechts nicht an. Der EuGH wendet im Rahmen der Nichtigkeitsklage nur EU-Recht an; eine – für den Pflichtstoff nicht relevante – Ausnahme gilt nur in den seltenen Fällen, in denen EU-Organe nationales Recht anwenden[21]. Im Pflichtstoff Europarecht wird grundsätzlich nicht erwartet, dass alle in Art. 263 II AEUV aufgezählten Nichtigkeitsgründe im Einzelnen beherrscht werden. Es genügt insoweit, wenn eine **dreigliedrige Prüfung** nach dem Schema Vorliegen einer Unionskompetenz (1), formelle Rechtmäßigkeit der Handlung (2), materielle Rechtmäßigkeit der Handlung (3) vorgenommen werden kann. Die gleiche Prüfungsfolge gilt selbstverständlich auch, wenn die Frage der Rechtmäßigkeit eines Unionsrechtsaktes in anderen Verfahren aufgeworfen ist (z.B. im Rahmen des einstweiligen Rechtsschutzes gegen Vollzugsverwaltungsakte, vgl. oben Rn. 139 f.). Im Folgenden werden die in diesem Zusammenhang wichtigsten Problemfelder dargestellt. **236**

1. Verbandskompetenz der EU

a) Grundsatz der begrenzten Einzelermächtigung

Die EU muss zunächst überhaupt über eine Kompetenz zum Erlass von Rechtsakten verfügen. Dabei gilt der **Grundsatz der begrenzten Einzelermächtigung** (Art. 5 I 1, II EUV), d.h. der Union muss eine Kompetenz von den Mitgliedstaaten ausdrücklich (oder – was aber im Pflichtstoff regelmäßig keine Rolle spielt – implizit) zugewiesen sein. **237**

b) Vorliegen einer Kompetenznorm

In der Konsequenz bedarf jeder Rechtsakt der EU einer Rechtsgrundlage in den Verträgen. Solche finden sich über den gesamten AEUV verteilt in den jeweils einschlägigen Politikbereichen (s. z.B. Art. 46, 50, 52 II, 53, 114, 115, 192 I, II, 352 AEUV). Die **Rechtsgrundlage** gibt dabei nicht nur Voraussetzung und Umfang des zulässigen materiellen Regelungsprogramms vor, sondern bestimmt darüber hinaus auch, welcher der in Art. 288 AEUV geregelten **Rechtsakte** Verwendung finden kann und welches Rechtsetzungsverfahren einzuhalten ist. An diese Festlegungen ist die Union gebunden[22]. Durch den VvL werden die Kompetenzbereiche erstmalig gebündelt in den Verträgen aufgezählt und den verschiedenen Kompetenzarten zugeordnet. Zugleich werden die damit verbundenen Rechtswirkungen explizit genannt (vgl. Art. 2 ff. AEUV). Soweit der EU eine der in Art. 3 AEUV aufgezählten **ausschließlichen Zuständigkeiten** zugewiesen ist, kann nur die Union rechtsetzend tätig werden und verbindliche Rechtsakte erlassen (Art. 2 I 1 AEUV). Die Mitgliedstaaten können allerdings von der EU zur Rechtssetzung in diesen Bereichen rückermächtigt werden und führen das Unionsrecht überdies regelmäßig auch bei ausschließlichen EU-Zuständigkeiten aus (Art. 2 I 2, Art. 291 AEUV). **238**

21 EuGH, Rs. C-598/14 P, EUIPO/Szajner, ECLI:EU:C:2017:265.
22 *Haratsch/Koenig/Pechstein*, Europarecht, 12. Aufl. 2020, Rn. 180.

Bei den in Art. 4 AEUV genannten **geteilten Zuständigkeiten** können die Mitgliedstaaten tätig werden, sofern und soweit die Union noch nicht tätig geworden ist (Art. 2 II 2 AEUV). Im Bereich der **unterstützenden, koordinierenden und ergänzenden Zuständigkeiten** (Art. 6 AEUV) lässt die Unionsrechtsetzung die mitgliedstaatlichen Kompetenzen unberührt und darf keine Harmonisierung mitgliedstaatlicher Rechtsvorschriften beinhalten (Art. 2 V AEUV). Die Art. 2–6 AEUV bilden dabei selbst nicht die Kompetenzgrundlage für das Handeln der Union. Vielmehr ergeben sich der Umfang und die Bedingungen der Kompetenzausübung aus den näheren Bestimmungen des AEUV (Art. 2 VI AEUV).

239 **Exkurs: Art. 114 AEUV – Rechtsangleichungsmaßnahmen im Binnenmarkt**

Grundsätzlich können im Pflichtstoff kaum Kenntnisse hinsichtlich der Reichweite der einzelnen Kompetenznormen des AEUV erwartet werden. Etwas anderes gilt allenfalls in Bezug auf Art. 114 AEUV, der die Grundlage für **Rechtsangleichungsmaßnahmen im Binnenmarkt** bildet. Die Grundfreiheiten allein können – auch wie vom EuGH als weite Beschränkungsverbote verstanden – den Binnenmarkt (Art. 26 AEUV) nicht vollumfänglich herstellen. Der Beseitigung von Handelshemmnissen, die insbesondere aus zwingenden Erfordernissen des Allgemeinwohls gerechtfertigt sind, dient Art. 114 AEUV.

Art. 114 I AEUV beinhaltet keine allgemeine Regelungskompetenz für Binnenmarktangelegenheiten. Vielmehr müssen auf Art. 114 I AEUV gestützte Maßnahmen den tatsächlichen Zweck haben, die Voraussetzungen für das Funktionieren des Binnenmarkts zu verbessern. Dazu genügt nicht die abstrakte Existenz unterschiedlicher Regelungen in den Mitgliedstaaten oder die bloß abstrakte Möglichkeit von Handelshemmnissen, sondern es muss eine bestimmte Wahrscheinlichkeit gegeben sein, dass solche Hemmnisse wirklich be- oder entstehen können[23]. Maßnahmen nach Art. 114 I AEUV müssen in den Bereichen Gesundheit, Sicherheit, Umweltschutz und Verbraucherschutz von einem hohen Schutzniveau ausgehen (Abs. 3). Diese Schutzzwecke dürfen allerdings nicht das primäre Ziel der Maßnahme bilden. Soweit eine Materie durch die Union jedoch vollständig harmonisiert ist, bildet Art. 114 I AEUV auch die Grundlage für eine Anpassung dieser Regulierung z.B. mit dem Ziel der Verstärkung des Gesundheitsschutzes[24]. Dabei kann es sogar verboten werden, bestimmte Erzeugnisse in Verkehr zu bringen[25].

240 Nach dem Grundsatz der begrenzten Einzelermächtigung (Art. 5 I 1, II EUV) bedarf die EU einer besonderen Kompetenz, um rechtsetzend tätig zu werden. Art. 114 I AEUV ermächtigt die EU zu Rechtsangleichungsmaßnahmen, die darauf gerichtet sind, das Funktionieren des Binnenmarkts durch den Abbau von Handelshemmnissen zu verbessern. Hierbei handelt es sich um eine geteilte Zuständigkeit der EU (Art. 4 II lit. a) AEUV). Betreffend die Frage der Tierversuche **(Fall 15/16)** hatten einige Mitgliedstaaten angekündigt, Vermarktungsverbote zu verhängen, durch die Hemmnisse für den Handel mit Kosmetika zwischen den Mitgliedstaaten entstanden wären. Diese konkrete Gefahr genügt, um Art. 114 I AEUV als Rechtsgrundlage heranzuziehen.

23 EuGH, Rs. C-376/98, Deutschland/EP und Rat, Slg. 2000, I-8419, Rn. 83 ff.

24 Vgl. hierzu EuGH, Rs. C-491/01, British American Tobacco, Slg. 2002, I-11453, Rn. 77 ff.; vertiefend vgl. *Selmayr/Kamann/Ahlers*, Die Binnenmarktkompetenz der Europäischen Gemeinschaft, EWS 2003, S. 49 ff.; *Klamert*, Altes und Neues zur Harmonisierung im Binnenmarkt, EuZW 2015, S. 265 ff.

25 EuGH, Rs. C-482/17, Tschechische Republik/Parlament und Rat, ECLI:EU:C:2019:1035, Rn. 61.

c) Grundsatz der Subsidiarität

Nach dem in Art. 5 I 2 Alt. 1, III EUV niedergelegten **Subsidiaritätsprinzip** wird die EU in den Bereichen, in denen sie keine ausschließliche Kompetenz hat, **241**

„nur tätig, sofern und soweit die Ziele der in Betracht gezogenen Maßnahme auf Ebene der Mitgliedstaaten weder auf zentraler noch auf regionaler oder lokaler Ebene ausreichend verwirklicht werden können, sondern vielmehr wegen ihres Umfangs oder ihrer Wirkungen auf Unionsebene besser zu verwirklichen sind."

Voraussetzung für die Anwendung des Grundsatzes der Subsidiarität ist, dass die EU-Kompetenz eine **nicht-ausschließliche** (d.h. eine geteilte oder ergänzende; s. oben Rn. 238) ist. Soweit die Union die **ausschließliche Kompetenz** zur Regelung eines Sachbereichs innehat (im Wesentlichen die Zollunion [Art. 31 AEUV], die Währungspolitik [Art. 127 ff. AEUV] und die gemeinsame Handelspolitik [Art. 207 AEUV]) kommt das Subsidiaritätsprinzip nicht zur Anwendung. Die Binnenmarktzuständigkeit nach Art. 114 AEUV zählte schon nach st. Rspr. des Gerichtshofs nicht zu den ausschließlichen Kompetenzen[26], was Art. 4 II lit. a) AEUV ausdrücklich bestätigt, so dass Binnenmarktmaßnahmen auch am Subsidiaritätsprinzip gemessen werden müssen. Die in Art. 5 III AEUV genannten Kriterien müssen kumulativ vorliegen und überdies kausal miteinander verknüpft sein[27]. Der EuGH kontrolliert allerdings oftmals nur, ob das Regelungsziel auf der Ebene der EU besser erreicht werden kann. **242**

Die Anwendung des Subsidiaritätsprinzips ist im **Protokoll (Nr. 2) über die Anwendung der Grundsätze der Subsidiarität und der Verhältnismäßigkeit** näher ausgestaltet[28]. Seit dem VvL ist zur Stärkung dieses Prinzips die Möglichkeit einer besonderen **Subsidiaritätsrüge** sowie der **Subsidiaritätsklage** durch die nationalen Parlamente vorgesehen[29]. Im deutschen Recht sind diese Instrumente in Art. 23 Ia GG, §§ 11, 12 IntVG sowie §§ 93c, 93d GOBT umgesetzt und näher ausgestaltet worden. Sowohl der Bundestag als auch der Bundesrat haben bereits mehrfach Subsidiaritätsrügen eingelegt (u.a. gegen den Vorschlag für eine Verordnung über ein gemeinsames EU-Kaufrecht, eine Richtlinie über Einlagensicherungssysteme und den Vorschlag für eine Datenschutz-Grundverordnung). Streitig und bislang ungeklärt ist in diesem Zusammenhang, ob im Rahmen der Subsidiaritätsrüge lediglich Verstöße gegen das Subsidiaritätsprinzip gerügt werden können oder ob auch eine gänzlich fehlende Kompetenz der EU sowie Verstöße gegen den Verhältnismäßigkeitsgrundsatz rügefähig sind[30]. **243**

In **Fall 15/16** lassen sich die drohenden Handelshemmnisse für kosmetische Erzeugnisse nur durch eine Rechtsangleichungsmaßnahme verhindern, die aber auf der Ebene der EU besser erreicht werden kann als auf der Ebene der Mitgliedstaaten. Der Grundsatz der Subsidiarität ist somit gewahrt. **244**

---

26 EuGH, Rs. C-491/01, British American Tobacco, Slg. 2002, I-11453, Rn. 179.

27 Zu den drei Prüfungsschritten des Art. 5 AEUV s. *Calliess*, Staatsrecht III, 3. Aufl. 2020, S. 307 ff.

28 ABl. 2012 C 326/206.

29 S. dazu auch oben Rn. 213; eingehend dazu *Frenz*, Subsidiaritätsprinzip und -klage nach dem Vertrag von Lissabon, JURA 2010, S. 641 ff.; *Shirvani*, Die europäische Subsidiaritätsklage und ihre Umsetzung ins deutsche Recht, JZ 2010, S. 753 ff.

30 S. dazu *Calliess*, in: Calliess/Ruffert (Hrsg.), EUV/AEUV, 6. Aufl. 2022, Art. 12 EUV, Rn. 33 ff.

2. Formelle Rechtmäßigkeit von EU-Sekundärrechtsakten

a) Organzuständigkeit

245 Die Europäische Union verfügt gemäß Art. 13 I EUV über einen **einheitlichen institutionellen Rahmen**. Dieser besteht nach Art. 13 I UAbs. 2 EUV aus dem Europäischen Parlament, dem Europäischen Rat, dem Rat, der Kommission, dem GHEU, der EZB und dem Rechnungshof als **Organe der Union**. Der Rat (Art. 16 EUV, Art. 237 ff. AEUV) und das Parlament (Art. 14 EUV, Art. 223 ff. AEUV) setzen überwiegend gemeinsam im ordentlichen Gesetzgebungsverfahren nach Art. 289 I, 294 AEUV das sekundäre Unionsrecht (vgl. Rn. 249). Das alleinige Initiativrecht für Rechtssetzungsakte liegt hingegen bei der Kommission (s. z.B. Art. 17 II EUV, Art. 293 I, 294 II AEUV). Darüber hinaus vollzieht die Kommission das Unionsrecht in einigen Bereichen (Kartell-, Beihilfen- und Außenwirtschaftsrecht) und überwacht die Einhaltung des Unionsrechts durch die Mitgliedstaaten (Art. 258 ff. AEUV). Der GHEU sichert die Einhaltung des Rechts bei der Auslegung und Anwendung des Unionsrechts (Art. 19 I UAbs. 1 S. 2 EUV)[31].

246 Diese spezifische Aufgabenverteilung zwischen den Organen bezeichnet der EuGH als **institutionelles Gleichgewicht**[32]. Gemeint ist damit ein dem Prinzip der Gewaltenteilung ähnelndes, der Struktur der Union als Staatenverbund angepasstes **horizontales Kompetenzverteilungsprinzip**[33]. Die Organe dürfen hiervon nicht durch **interinstitutionelle Vereinbarungen** abweichen (zu diesen s. Art. 295 AEUV). Zwischen den Organen gilt die Pflicht zur loyalen Zusammenarbeit (**Organtreue**, Art. 13 II 2 EUV)[34].

247 Welches Unionsorgan im Einzelnen für den Erlass eines bestimmten Rechtsakts zuständig ist, ergibt sich aus der jeweiligen Rechtsgrundlage, die ggf. auf ein bestimmtes Rechtssetzungsverfahren verweist (z.B. verweist Art. 114 I 2 AEUV auf das ordentliche Gesetzgebungsverfahren nach Art. 289 I, 294 AEUV).

248 Die Verordnung über das Verbot von Tierversuchen **(Fall 15/16)** wurde von Parlament und Rat gemeinsam erlassen. Dies entspricht der in Art. 114 I, 289 I, 294 AEUV vorgesehenen Organzuständigkeit.

b) Verfahren

249 Verordnungen und Richtlinien werden im Regelfall nach dem **ordentlichen Gesetzgebungsverfahren** (Art. 289 I, 294 AEUV) erlassen[35]. Daneben existieren noch das Anhörungsverfahren (s. z.B. Art. 192 II AEUV) und das Zustimmungsverfahren (s. z.B. Art. 86 I AEUV). Die Kommission erlässt zudem zum Teil ergänzende Rechtsakte, wozu sie gemäß Art. 290 I AEUV ermächtigt werden kann, bzw. Durchführungsrechtsakte (Art. 291 II AEUV). Hierbei kommt das sog. **Komitologieverfahren** zur Anwendung, das nach dem Inkrafttreten des VvL umfassend überarbeitet worden ist[36]. Vereinzelt

---

31 Vgl. zu den Organen *Herdegen*, Europarecht, 23. Aufl. 2022, § 7.

32 EuGH, Rs. 9/56, Meroni, Slg. 1958, 9 (44); seitdem st. Rspr.

33 Vgl. *Schütz/Bruha/König*, Casebook Europarecht, 2004, S. 215.

34 EuGH, Rs. C-65/93, Allgemeines Präferenzsystem II, Slg. 1995, I-643.

35 Zum Gesetzgebungsverfahren vgl. *Pernice-Warnke*, Die Gesetzgebungsverfahren auf Bundes- und Unionsebene, JuS 2018, S. 666 ff.

36 VO Nr. 182/2011 zur Festlegung der allgemeinen Regeln und Grundsätze, nach denen die Mitgliedstaaten die Wahrnehmung der Durchführungsbefugnisse durch die Kommission kontrollieren, ABl. 2011 Nr. L 55/13; s. dazu *Daiber*, EU-Durchführungsrechtsetzung nach Inkrafttreten der neuen Komitologie-Verordnung, EuR 2012, S. 240.

weist der AEUV der Kommission eigenständige Rechtssetzungsbefugnisse zu (s. z.B. Art. 106 III, Art. 108 III AEUV). Soweit die Kommission Beschlüsse zum Vollzug des Unionsrechts erlässt, handelt sie auf der Grundlage der für die Sachmaterie jeweils geltenden Verfahrensvorschriften (z.B. Art. 108 AEUV, der durch die Beihilfenverfahrens-VO ergänzt wird[37]). Mehr als das Auffinden der einschlägigen Normen und die Subsumtion unter den Wortlaut der Vorschriften kann hier im Pflichtstoff nicht erwartet werden.

Die Verordnung wurde in **Fall 15/16** auch im Verfahren nach Art. 289 I, 294 AEUV erlassen. Der Sachverhalt ergibt nichts, woraus sich ein Verfahrensfehler ableiten ließe. **250**

c) Form

Nach Art. 296 II AEUV sind die Verordnungen, Richtlinien und Beschlüsse von den Unionsorganen **zu begründen**. Dazu ist es erforderlich, dass der jeweilige Urheber des Rechtsakts die wichtigsten rechtlichen und tatsächlichen Erwägungen in dem Rechtsakt selbst – regelmäßig in den sog. Erwägungsgründen vorangestellt – anführt. Dies muss klar und eindeutig geschehen, um insbesondere dem EuGH und dem EuG die Überprüfung der Rechtmäßigkeit zu ermöglichen. Begründungsmängel stellen regelmäßig eine Verletzung einer wesentlichen Formvorschrift i.S.v. Art. 263 II AEUV dar. **251**

Die Bekanntmachung und das Inkrafttreten von Rechtsakten richten sich nach Art. 297 AEUV. **252**

3. Materielle Rechtmäßigkeit von EU-Sekundärrechtsakten

Verstößt ein abgeleiteter Unionsrechtsakt gegen eine höherrangige Unionsrechtsnorm, so ist der Rechtsakt wegen Verletzung des Vertrags oder einer bei seiner Durchführung anzuwendenden Rechtsnorm für nichtig zu erklären (vgl. Art. 264 I AEUV). Von den vielen denkbaren Verstößen sollen hier lediglich die zwei wichtigsten behandelt werden. **253**

a) Vereinbarkeit mit den Grundfreiheiten

Die **Grundfreiheiten** sind zwar primär an die Mitgliedstaaten gerichtet, binden aber nach st. Rspr. des EuGH auch die Union selbst[38]. Das ist insbesondere dann von Bedeutung, wenn die Union z.B. den Verkehr mit bestimmten Erzeugnissen aus Gründen des Gesundheitsschutzes unionsweit einheitlich untersagt. In solchen Maßnahmen liegt grundsätzlich eine Beschränkung der Warenverkehrsfreiheit, zu deren Rechtfertigung sich die Union aber ebenfalls auf geschriebene und ungeschriebene Rechtfertigungsgründe berufen kann, soweit die Maßnahmen zum Schutz dieser Ziele geeignet und erforderlich sind. **254**

In diesem Zusammenhang betont der EuGH regelmäßig, dass der Unionsgesetzgeber über ein **weites Ermessen** verfügt, soweit von ihm politische, wirtschaftliche und soziale Entscheidungen verlangt werden und er komplexe Prüfungen und Beurteilungen durchführen muss. Solange der Gesetzgeber sich auf objektive Kriterien stützt und darlegen **255**

---

37 Vgl. *Haratsch/Koenig/Pechstein*, Europarecht, 12. Aufl. 2020, Rn. 1317.

38 EuGH, Rs. C-620/18, Ungarn/Parlament, ECLI:EU:C:2020:1001, Rn. 104 ff.; Rs. 15/83, Denkavit, Slg. 1984, 2171, Rn. 15. Eingehend *Rosenfeldt/Würdemann*, Schöpfer des Binnenmarktes im Käfig der Verträge – Die grundfreiheitliche Bindung des EU-Gesetzgebers, EuR 2016, S. 453 ff.

kann, dass er alle für den Regelungsgegenstand relevanten Umstände berücksichtigt hat, ist eine Unionsmaßnahme nur dann rechtswidrig, wenn sie zur Erreichung der vom Unionsgesetzgeber angestrebten Ziele offensichtlich ungeeignet ist[39]. Das wird insbesondere in den Fällen, wenn Maßnahmen auf Art. 114 I AEUV gestützt worden sind, regelmäßig nicht der Fall sein, da es dann bereits an den Voraussetzungen dieser Rechtsgrundlage (tatsächliche Erleichterung des Handels zwischen den Mitgliedstaaten) fehlen dürfte.

256 Das Verbot von Tierversuchen für kosmetische Erzeugnisse und das damit verbundene Verbot der Vermarktung solcher Kosmetika **(Fall 15/16)** stellen Beschränkungen des grenzüberschreitenden Warenverkehrs dar (Art. 34 AEUV). Auch die EU ist an die Grundfreiheiten gebunden. Die Beschränkungen könnten aber aus Gründen des Tierschutzes als zwingendes Erfordernis des Allgemeinwohls (vgl. auch Art. 13 AEUV) gerechtfertigt sein.

b) Vereinbarkeit mit den Unionsgrundrechten

257 Das Unionsrecht erhielt erst durch den VvL mit der Charta der Grundrechte der Europäischen Union[40] (GRC) einen **verbindlichen geschriebenen Grundrechtskatalog (Art. 6 I UAbs. 1 EUV)**[41]. Zu Beginn der Europäischen Integration fehlte es noch gänzlich an Bestimmungen, aus denen sich hätte entnehmen lassen, dass die Union an Grundrechte gebunden ist. Dieses Defizit veranlasste das BVerfG im Jahr 1974 zu seiner Entscheidung ***Solange I***, in der es sich die Prüfung von EU-Rechtsakten am Maßstab der Grundrechte des Grundgesetzes vorbehielt, *solange* das Unionsrecht keinen von einem Parlament beschlossenen und in Geltung stehenden Grundrechtskatalog enthalte[42] (zur Kontrolle von EU-Rechtsakten am Maßstab des GG vgl. unten Rn. 276 ff.).

258 Der EuGH entwickelte in der Folge in einer Reihe von Urteilen eigenständige EU-Grundrechte als **allgemeine Rechtsgrundsätze**, die sich aus den gemeinsamen Verfassungsüberlieferungen der Mitgliedstaaten sowie den von den Mitgliedstaaten abgeschlossenen menschenrechtlichen Völkerrechtsverträgen ergeben. Diese Rspr. war sowohl von den Unionsorganen als auch von den Mitgliedstaaten im Wege der Vertragsänderung anerkannt worden und ist nach wie vor in Art. 6 III EUV verankert, ergänzt aber nur noch den nach Art. 6 I UAbs. 1 EUV i.V.m. der **GRC** verbürgten Schutz. Die Grundrechte verpflichten primär die Union und ihre Organe, Einrichtungen und sonstigen Stellen, darüber hinaus aber auch die Mitgliedstaaten, soweit diese zur Durchführung des EU-Rechts tätig werden (so ausdrücklich Art. 51 I 1 GRC). Zweifellos gilt die GRC damit bei der Umsetzung und dem Vollzug von Primär- und Sekundärrecht. In der Rs. ***Åkerberg Fransson*** hat der EuGH den Begriff der Durchführung zudem weit ausgelegt und damit an seine Rechtsprechung zur Reichweite der allgemeinen Rechtsgrundsätze angeknüpft. Die GRC gilt für die Mitgliedstaaten danach im gesamten Geltungsbereich bzw. Anwendungsbereich des übrigen Unionsrechts, auch wenn dieses den Mitgliedstaaten ein Wahlrecht zwischen verschiedenen Formen der Durchführung einräumt, ihnen Gestaltungs- oder Ermessensspielräume lässt oder auch nur ausdrücklich nationale Regelungen zulässt, mit denen die Mitgliedstaaten zur Verwirklichung eines vorgegebenen Ziels des

39 EuGH, Rs. C-620/18, Ungarn/Parlament, ECLI:EU:C:2020:1001, Rn. 112 ff.; EuGH, verb. Rs. C-154/04 und C-155/04, Alliance for Natural Health, Slg. 2005, I-6451, Rn. 47 ff.

40 ABl. 2010 Nr. C 83/389.

41 Zur Entwicklung und Bedeutung des Grundrechtsschutzes in der EU zusammenfassend *Kingreen*, Die Unionsgrundrechte, JURA 2014, S. 295 ff.

42 BVerfGE 37, 271.

Unionsgesetzgebers beitragen sollen[43]. Allerdings lässt sie sowohl die Kompetenzen der EU als auch den Anwendungsbereich des Unionsrechts unberührt (s. Art. 6 I UAbs. 2 EUV, 51 II GRC) und bindet die Mitgliedstaaten nicht, wenn die EU nur eine Zuständigkeit besitzt, aber ihre konkreten Vorschriften im fraglichen Bereich den Mitgliedstaaten keine bestimmten Verpflichtungen auferlegen[44].

Seit dem VvL sieht Art. 6 II EUV überdies den Beitritt der EU zur EMRK vor, für den **258a** durch das 14. Zusatzprotokoll zur EMRK die Grundvoraussetzungen aus Sicht des Konventionssystems geschaffen worden sind. Es bedarf jedoch noch des völkerrechtlichen Beitritts der Union, der weitere Detailfragen aufwirft (s. oben Rn. 62).

Zur **inhaltlichen Bestimmung** der Grundrechte griff der EuGH vor dem Inkrafttreten **259** des VvL in einem wertenden Rechtsvergleich auf die Verfassungsüberlieferungen der Mitgliedstaaten sowie auf die EMRK als **Rechtserkenntnisquellen** zurück. Auch die GRC wurde vom EuGH seit ihrer Ausarbeitung im Jahr 2000 als weiterer Beleg dafür herangezogen, dass ein Grundrecht den Charakter eines allgemeinen Rechtsgrundsatzes genießt. Mit dem Inkrafttreten des VvL und der seitdem gegebenen unmittelbaren Verbindlichkeit der GRC greift der EuGH direkt auf diese zurück, beachtet dabei gemäß Art. 52 III und IV GRC aber weiterhin die EMRK und die Verfassungsüberlieferungen der Mitgliedstaaten, soweit die Rechte der Charta jeweils auf diesen beruhen (vgl. auch den 5. Erwägungsgrund der Präambel der GRC)[45]. Zudem sind gemäß Art. 52 VII GRC die **Erläuterungen zur Charta**[46] gebührend zu berücksichtigen. Letztere sind in den zugelassenen Hilfsmitteln jedoch regelmäßig nicht mit abgedruckt. Sowohl im Verhältnis zur EMRK als auch zu den mitgliedstaatlichen Grundrechten bildet die GRC nur einen Mindeststandard. Das bedeutet, dass die Mitgliedstaaten einen weitergehenden Schutz vorsehen können. Durch diesen darf allerdings der Anwendungsvorrang des Unionsrechts nicht in Frage gestellt werden, d.h. dass das abgeleitete Unionsrecht (vgl. oben Rn. 43 ff.) selbst stets nur an den Unionsgrundrechten, also insbesondere der GRC zu messen ist[47].

In der Klausursituation bietet es sich an, nach der Herleitung aus den aufgezeigten Quellen **259a** eine einheitliche Grundrechte-Prüfung vorzunehmen. Detaillierte Kenntnisse zum inhaltlichen Umfang des Schutzes nach der GRC können im Pflichtstoff nicht erwartet werden. Daher lässt sich für die Zwecke der Klausur – ähnlich wie bei den Konventionsrechten (s. dazu unten Rn. 321 ff.) – häufig auf aus der deutschen Grundrechtsdogmatik vertraute Argumente zurückgreifen. Dennoch dürfen nicht einfach „Hausnummern" gedanklich ausgetauscht und eindeutige, im Normtext angelegte Unterschiede ignoriert werden.

Die Grundrechte des Unionsrechts berechtigen grundsätzlich sowohl **natürliche als auch** **260** **juristische Personen**, soweit ein Grundrecht seinem Wesen nach auf solche Anwendung finden kann. Die GRC unterscheidet in ihren Bestimmungen hinsichtlich der möglichen Grundrechtsträger jeweils zwischen Menschen (z.B. Art. 1–3), Unionsbürger(inne)n (z.B. Art. 39, 40) und Personen (z.B. Art. 7, 10–12, 14). Eine Grundrechtsträgerschaft von juristischen Personen kommt nur bei Letzteren in Betracht, aber nicht notwendigerweise in

43 EuGH, Rs. C-617/10, Åkerberg Fransson, ECLI:EU:C:2013:105 – m. Anm. *Streinz*, JuS 2013, S. 568 ff.; verb. Rs. C-609/17 und C-610/17, TSN, ECLI:EU:C:2019:981, Rn. 50 – m. Anm. *Streinz*, JuS 2020, S. 373 ff.

44 EuGH, verb. Rs. C-609/17 und C-610/17, TSN, ECLI:EU:C:2019:981, Rn. 53.

45 Vgl. EuGH, verb. Rs. C-92/09 und C-93/09, Schecke u. Eifert, Slg. 2010, I-11063; EuGH, verb. Rs. C-293/12 und C-594/12, Digital Rights Ireland, ECLI:EU:C:2014:238.

46 ABl. 2010 Nr. C 303/17.

47 EuGH, Rs. C-399/11, Melloni, ECLI:EU:C:2013:107, Rn. 55 ff.

jedem dieser Fälle[48]. Soweit Menschen oder Personen als Grundrechtsträger genannt werden, kommt es auf die Staatsan- bzw. -zugehörigkeit der natürlichen oder ggf. juristischen Person nicht an. Soweit ein Recht nur Unionsbürger(inne)n zugesprochen wird, muss der Berechtigte die Staatsangehörigkeit eines EU-Mitgliedstaats aufweisen (vgl. Art. 9 EUV, Art. 20 I 2, 3 AEUV; s. zur Unionsbürgerschaft auch oben Rn. 202 ff.).

261 Der EuGH folgt grundsätzlich einem **weiten Eingriffsverständnis**, wonach auch mittelbare Beeinträchtigungen des geschützten Lebensbereichs erfasst werden.

262 Diesem weiten Verständnis steht aber zwangsläufig ein entsprechendes **Schrankenverständnis** gegenüber. In Ermangelung eines geschriebenen Grundrechtskatalogs einschließlich besonderer Schrankenvorbehalte ging der EuGH bislang davon aus, dass die Grundrechte des Unionsrechts – ebenso wie die meisten EMRK-Grundrechte – **grundsätzlich keine uneingeschränkte Geltung** beanspruchen können. Dieser generelle Schrankenvorbehalt findet sich auch in Art. 52 I GRC, wird aber durch die Konformitätserfordernisse der Abs. 3 und 4 relativiert. Soweit Rechte nach der EMRK uneinschränkbar gewährleistet sind (Art. 2, 3, 4 I und 7 EMRK, vgl. Art. 15 II EMRK), kommt auch eine Rechtfertigung von Einschränkungen der entsprechenden Rechte der GRC nicht in Betracht (insbesondere Art. 1, 2 II, 4 und 5 sowie 19 GRC). Voraussetzung der Zulässigkeit einer Einschränkung ist nach Art. 52 I GRC, dass diese gesetzlich vorgesehen ist, sich also eine Grundlage in Vorschriften des Primär- oder Sekundärrechts bzw. des nationalen Rechts findet, und den Wesensgehalt des jeweiligen Grundrechts achtet (Art. 52 I 1 GRC). Zudem muss jede Einschränkung dem Gemeinwohl oder den Erfordernissen des Schutzes der Rechte oder Freiheiten von Dritten dienen und schlussendlich verhältnismäßig sein (Art. 52 I 2 GRC)[49].

263 Das Verbot von Tierversuchen **(Fall 15/16)** zur Erprobung kosmetischer Erzeugnisse stellt zumindest einen Eingriff in die wirtschaftliche Betätigungsfreiheit von Unternehmen dar (Art. 16 GRC). Dieses Grundrecht ist aber – wie die Unionsgrundrechte im Allgemeinen – nicht vorbehaltlos gewährleistet, sondern kann vielmehr aus Gründen des Gemeinwohls beschränkt werden (Art. 52 I GRC). Die Richtlinie bildet dafür eine hinreichende gesetzliche Grundlage (Art. 52 I 1 CRC). Der Wesensgehalt der unternehmerischen Freiheit wird nicht berührt (Art. 52 I 1 GRC). Das Tierversuchsverbot dient dem Zweck des Tierschutzes, der auch im Unionsrecht Anerkennung gefunden hat (Art. 52 I 2 GRC; s. Art. 13 AEUV). Jedenfalls insoweit alternative Testverfahren existieren, stellt es sich als verhältnismäßiger Eingriff dar (Art. 52 I 2 GRC).

§ 6 Das Vertragsverletzungsverfahren

264 Nach Art. 17 I 2 EUV obliegt es der Kommission, für die Anwendung der Verträge sowie des von den Organen erlassenen Sekundärrechts Sorge zu tragen. Die Anwendung des Unionsrechts hat sie nach gem. Art. 17 I 2 EUV unter der Kontrolle des GHEU als sog. „Hüterin der Verträge" zu überwachen. Neben den Bereichen, in denen die Kommission hierzu mit besonderen Kontroll- und Entscheidungsbefugnissen ausgestattet ist (insb. im Kartell- und Beihilfenrecht), steht ihr hierfür das **Vertragsverletzungsverfahren** nach

48 *Ehlers*, in: ders. (Hrsg.), Europäische Grundrechte und Grundfreiheiten, 4. Aufl. 2015, § 14 Rn. 56.
49 Vgl. vertiefend zu den EU-Grundrechten *Kokott/Sobotta,* Die Charta der Grundrechte der Europäischen Union nach dem Inkrafttreten des Vertrags von Lissabon, EuGRZ 2010, S. 265 ff.

Art. 258 AEUV zur Verfügung. Danach kann die Kommission vor dem EuGH gegen einen Mitgliedstaat Klage erheben mit dem Ziel, feststellen zu lassen, dass der Mitgliedstaat gegen seine Verpflichtungen aus dem Unionsrecht verstößt. Befolgt der Mitgliedstaat auch das Urteil des EuGH nicht, besteht nach Art. 260 AEUV die Möglichkeit zur Verhängung finanzieller Sanktionen. Nach Art. 259 AEUV kann ein Mitgliedstaat auch selbst einen anderen Mitgliedstaat wegen Verletzung des Unionsrechts verklagen. Diese Möglichkeit hat aus politischen Gründen jedoch praktisch geringe Relevanz[1].

Fall 17: In Deutschland darf Bier nur dann unter der Bezeichnung „Bier" verkauft werden, wenn es dem Reinheitsgebot von 1516 entspricht, d.h. nur aus Gerste, Hopfen und Wasser hergestellt wird. Bier aus anderen Mitgliedstaaten der EU ist danach in Deutschland wegen unzulässiger Zusatzstoffe regelmäßig nicht verkehrsfähig. Auf Beschwerden vieler Biererzeuger richtet die Kommission an die Bundesrepublik ein Schreiben, in dem sie mitteilt, dass gegen die BRD ein Vertragsverletzungsverfahren eingeleitet werde, da das Reinheitsgebot gegen die Warenverkehrsfreiheit verstoße und daher beseitigt werden müsse. Die Bundesregierung reagiert auf dieses Schreiben nicht. Nach drei Monaten richtet die Kommission ein erneutes Schreiben an die BRD, in dem sie detailliert darlegt, wieso das Reinheitsgebot gegen Art. 34 AEUV verstößt, und in dem sie die Bundesrepublik auffordert, die Regelung innerhalb von vier Monaten zu beseitigen. Als die Bundesregierung auch auf diese Aufforderung nicht reagiert, erhebt die Kommission nach Ablauf der viermonatigen Frist Klage zum EuGH und beantragt festzustellen, dass die BRD gegen Art. 34 AEUV verstoßen hat. Als es nach einem halben Jahr zur mündlichen Verhandlung kommt, trägt der Vertreter der BRD vor, das Reinheitsgebot sei aufgrund einer soeben in Kraft getretenen Gesetzesänderung nun nicht mehr zwingend zu beachten. Die Klage der Kommission sei daher unzulässig. Wie wird der EuGH entscheiden? 265

I. Zulässigkeitsvoraussetzungen

Für Vertragsverletzungsverfahren ist der **EuGH ausschließlich zuständig**. Eine Übertragung der Zuständigkeit auf das EuG ist in Art. 256 AEUV nicht vorgesehen. **Antragsberechtigt** ist die Kommission nach Art. 258 II AEUV (bzw. ein Mitgliedstaat nach Art. 259 I AEUV). Der Mitgliedstaat ist passiv beteiligtenfähig. 266

Das Vertragsverletzungsverfahren ist nur dann zulässig, wenn die Kommission zuvor dem Mitgliedstaat im Rahmen eines **Vorverfahrens** die Möglichkeit gegeben hat, sich zu dem erhobenen Vorwurf zu äußern und die behauptete Verletzung des Unionsrechts abzustellen. 267

Das Vorverfahren beginnt mit dem **Mahnschreiben** der Kommission, mit dem der Gegenstand des Streits eingegrenzt wird und dem Mitgliedstaat die Angaben mitgeteilt werden, die dieser zu seiner Verteidigung benötigt (s. Art. 258 I Hs. 2 AEUV). Es muss überdies die Mitteilung der formalen Eröffnung des Anhörungsverfahrens sowie die Aufforderung enthalten, sich binnen einer bestimmten Frist (regelmäßig zwei Monate) zu den Vorwürfen zu äußern. 268

Kommt es aufgrund dieser Äußerung des Mitgliedstaats nicht zu einer Einstellung oder Aussetzung des Verfahrens, weil der Mitgliedstaat z.B. seine Bereitschaft erklärt hat, den 269

1 *Fischer/Fetzer*, Europarecht, 12. Aufl. 2019, Rn. 254; s. aber EuGH, Rs. C-364/10, Ungarn/Slowakische Republik, JuS 2013, S. 87 – m. Anm. *Ruffert* und klausurmäßiger Behandlung bei *Krätzschmar/Nastoll*, Wenn einer eine Reise tut…, JURA 2014, S. 63 ff.; sowie das anhängige Verfahren EuGH, Rs. C-457/18, Slowenien/Kroatien.

beanstandeten Verstoß zu beseitigen, gibt die Kommission eine **begründete Stellungnahme** ab (Art. 258 I Hs. 1 AEUV). Diese beinhaltet die Tatsachen, Rechtsgründe, Beweismittel und die rechtliche Bewertung des vorgeworfenen Vertragsverstoßes und ist mit einer erneuten Fristsetzung zu versehen. Die Länge der Frist hängt von den Umständen des Einzelfalls ab, z.B. der Notwendigkeit von Gesetzesänderungen in dem betroffenen Mitgliedstaat oder auch der Dringlichkeit der Beseitigung des Verstoßes. Im Regelfall beträgt die Frist auch hier zwei Monate[2]. Dem Mitgliedstaat soll durch die begründete Stellungnahme eine letzte Chance gegeben werden, einen vertragsgemäßen Zustand herzustellen. Durch sie darf der **Streitgegenstand** – ebenso wie durch die spätere Klageerhebung – zwar präzisiert aber nicht mehr erweitert werden, weil hierdurch das rechtliche Gehör des Mitgliedstaats verkürzt würde.

270 Stellt der Mitgliedstaat den vorgeworfenen Verstoß nicht innerhalb der eingeräumten Frist ab, kann die Kommission – so sie von dem Verstoß gegen das Unionsrecht überzeugt ist – den EuGH anrufen (Art. 258 II AEUV). Die **Klageerhebung** ist damit erst nach Ablauf der gesetzten Frist möglich, dann aber grundsätzlich an keine Klagefrist gebunden, sofern die Kommission nicht unangemessen lange und damit rechtsmissbräuchlich mit der Klageerhebung zuwartet. Die **Form** der Klage ergibt sich aus Art. 21 I 2 der Satzung des EuGH und aus Art. 120 ff. VerfOEuGH.

271 Ein Problem besteht, wenn der Mitgliedstaat den Verstoß vor oder nach Ablauf der Frist bzw. nach Klageerhebung beseitigt. Das Vertragsverletzungsverfahren dient dem objektiven Interesse an der Wahrung des Unionsrechts, so dass es auf ein besonderes Rechtsschutzinteresse nicht ankommt. Grundsätzlich ist danach für die Verurteilung die Situation zum **Zeitpunkt des Ablaufs der von der Kommission gesetzten Frist** maßgeblich. Eine Änderung der Rechtslage danach ist für die Zulässigkeit der Klage daher unerheblich. Hat der Mitgliedstaat den Verstoß schon zuvor beseitigt, so ist die Klage unzulässig[3]. Nach der Gegenauffassung ist die Klage dennoch zulässig; es bedarf dann aber eines **spezifischen Bedürfnisses** der Feststellung des Unionsrechtsverstoßes. Dieses soll dann gegeben sein, wenn mit einer **Wiederholung des Verstoßes** zu rechnen ist (substantiiert im konkreten Fall), wenn die aufgeworfenen **Rechtsfragen von erheblicher Bedeutung** für die Unionsrechtsordnung sind, oder wenn die Verurteilung des Mitgliedstaates die **Grundlage für Haftungsansprüche** gegen den Mitgliedstaat, z.B. im Rahmen des unionsrechtlichen Staatshaftungsanspruchs (vgl. oben Rn. 77 ff.), sein kann[4]. Die Ähnlichkeit dieser Fallgruppen mit denen der Fortsetzungsfeststellungsklage nach § 113 I 4 VwGO (analog) ist offensichtlich.

272 So liegt der Sachverhalt in **Fall 17**. Die Bundesrepublik hat, nachdem sie im Vorverfahren auf das ordnungsgemäße Mahnschreiben der Kommission sowie auf die begründete Stellungnahme nicht reagiert hatte, den Verstoß gegen Art. 34 AEUV nach Ablauf der gesetzten Frist, aber vor der mündlichen Verhandlung abgestellt. Da es maßgeblich auf den Zeitpunkt des Fristablaufs ankommt, ist die ist die Klage damit zulässig.

2 Vgl. hierzu im Einzelnen *Ehricke*, in: Streinz (Hrsg.), EUV/AEUV, 3. Aufl. 2018, Art. 258 AEUV, Rn. 24.
3 *Herrmann/Rosenfeldt*, Europäisches Prozessrecht, 2019, Rn. 191 f.
4 Vgl. *Pechstein*, EU-Prozessrecht, 4. Aufl. 2011, Rn. 292 ff.

II. Begründetheit und Urteilsfolgen

273 Das Vertragsverletzungsverfahren ist begründet, wenn der Mitgliedstaat den vorgeworfenen Verstoß gegen das Unionsrecht tatsächlich begangen hat. Das ist dann der Fall, wenn der von der Kommission behauptete Sachverhalt zutrifft, das angegriffene Verhalten dem Mitgliedstaat zuzurechnen ist und dieses Verhalten tatsächlich gegen Vorschriften des Unionsrechts verstößt. Zurechenbar ist grundsätzlich das Verhalten aller staatlichen Gewalten (einschließlich der Rechtsprechung), aller Gebietskörperschaften sowie sämtlicher öffentlich-rechtlichen Körperschaften, Anstalten oder sonstigen Einrichtungen. Der Staat in allen seinen Untergliederungen wird insoweit unionsrechtlich als **Handlungs- und Haftungseinheit** betrachtet. Inhaltlich kommt die Verletzung jedweder Norm des primären oder abgeleiteten Unionsrechts in Betracht. Besondere Bedeutung haben Verstöße gegen die **Grundfreiheiten** (vgl. zu diesen Rn. 144 ff.) sowie gegen die **Pflicht zur frist- und ordnungsgemäßen Umsetzung von Richtlinien** (Art. 288 III AEUV). Das Urteil des EuGH enthält ggf. lediglich die Feststellung des vorgeworfenen Verstoßes, kann diesen also nicht beseitigen. Hierzu ist der Mitgliedstaat dann verpflichtet (s. Art. 260 I AEUV). Kommt der Mitgliedstaat dem Urteil nicht nach, so kann der Gerichtshof den Mitgliedstaat auf Antrag der Kommission zur Zahlung eines Pauschalbetrags verpflichten und ein periodisch zu entrichtendes Zwangsgeld verhängen (Art. 260 II AEUV)[5]. Bei Nichtumsetzung von Richtlinien kann die Kommission dies sogar bereits im Hauptsacheverfahren beantragen (Art. 260 III AEUV).

274 **Exkurs: Anforderungen an die Richtlinienumsetzung**

Einer der Hauptgründe für Vertragsverletzungsverfahren liegt in der unzureichenden und schleppenden Umsetzung von EU-Richtlinien durch die Mitgliedstaaten. Nach Art. 288 III AEUV sind Richtlinien hinsichtlich des zu erreichenden Ziels verbindlich, überlassen die Wahl der Form und Mittel jedoch den innerstaatlichen Stellen. Innerhalb dieser Entscheidungsfreiheit sind die Mitgliedstaaten nach der st. Rspr. des EuGH verpflichtet, die Formen und Mittel zu wählen, die sich zur Gewährleistung der praktischen Wirksamkeit (effet utile) der Richtlinien am besten eignen (Art. 288 III AEUV i.V.m. Art. 4 III EUV)[6]. Zudem erfordert das Unionsrecht, dass Umsetzungsmaßnahmen zumindest den gleichen rechtlichen Rang aufweisen wie das die jeweilige Materie zuvor regelnde Recht. Eine Umsetzung durch Verwaltungsvorschriften hat der EuGH daher wg. deren zweifelhafter Außenwirkung als unzureichend angesehen. Die Umsetzung muss überdies inhaltlich hinreichend klar, transparent und bestimmt sein, damit Individuen ihre Rechte in vollem Umfang erkennen und sich vor den nationalen Gerichten auf sie berufen können. Diesen Anforderungen ist z.B. dann nicht Genüge getan, wenn sich die zutreffende Umsetzung erst aus der Heranziehung höchstrichterlicher, den Gesetzeswortlaut korrigierend auslegender Rechtsprechung ergibt. Eine wörtliche Übernahme der Richtlinie ist allerdings ebenfalls nicht erforderlich. Keinesfalls ausreichend ist die bloße unmittelbare Anwendung der Richtlinie durch die mitgliedstaatlichen Behörden[7]. Aus der Pflicht zur ordnungsgemäßen Richtlinienumsetzung folgt überdies auch die Pflicht der nationalen Behörden und Gerichte zur richtlinienkonformen Auslegung (vgl. oben Rn. 74 ff.). Bei Verdacht der Unionsrechtswidrigkeit einer Richtlinie besteht die Pflicht zur Umsetzung so lange fort, bis die Unionsrechtswidrigkeit verbindlich festgestellt wurde. Dem Mitgliedstaat steht als Rechtsbehelf die Nichtigkeitsklage gem. Art. 263 II AEUV zur Verfügung, deren Einlegung ihn aber nicht zur Nichtumsetzung berechtigt.

---

5 Beispielhaft EuGH, Rs. C-496/09, Kommission/Italien, Slg. 2011, I-11483.
6 EuGH, Rs. 48/75, Royer, Slg. 1976, 497, Rn. 69, 73.
7 Vgl. eingehend zur Umsetzungsverpflichtung *Fischer/Fetzer*, Europarecht, 12. Aufl. 2019, Rn. 172 ff.

274a **Exkurs: Der Rechtsstaatsmechanismus nach Art. 7 EUV**

Neben dem in den Art. 258 ff. AEUV normierten Vertragsverletzungsverfahren sieht der in Art. 7 EUV normierte Rechtsstaatsmechanismus die Möglichkeit einer Suspendierung hinsichtlich bestimmter Mitgliedsrechte, insbesondere die Aussetzung der Stimmrechte (Art. 354 AEUV), bei schwerwiegenden und anhaltenden Verletzungen der in Art. 2 EUV genannten Werte vor. Aktuelle Beispiele sind die gegen Ungarn und Polen laufenden **Verfahren nach Art. 7 EUV**. Damit Sanktionen nach Art. 7 III EUV verhängt werden können, muss jedoch gem. Art. 7 II EUV der Europäische Rat **einstimmig** die schwerwiegende und anhaltende Verletzung der in Art. 2 EUV genannten Werte durch einen Mitgliedstaat feststellen, so dass das Verfahren nach Art. 7 EUV nur über geringe Durchsetzungskraft verfügt[8]. Deshalb wird auf andere Strategien ausgewichen: zum einen die justizielle Aufarbeitung von Fehlentwicklungen im Rahmen von Vorabentscheidungs- und Vertragsverletzungsverfahren[9]. Zum anderen hat es der Unionsgesetzgeber – mit Billigung des EuGH – ermöglicht, Verletzungen des Rechtsstaatsprinzips finanziell zu sanktionieren, d.h. Mittel aus dem EU-Haushalt für die betreffenden Mitgliedstaaten zu kürzen[10].

8 S. dazu *Herrmann/Rosenfeldt*, Europäisches Prozessrecht, 2019, Rn. 35 ff.; vgl. zur gerichtlichen Kontrolle und zu Abstimmungsmodalitäten in solchen Verfahren EuGH, Rs. C-650/18, Ungarn/Parlament, ECLI:EU:C:2021:426 – m. Anm. *Ruffert*, JuS 2021, S. 895 ff.

9 S. etwa EuGH, Rs. C-791/19, Kommission/Polen, ECLI:EU:C:2021:596 – m. Anm. *Streinz*, JuS 2021, S. 1201 ff.; verb. Rs. C-585/18 u.a., A.K., ECLI:EU:C:2019:982 – m. Anm. *Payandeh*, JuS 2020, S. 370 ff.; Rs. C-192/18, Kommission/Polen, ECLI:EU:C:2019:924 – m. Anm. *Streinz*, JuS 2020, S. 182 ff.; Rs. C-78/18, Kommission/Ungarn, ECLI:EU:C:2020:476 – m. Anm. *Streinz*, JuS 2020, S. 1223 ff.; Rs. C-619/18, Kommission/Polen, ECLI:EU:C:2019:531 – m. Anm. *Payandeh*, JuS 2019, S. 917 ff.

10 Vgl. EuGH, Rs. C-156/21, Ungarn/Parlament und Rat, ECLI:EU:C:2022:97 – m. Anm. *Ruffert*, JuS 2022, S. 557 ff.

Teil 3

Europa- und völkerrechtliche Bezüge in Verfahren vor dem Bundesverfassungsgericht

Neben dem spezifisch auf völkerrechtliche Fragen ausgerichteten Normverifikationsverfahren nach Art. 100 II GG (vgl. oben Rn. 37) können auch in den „normalen" Verfahren vor dem BVerfG Fragen mit europarechtlichen bzw. völkerrechtlichen Berührungspunkten aufgeworfen werden. Besondere Bedeutung im europarechtlichen Bereich kommt dabei der Frage nach der **Kontrolle von Rechtsakten der Europäischen Union sowie von deutschen Vollzugs-, Umsetzungs- und Mitwirkungsakten** zu. Das BVerfG kontrolliert hierbei die Einhaltung der Grenzen der übertragenen Kompetenzen (**Ultra-vires-Kontrolle**), die Beachtung eines dem Grundgesetz im Wesentlichen vergleichbaren Grundrechtsschutzes (**Grundrechtskontrolle**) sowie der Erhaltung des unantastbaren Kernbereichs deutscher Staatlichkeit (**Identitätskontrolle**; s. auch oben Rn. 69). Völkerrechtliche Bezüge des Verfassungsrechts spielen vor allem im Zusammenhang mit **Kompetenzabgrenzungsfragen** zwischen Bund und Ländern sowie zwischen Bundesregierung und Bundestag eine Rolle (dazu unten Rn. 299 ff.). 275

§ 7 Bundesverfassungsgerichtliche Kontrolle der Europäischen Integration

I. Kontrolle von Rechtsakten der Europäischen Union

Fall 18: Durch die VO 404/93/EWG wurde eine Gemeinsame Marktordnung für den EU-Bananenmarkt errichtet. Hierdurch wurden die Einfuhrquoten für Bananen unter den Bananenimporteuren neu verteilt. Die hiermit teilweise verbundene Reduzierung hat für eine Reihe von Unternehmen existenzbedrohende Auswirkungen. Der EuGH hat die VO in einem anderen Verfahren aber dennoch bereits für mit dem Unionsrecht vereinbar erklärt. P ist Bananenimporteur und klagt vor dem VG auf Erteilung weiterer – in der VO nicht vorgesehener – Einfuhrlizenzen. Die VO verstoße gegen die Grundrechte, insbesondere Art. 12 und 14 GG. Die Entscheidung des EuGH über die VO zeige, dass dieser systematisch keinen den Anforderungen des GG genügenden Grundrechtsschutz gewährleiste. Das VG teilt die Auffassung des P und legt dem BVerfG im Wege der konkreten Normenkontrolle die VO vor. Wie wird das BVerfG entscheiden? 276

Der **EuGH** geht in seiner Rechtsprechung zum **Vorrang des Unionsrechts** grundsätzlich davon aus, dass dieses als eigenständige Rechtsordnung Vorrang gegenüber nationalem Recht jeden Rangs hat. Dementsprechend sieht sich der EuGH für die Verwerfung von Sekundärrechtsakten der Union als ausschließlich zuständig an (vgl. dazu oben Rn. 65 ff. und Rn. 104). Eine Überprüfung von Sekundärrechtsakten durch nationale Gerichte – und seien es auch die jeweiligen Verfassungsgerichte – ist nach dieser Konzeption prinzipiell ausgeschlossen[1]. Seit dem **OMT-Vorlagebeschluss (2014)**[2] lässt das 277

1 BVerfG, NJW 2017, 149.
2 BVerfGE 134, 366.

BVerfG allerdings eine Konstruktion zu, die eine indirekte Überprüfung von Unionsrechtsakten dadurch erreicht, dass auch die **Untätigkeit deutscher Verfassungsorgane gegenüber Organhandlungen** der EU zum Verfahrensgegenstand gemacht werden kann. Die Beschwerdebefugnis ergibt sich insoweit aus einer möglichen Verletzung des Art. 38 I GG im Sinne eines **„Anspruchs auf Demokratie"**[3] (s. dazu näher unten Rn. 290 ff.). Diese Konstruktion von **„aus der Integrationsverantwortung folgenden Reaktionspflichten deutscher Verfassungsorgane"**[4] ist nicht ohne Kritik geblieben und wirft eine Reihe verfassungsprozessualer wie materiellrechtlicher Fragen auf, etwa wenn der Bundestag sich mit einer Unionshandlung beschäftigt hat, aber zu dem Ergebnis gekommen ist, dass diese Handlung weder Ultra-vires-Handeln darstellt noch die Verfassungsidentität bedroht[5].

278 Das **BVerfG** hat den Vorrang des Unionsrechts frühzeitig dem Grundsatz nach anerkannt (vgl. oben Rn. 68 ff.). Auf dieser Grundlage hatte es eine Kontrolle von EU-Verordnungen sowohl im Verfahren der konkreten Normenkontrolle als auch in dem der Verfassungsbeschwerde zunächst mit der Begründung abgelehnt, dass es sich hierbei nicht um Akte deutscher Hoheitsgewalt handele, es also an einem geeigneten **Prüfungsgegenstand** fehle[6].

279 Der Vorrang als Konsequenz der Übertragung von Hoheitsrechten gilt hingegen nicht uneingeschränkt. Zum einen kann ein Rechtsakt der Europäischen Union nur dann Vorrang für sich in Anspruch nehmen, wenn er vom deutschen Zustimmungsgesetz gedeckt ist, d.h. wenn sich die EU im Rahmen der ihr übertragenen Kompetenzen bewegt (**Ultra-vires-Kontrolle**, dazu sogleich Rn. 280 f.). Zudem erlaubt die in Art. 23 I GG (bzw. früher Art. 24 I GG) enthaltene verfassungsrechtliche Ermächtigung nicht, die Grundstruktur der Verfassung, auf der ihre Identität beruht, ohne Verfassungsänderung durch die Gesetzgebung einer zwischenstaatlichen Einrichtung zu ändern (**Identitätskontrolle**, dazu Rn. 284a)[7]. Diese vom BVerfG frühzeitig aufgestellten **Schranken der Integrationsermächtigung** finden seit 1992 in Art. 23 I GG (dem sog. **„Europaartikel"**) einen ausdrücklichen Anknüpfungspunkt. Dabei spielte früher für die Prüfungspraxis insbesondere die **Grundrechtskontrolle** eine besondere Rolle (s. unten Rn. 282 ff.)[8], während in der jüngeren Rechtsprechung des BVerfG eher die Ultra-vires- und Identitätskontrolle im Vordergrund standen[9]. So hat das BVerfG in seiner Entscheidung vom Dezember 2015 eine Auslieferung an Italien auf Grundlage eines **EU-Haftbefehls** daran scheitern lassen, dass die zugrunde liegende Verurteilung in Abwesenheit in Italien bei fehlender Gewähr einer Wiederholung des Verfahrens im Einklang mit dem Schuldprinzip einen Verstoß gegen die **Menschenwürde (Art. 1 I GG) als unverzichtbaren Identitätskern des GG**

---

3 BVerfGE 151, 202 (325, Rn. 203 a.E.).

4 S. auch BVerfG, NJW 2017, S. 149; zu Konstruktion und Umfang der Integrationsverantwortung vgl. *Weiß*, Die Integrationsverantwortung der Verfassungsorgane, JuS 2018, S. 1046 ff.

5 S. dazu *Ohler*, Das OMT-Urteil des BVerfG und seine Folgen für die Gewaltenteilung in der EU, jM 2016, S. 418 ff.; *Sauer*, Der novellierte Kontrollzugriff des Bundesverfassungsgerichts auf das Unionsrecht, EuR 2017, S. 186 ff.

6 BVerfGE 22, 293.

7 Vgl. hierzu *Schweitzer/Dederer*, Staatsrecht III, 12. Aufl. 2020, Rn. 212 ff.

8 S. hierzu *Polzin*, Das Rangverhältnis von Verfassungs- und Unionsrecht nach der neuesten Rechtsprechung des BVerfG, JuS 2012, S. 1 ff.

9 Dazu im Überblick *Dederer*, Die Grenzen des Vorrangs des Unionsrechts – Zur Vereinheitlichung von Grundrechts-, Ultra-vires- und Identitätskontrolle, JZ 2014, S. 313 ff.; *Ludwigs/Sikora*, Der Vorrang des Unionsrechts unter Kontrollvorbehalt des BVerfG, EWS 2016, S. 121 ff.; *Sauer*, Der novellierte Kontrollzugriff des Bundesverfassungsgerichts auf das Unionsrecht, EuR 2017, S. 186 ff.

darstellen würde[10]. Soweit der Menschenwürdekern eines Grundrechts berührt ist, ersetzt somit in Zukunft funktional die **Identitätskontrolle** die **Grundrechtskontrolle**[11]. Der EuGH sieht allerdings im Unionsrecht einen hinreichenden Menschenwürdeschutz verankert[12], so dass abzuwarten bleibt, wie sich das Kooperationsverhältnis zwischen BVerfG und EuGH in dieser Frage weiterentwickeln wird.

1. Ultra-vires-Kontrolle

Das BVerfG geht in ständiger Rechtsprechung davon aus, dass die dem Unionsrecht zukommenden Wirkungen, insbesondere die unmittelbare Wirkung, der Vorrang sowie die Bindungswirkung der Entscheidungen des Gerichtshofs (z.B. in Vorabentscheidungsverfahren) eine Grenze in den der Union durch die Zustimmungsgesetze zu ihren vertraglichen Grundlagen übertragenen Kompetenzen finden[13]. Aus Sicht des GG dürfen die Unionskompetenzen vom EuGH zwar nach dem **Grundsatz der größtmöglichen Effektivität (effet utile bzw. implied powers)** ausgelegt werden[14]; eine einer Änderung oder Erweiterung der Verträge gleichkommende Auslegung und Anwendung der Kompetenzvorschriften des AEUV durch die Unionsorgane würde aber in Deutschland keine Bindungswirkung entfalten[15]. Ein die Unionskompetenzen überschreitender *(ultra vires)* Rechtsakt wäre von den deutschen Behörden und Gerichten nicht zu befolgen. Die Prüfung, ob eine Kompetenzüberschreitung vorliegt oder nicht, obliegt zwar nach Art. 19 I UAbs. 1 S. 2 EUV dem GHEU. Wegen des Erfordernisses der verfassungsrechtlichen Ermächtigung kann jedoch auch den mitgliedstaatlichen Gerichten das Recht zur Prüfung der Beachtung der Kompetenzgrenzen nicht entzogen werden **(Ultra-vires-Kontrolle)**[16]. Das BVerfG behält sich daher die Kontrolle vor, ob ein Rechtsakt der Union ersichtlich die der Union übertragenen Kompetenzen überschreitet oder sogar in den nicht übertragbaren Bereich der Verfassungsidentität einbricht (sog. **Identitätskontrolle**, die aber vorrangig für die Kontrolle deutscher Zustimmungsgesetze zu Änderungen der vertraglichen Grundlagen der EU eine Rolle spielt, weil sie dort der alleinige Kontrollmaßstab ist; s. dazu unten Rn. 284a und 291 f.)[17]. In seiner Entscheidung zur EU-Bankenaufsicht aus dem Juli 2019 hat das BVerfG beide Kontrollinstrumente in einem einheitlichen **„Anspruch auf Demokratie“** zusammengeführt, bei dem sie „zwei Seiten einer Medaille“ bilden[18]. 280

Die **Ultra-vires-Kontrolle** darf nach dem 2010 ergangenen ***Honeywell*-Beschluss** des BVerfG nur **europarechtsfreundlich** ausgeübt werden[19]. Die Kontrolle setzt daher zu- 281

10 BVerfGE 140, 317.

11 S. dazu *Classen*, Zu wenig, zu fundamentalistisch – zur grundrechtlichen Kontrolle „unionsrechtlich determinierter“ nationaler Hoheitsakte, Anmerkung zum Beschluss des BVerfG vom 15.12.2015, 2 BvR 2735/14, EuR 2016, S. 304 ff.; *Sauer*, „Solange“ geht in Altersteilzeit – Der unbedingte Vorrang der Menschenwürde vor dem Unionsrecht, NJW 2016, S. 1134 ff.

12 EuGH, verb. Rs. C-404/15 und C-659/15 PPU, Pál Aranyosi u.a., NJW 2016, S. 1709 ff.; s. dazu auch *Reinbacher/Wendel*, Menschenwürde und Europäischer Haftbefehl – Zum ebenenübergreifenden Schutz grundrechtlicher Elementargarantien im europäischen Auslieferungsverfahren, EuGRZ 2016, S. 333 ff.

13 BVerfGE 75, 223.

14 BVerfGE 123, 267 (351 f.).

15 BVerfGE 89, 155 (210).

16 BVerfGE 123, 267 (398 ff.).

17 BVerfGE 126, 286 (302).

18 BVerfG, Urt. v. 30.07.2019, 2 BvR 1685/14 und 2 BvR 2631/14 (Bankenaufsicht), Rn. 204 ff.

19 BVerfGE 126, 286 (303 ff.); s. dazu *Mayer/Walter*, Die Europarechtsfreundlichkeit des BVerfG nach dem Honeywell-Beschluss, JURA 2011, S. 532 ff.; *Proelß*, Zur verfassungsgerichtlichen Kontrolle der Kompetenzmäßigkeit von Maßnahmen der Europäischen Union: Der „ausbrechende Rechtsakt“ in der Praxis des BVerfG, EuR 2011, S. 241 ff.

nächst voraus, dass dem EuGH im Wege des Vorabentscheidungsverfahrens die Gelegenheit gegeben wurde, einen Rechtsakt der Union auf die Einhaltung der Kompetenzen hin zu überprüfen (s. dazu oben Rn. 237 ff.). Überdies ist die Kontrolle auf das Vorliegen evidenter, d.h. hinreichend qualifizierter Kompetenzüberschreitungen, beschränkt. Dabei hat der EuGH Anspruch auf ein gewisses Maß an Fehlertoleranz. Soweit keine gewichtigen Verschiebungen im Kompetenzgefüge entstehen und auch keine nicht korrigierbaren Grundrechtsbelastungen bewirkt werden, ist die Interpretation der vertraglichen Grundlagen durch den EuGH grundsätzlich hinzunehmen[20]. Soweit der EuGH noch keine Gelegenheit zur Auslegung von Rechtsakten der EU hatte, die als Ultra-vires-Akte angegriffen werden, unterzieht das BVerfG sie einer „strikten Auslegung", bei der sie – trotz womöglich „erheblicher Bedenken" – noch keine „offensichtliche Überschreitung" der EU-Kompetenzen darstellen[21].

281a Anders verfuhr Karlsruhe im **PSPP-Verfahren**, in dem es dem EuGH zunächst Vorlagefragen zur aus seiner Sicht bestehenden Verletzung der EU-Verträge (insb. Art. 123 I AEUV) durch das Anleihenkaufprogramm der EZB unterbreitet hatte[22], die Luxemburg mit einem aus deutscher Perspektive knapp gehaltenen Urteil dahingehend beantwortete, dass kein Grund zur Beanstandung bestehe[23]. Im darauffolgenden Haupturteil attestierte das BVerfG dem Gerichtshof, dass seine Entscheidung wegen der „schlechterdings nicht mehr nachvollziehbaren und daher objektiv willkürlichen Auslegung der Verträge"[24] für deutsche Verfassungsorgane, Behörden und Gerichte keine Wirkung entfalte[25]. Nicht nur das Ergebnis, sondern auch die Schärfe des Vorwurfs an den EuGH führte im In- wie im Ausland zu heftigen Kontroversen[26]. Mit Blick nach vorne sollte die Erkenntnis im Zentrum stehen, dass das BVerfG im Einzelfall unter die richterliche Gürtellinie schlug, statt die im Kern unionsfreundlichen Maßstäbe aus dem Honeywell-Beschluss zu verändern[27]. Deren Fortgeltung machen es unwahrscheinlich, dass das PSPP-Urteil stilbildend wird.

2. Grundrechtskontrolle

282 Auf Grundlage seiner Überlegungen hinsichtlich der Grenzen der Integrationsermächtigung hatte das BVerfG in der ***Solange-I*-Entscheidung** seine Kompetenz zur Prüfung von *EWG*-Verordnungen bejaht, *solange* der Integrationsprozess noch nicht zu einem dem GG vergleichbaren Grundrechtsschutz auf *Gemeinschaftsebene* geführt habe[28]. In der ***Solange-II*-Entscheidung** stellte das BVerfG fest, dass der infolge der Rspr. des EuGH nunmehr bestehende Grundrechtsschutz (s. oben Rn. 258) dem des GG im Wesentlichen gleich zu achten sei und das BVerfG Rechtsakte der *Gemeinschaft* daher nicht mehr an den Grundrechten des GG prüfen werde, *solange* dieser Schutz auf *Gemeinschaftsebene* adäquat bleibe[29]. In der Entscheidung über das Zustimmungsgesetz zum **Vertrag von Maastricht** führte das BVerfG diese Argumentation weiter aus. Das BVerfG gewährleiste den Grundrechtsschutz prinzipiell zugunsten der Grundrechtsbe-

20 BVerfGE 126, 286 (307).
21 So für die einheitliche EU-Bankenaufsicht BVerfGE 152, 202 (Rn. 232 ff.).
22 BVerfGE 146, 216.
23 EuGH, Rs. C-493/17, Weiss, ECLI:EU:C:2018:1000.
24 BVerfGE 154, 17 (Rn. 118).
25 BVerfGE 154, 17 (Rn. 234).
26 S. etwa die 15 Beiträge zu dem Urteil in German Law Journal 21 (2020), 944 ff.
27 Vgl. *Nettesheim*, Das PSPP-Urteil des BVerfG – ein Angriff auf die EU?, NJW 2020, 1631 (1632).
28 BVerfGE 37, 271.
29 BVerfGE 73, 339.

rechtigten in Deutschland, nicht nur gegenüber der deutschen Hoheitsgewalt. In Bezug auf Rechtsakte der *Gemeinschaft* übe es seine Funktion jedoch in einem **Kooperationsverhältnis** mit dem EuGH aus, in dem der EuGH den Grundrechtsschutz im Einzelfall gewährleiste, wohingegen das BVerfG sich auf die Einhaltung des generellen Standards beschränke.

Diese Haltung hat das BVerfG in seinem ***Bananenmarkt*-Beschluss** im Jahr 2002 erneut bekräftigt und zugleich die Anforderungen an einen Vorlagebeschluss nach Art. 100 I GG (konkrete Normenkontrolle) konkretisiert. Erforderlich für die Zulässigkeit ist demnach, dass das vorlegende Gericht in seiner Begründung darlegt, dass die europäische Rechtsentwicklung einschließlich der Rechtsprechung des EuGH nach Ergehen der *Solange-II*-Entscheidung unter den erforderlichen Grundrechtsstandard abgesunken ist[30]. Diese Voraussetzungen gelten entsprechend für Verfassungsbeschwerden, mit denen ein Sekundärrechtsakt der Union unmittelbar angegriffen wird[31]. Auch eine deutliche Unterschreitung des nach dem GG gebotenen Mindestschutzes im Einzelfall dürfte nach dieser Rspr. die Prüfungskompetenz des BVerfG nicht eröffnen. Diesen vom BVerfG aufgestellten hohen Anforderungen wird kaum eine konkrete Normenkontrolle bzw. Verfassungsbeschwerde je genügen, zumal mit Inkrafttreten des VvL auch die GRC verbindlich geworden ist (Art. 6 I UAbs. 1 EUV). Die praktisch nur noch geringfügige Bedeutung hat auch das BVerfG zwischenzeitlich explizit eingeräumt[32]. Im Übrigen erfordert die Zulässigkeit eines verfassungsgerichtlichen Verfahrens stets, dass dem EuGH zuvor die Möglichkeit eröffnet worden ist, in einem Vorabentscheidungsverfahren über die Vereinbarkeit eines Sekundärrechtsakts mit den Unionsgrundrechten zu entscheiden[33]. Eine direkte Kontrolle von Handlungen der EU-Organe ohne Hinzutreten deutscher Vollzugsakte sieht das BVerfG mittlerweile als generell unzulässig an[34]. Dies betrifft insbesondere den Bereich des unmittelbaren Vollzugs von Unionsrecht durch die EU-Kommission, gegen den Rechtsschutz nur vor dem GHEU besteht. Praktische Bedeutung hat das v.a. im EU-Kartellrecht (Art. 101 ff. AEUV). 283

In **Fall 18** ist die konkrete Normenkontrolle unzulässig, da das VG in seinem Vorlagebeschluss lediglich dargelegt hat, dass die Verordnung gegen Art. 12 und 14 GG verstoße, und dass die Entscheidung des EuGH im *konkreten Fall* zeige, dass der Grundrechtsschutz systematisch unzureichend sei. Das VG hätte sich aber eingehend mit der Grundrechtsrechtsprechung des EuGH *insgesamt* auseinandersetzen müssen, um den Anforderungen des BVerfG zu genügen. Das dürfte allerdings heutzutage wegen des erreichten Grundrechtsschutzes auf EU-Ebene nicht mehr gelingen. 284

3. Identitätskontrolle

In der Trias der Kontrollvorbehalte des BVerfG gegenüber der europäischen Integration bildet die **Identitätskontrolle** einen Spezialfall. Bereits die ursprüngliche Grundrechtskontrolle hatte das BVerfG aus dem Gedanken entwickelt, dass das GG keine Grundlage 284a

30 BVerfGE 102, 147 (164).
31 Vgl. BVerfGK 3, 331 (334).
32 BVerfGE 140, 317 (339).
33 Vgl. vertiefend *Möller*, Verfassungsgerichtlicher Grundrechtsschutz gegen Gemeinschaftsrecht, JURA 2006, S. 91 ff.
34 BVerfG, NJW 2017, S. 149.

dafür enthalte, die „Grundstruktur der Verfassung, auf der ihre Identität beruht“[35], zu beseitigen. Zu Anfang wurde – als Folge der begrenzten sachlichen Reichweite und inhaltlichen Tiefe der Integration – jedoch nur die Grundrechtskontrolle selbst relevant. Aus Anlass des VvL aktivierte und akzentuierte das BVerfG dann 2009 die Identitätskontrolle als eine eigenständige Kontrollkategorie, die aber **primär gegen Zustimmungsgesetze** zur Änderung der Unionsverträge in Stellung gebracht wurde – bei denen Ultra-vires- und Grundrechtskontrolle keine Bedeutung haben. Danach sind bestimmte Bereiche verfasster Staatlichkeit wg. der auf unionaler Ebene (wohl unüberwindbaren) Demokratiedefizite einer Übertragung auf die EU kategorisch entzogen – dürfen der EU also kompetenziell oder inhaltlich nicht zur Ausübung übertragen werden (dazu unten Rn. 291). In jüngerer Zeit hat das BVerfG diesen Vorbehalt jedoch auch gegenüber Handlungen der Unionsorgane aktiviert und der Grundrechtskontrolle und der Ultra-vires-Kontrolle zur Seite gestellt. Danach können Handlungen der Unionsorgane dann **nicht am Anwendungsvorrang des Unionsrechts teilhaben, wenn sie den unantastbaren Identitätskern des GG tangieren**, weil sie z.B. die Menschenwürde verletzen (s. oben Rn. 279).

II. Kontrolle deutscher Vollzugs- und Umsetzungsakte

285 Soweit das Unionsrecht durch Rechtsakte der deutschen Hoheitsgewalt umgesetzt oder vollzogen wird (z.B. Gesetz zur Umsetzung von Richtlinien, VA zum Vollzug einer Verordnung), liegt ein der verfassungsgerichtlichen Überprüfung zugänglicher Prüfungsgegenstand ohne weiteres vor. Wird in einem solchen Fall eine Verletzung der Grundrechte des GG geltend gemacht (oder eine Verletzung der Kompetenzordnung), gilt es zu differenzieren. Soweit der deutsche Hoheitsakt materiell-inhaltlich durch das Unionsrecht vorgeprägt ist (das BVerfG spricht hier von **„vollständig vereinheitlichtem“ Unionsrecht**[36]), wie dies typischerweise bei der vollständigen Harmonisierung bestimmter Lebensbereiche durch Verordnungen oder Richtlinien ohne Umsetzungsspielraum der Fall ist, ist auch der deutsche Hoheitsakt einer materiellrechtlichen Kontrolle am Maßstab nationaler Grundrechte entzogen (vgl. Rn. 279 ff.)[37]. Um damit nicht auch selbst als Institution aus dem Spiel zu sein, lässt das BVerfG es seit dem Beschluss **„Recht auf Vergessen II“** (auf fragwürdiger methodischer Grundlage[38]) zu, eine Verfassungsbeschwerde auf die Behauptung einer Verletzung in eigenen Rechten aus der GRC zu stützen[39]. Dadurch ist es möglich, zum einen über den Umweg Karlsruhe zu erreichen, dass ein potentiell grundrechtswidriger Sekundärrechtsakt dem EuGH gem. Art. 267 Abs. 1 lit. b) AEUV zur Überprüfung am Maßstab der Charta vorgelegt wird. Zum anderen kann das BVerfG bei offensichtlichen Verstößen gegen die GRC im Rahmen der Anwendung des Sekundärrechtsakts selbst durch die Vorgabe einer chartakonformen Auslegung Abhilfe schaffen. Das BVerfG betont, dass es sich insoweit als letztinstanzliches Gericht nach Art. 267 III GG betrachtet und daher die Vorlagepflicht und die engen Ausnahmen nach der CILFIT-Rspr. (s. Rn. 103) für sich akzeptiert[40]. Spannungspotential liegt jedoch darin, dass das BVerfG angekündigt hat, die Auslegung der Charta für offenkundig zu hal-

35 BVerfGE 37, 271 (279).
36 BVerfGE 152, 216 (246, Rn. 77).
37 BVerfGE 118, 79.
38 Vgl. *W. Michl,* Die Neuausrichtung des Bundesverfassungsgerichts in der digitalisierten Grundrechtelandschaft, JURA 2020, S. 479 (483 ff.).
39 BVerfGE 152, 216 (229, Rn. 32 ff.).
40 BVerfGE 152, 216 (244, Rn. 69).

ten, wenn es bereits Rspr. des EGMR zu Parallelgewährleistungen aus der EMRK gibt (Art. 52 III GRC) oder die gemeinsamen Verfassungsüberlieferungen der Mitgliedstaaten (Art. 52 IV GRC) die richtige Interpretation vorgeben[41].

Gewährt das Unionsrecht den Mitgliedstaaten Umsetzungs- oder Ermessensspielräume (das BVerfG spricht von **„gestaltungsoffenem Unionsrecht“**[42], vgl. als Beispiel Art. 85 II DSGVO), rückt das BVerfG nach der Konsolidierung seiner Rspr. im Beschluss **„Recht auf Vergessen I“** die Bindung der deutschen öffentlichen Gewalt an die Grundrechte des Grundgesetzes (Art. 1 III GG) in den Mittelpunkt, deren Vorgaben die verbleibenden autonomen Entscheidungen der deutschen Hoheitsträger leiten sollen[43]. Soweit der EuGH in der Konsequenz seiner *Åkerberg-Fransson*-Rspr. die Möglichkeit eröffnet, auf denselben Sachverhalt auch die GRC anzuwenden (s. Rn. 258), duldet Karlsruhe dies mit einer einschränkenden Formel; es fordert gleichzeitig ein, dass Spielräume aus dem Fachrecht sich auch in Spielräumen bei der Grundrechtsanwendung widerspiegeln, wie der EGMR dies mit der „margin of appreciation“ (s. Rn. 322) vorgibt[44]. Umgekehrt soll die GRC als Rechtserkenntnisquelle bei der Auslegung der GG-Grundrechte dienen, wie das BVerfG es auch mit der EMRK praktiziert[45]. 285a

Bei der **Prüfung von Umsetzungsakten** in einer Klausur ist dieser Differenzierung Rechnung zu tragen. Dabei erscheint es zweckmäßig, zunächst als Vorprüfung festzustellen, inwieweit die anzuwenden Normen und ihre Anwendung von unionsrechtlichen Vorgaben bestimmt sind. Bei vollständiger oder nahezu vollständiger Determinierung sollte die GRC im Mittelpunkt der Prüfung sowohl bei der Klage- bzw. Beschwerdebefugnis als auch bei der materiellen Rechtmäßigkeit der Rechtsgrundlage und deren Anwendung stehen. Ggf. kann der Hinweis gegeben werden, dass eine ergänzende Anwendung der GG-Grundrechte in etwaigen verbleibenden Spielräumen wegen der Funktion der Charta als Auslegungshilfe für das GG zu keinen abweichenden Ergebnissen führt[46]. Nur wenn eine vorherige Entscheidung des EuGH erwähnt wird, deren Wertungen mit tragenden Prinzipien des GG nicht zu vereinbaren ist, ist an die Identitätskontrolle als Aufhänger zu denken (s. Rn. 284a)[47]. Im gestaltungsoffenen Bereich sollten umgekehrt die GG-Grundrechte als „Aufhänger“ im Zentrum stehen. Hier lässt sich der Hinweis einflechten, dass es auf die gleichzeitige Anwendbarkeit der Charta nach Art. 51 I GRC gar nicht ankomme, da die Anwendung der dortigen Parallelbestimmungen nach zustimmungswürdiger Ansicht des BVerfG ebenfalls Spielräume lasse, die nach den Maßgaben der GG-Prüfung ausgefüllt würden[48]. Klausurtaktisch ist es insoweit besonders wichtig, auf Hinweise im Sachverhalt, insb. Ausführungen zu Rechtsfragen und zitierte Normen, zu achten und daran den Schwerpunkt der Bearbeitung auszurichten. 286

41 Entwickelt vom Ersten Senat in BVerfGE 152, 216 (244, Rn. 70); aufgegriffen vom Zweiten Senat in BVerfGE 156, 182 (198, Rn. 37); BVerfGE 158, 1; vgl. zur Problematik *W. Michl,* Die Neuausrichtung des Bundesverfassungsgerichts in der digitalisierten Grundrechtelandschaft, JURA 2020, S. 479 (486).
42 BVerfGE 152, 216 (246, Rn. 77).
43 Vgl. zuvor bereits BVerfGE 113, 273; BVerfG, NVwZ 1993, S. 883 ff.; BVerfGK 3, 331 (334).
44 BVerfGE 152, 152 (172, Rn. 50).
45 BVerfGE 152, 152 (176, Rn. 58).
46 Vgl. BVerfGE 156, 182 (208 ff., Rn. 59 ff.).
47 BVerfGE 156, 182 (208, Rn. 58).
48 Vgl. zu den einzelnen Punkten BVerfGE 158, 1 (Rn. 35 ff.).

III. Kontrolle von deutschen Mitwirkungsakten an der Europäischen Union

287 Zwar sieht der EuGH das Unionsrecht als eine eigenständige, von der Rechtsordnung der Mitgliedstaaten unabhängige Rechtsordnung an. Ungeachtet dessen wirken die Mitgliedstaaten aber an der Entstehung des Unionsrechts mit. Änderungen des Primärrechts bedürfen fast ausnahmslos der mitgliedstaatlichen Ratifizierung (vgl. Art. 48 IV UAbs. 2 EUV), in Deutschland z.B. durch ein Bundesgesetz (vgl. Art. 23 I 2 und 3 GG). Das Gleiche gilt nach der Entscheidung des BVerfG über die Verfassungsmäßigkeit des Zustimmungsgesetzes zum VvL[49] sowie nach dem in Ausführung der Entscheidung erlassenen **Integrationsverantwortungsgesetz** (IntVG) auch für die Nutzung sog. „dynamischer Elemente“ in den Verträgen, d.h. von Vorschriften, die eine Änderung oder Ergänzung des Unionsprimärrechts erlauben, ohne dass hierzu nach den Verträgen eine mitgliedstaatliche Ratifikation erforderlich wäre. In diesen Fällen erfordert die „Integrationsverantwortung“ von Bundestag und Bundesrat jeweils gesetzgeberische Maßnahmen (s. hierzu §§ 2–11 IntVG). Sekundärrechtsakte werden zudem stets vom Rat (überwiegend gemeinsam mit dem Europäischen Parlament) erlassen. Hierbei wirken Vertreter der Mitgliedstaaten auf Ministerebene mit. Sowohl **Zustimmungsgesetz** als auch **Abstimmungsverhalten im Rat** sind damit Maßnahmen deutscher Hoheitsträger, die prinzipiell einer verfassungsgerichtlichen Kontrolle unterzogen werden können.

1. Überprüfung der Zustimmungsgesetze zur Änderung der primärrechtlichen Grundlagen der EU

288 Für die Ratifizierung von Gründungs- und Änderungsverträgen der EU bedarf es gemäß Art. 23 I 2 und 3 i.V.m. Art. 59 II GG eines **Bundesgesetzes**. Neben einer objektiv-rechtlichen Kontrolle im Rahmen einer abstrakten oder konkreten Normenkontrolle kommt eine Überprüfung von Zustimmungsgesetzen zu völkerrechtlichen Verträgen einschließlich der Gründungsverträge der Europäischen Union sowie der jeweiligen Änderungsverträge auch in Verfahren, die wie die **Verfassungsbeschwerde** bzw. das **Organstreitverfahren** auf den Schutz von Rechten des Antragstellers bzw. des Organs, dem er angehört, abzielen, in Betracht. Insoweit stellt das Zustimmungsgesetz einen Akt der öffentlichen Gewalt i.S.v. Art. 93 I Nr. 4a GG bzw. eine „Maßnahme“ i.S.v. von § 64 I BVerfGG dar.

289 Für die Zulässigkeit bedarf es jedoch der **Geltendmachung eigener Rechte** (bzw. von Organrechten im Fall des Art. 93 I Nr. 1 GG). Während man früher davon ausging, dass grundsätzlich nicht die Übertragung von Hoheitsrechten als solche, sondern vielmehr deren anschließende Ausübung durch den neuen Hoheitsträger Rechte von Individuen und Organen bzw. Organteilen berühre, stellt sich die Rechtslage seit dem umstrittenen Beschluss des BVerfG zum Einheitlichen Patentgericht anders dar. Nunmehr sieht es die in Art. 23 I 1 und 3 i.V.m. Art. 79 II und III GG aufgestellten Integrationsschranken auch als subjektive Rechte, die bereits eine Beschwerdebefugnis gegen das Zustimmungsgesetz zu einem Integrationsvertrag begründen und damit eine sog. **„formelle Übertragungskontrolle“** ermöglichen[50]. Dies gilt allerdings nicht für zukünftige Zustimmungsgesetze zu Verträgen, die wie CETA vorläufig angewendet werden[51].

49 BVerfGE 123, 267.
50 BVerfGE 153, 74 (Leitsatz 1 sowie Rn. 95 ff.); a.A. das Sondervotum *König/Langenfeld/Maidowski*, BVerfGE 153, 74 (164 ff.).
51 BVerfG NVwZ 2022, 541 (544, Rn. 155).

Als Grundlage hatte das BVerfG bereits in seiner ***Maastricht*-Entscheidung** aus Art. 38 I GG das allen wahlberechtigten Deutschen zustehende Recht abgeleitet, dass das demokratische Prinzip, soweit es von Art. 79 III i.V.m. Art. 20 I und II GG für unantastbar erklärt wird, nicht durch die Verlagerung von Aufgaben und Befugnissen des Bundestags entleert werden darf. Danach ist Art. 38 I GG dann verletzt, wenn die Wahrnehmung der Kompetenzen des Deutschen Bundestags so weitgehend auf Organe der EU übertragen wird, dass die **unverzichtbaren Mindestanforderungen demokratischer Legitimation** von Hoheitsgewalt nicht mehr erfüllt werden[52]. Eine solche Verletzung soll insbesondere dann vorliegen, wenn die zur Wahrnehmung übertragenen Rechte und das beabsichtigte **Integrationsprogramm nicht hinreichend bestimmbar** durch das Zustimmungsgesetz, d.h. durch den zu ratifizierenden Vertrag, festgelegt sind[53]. In Anknüpfung an diese Kriterien der ***Maastricht***-Entscheidung hat das BVerfG im ***Lissabon***-Urteil die verfassungsrechtlichen Schranken der Hoheitsrechtsübertragung auf die Europäische Union weiter präzisiert. In Bezug auf die in den Verträgen nunmehr vorgesehenen „dynamischen Elemente“[54] hat das BVerfG den Begriff der **Integrationsverantwortung** der deutschen gesetzgebenden Körperschaften eingeführt und die Nutzung dieser Weiterentwicklungsmöglichkeiten des Primärrechts unterhalb der Schwelle des ordentlichen Vertragsänderungsverfahrens an das Vorliegen entsprechender gesetzgeberischer Zustimmungsakte geknüpft[55]. Die vom BVerfG aufgestellten Anforderungen sind nunmehr im IntVG niedergelegt (s. oben Rn. 287). 290

Zudem hat das BVerfG in der ***Lissabon*-Entscheidung** den nicht übertragbaren Identitätskern des GG bzw. der deutschen Staatlichkeit zu präzisieren versucht **(Identitätskontrolle)**. Wegen der auf Ebene der Europäischen Union feststellbaren (und wohl unüberwindbaren) Demokratiedefizite (insb. dem fehlenden Grundsatz der Gleichheit der Wahl, vgl. auch Art. 14 III EUV) darf die Europäische Integration nach dem BVerfG 291

„nicht so verwirklicht werden, dass in den Mitgliedstaaten kein ausreichender Raum zur politischen Gestaltung der wirtschaftlichen, kulturellen und sozialen Lebensverhältnisse mehr bleibt“[56].

Zu diesen nicht übertragbaren Politikfeldern sollen das formelle und materielle Strafrecht, die Verfügung über das Gewaltmonopol, d.h. Polizei und Militäreinsatz, die fiskalischen Grundentscheidungen über Einnahmen und Ausgaben, die sozialstaatliche Gestaltung der Lebensverhältnisse sowie kulturell bedeutsame Entscheidungen, z.B. im Familienrecht, Schul- und Bildungssystem oder über den Umgang mit religiösen Gemeinschaften gehören[57], ohne dass die näheren Konturen dieser Integrationsvorbehalte im Einzelnen erkennbar würden[58]. Eine Konturierung hat das BVerfG z.B. 2015 versucht, als es eine auf einen italienischen EU-Haftbefehl gestützte Auslieferungsentscheidung

52 BVerfGE 89, 155 (171 ff.).
53 BVerfGE 89, 155 (187).
54 Vgl. deren Aufzählung in BVerfGE 123, 267 (434 f.).
55 BVerfGE 123, 267 (351).
56 BVerfGE 123, 267 (357 f.).
57 BVerfGE 123, 267 (359).
58 Zur *Lissabon*-Entscheidung s. vertiefend *Schorkopf*, Die Europäische Union im Lot – Karlsruhes Rechtsspruch zum Vertrag von Lissabon, EuZW 2009, S. 718 ff.; *Terhechte*, Souveränität, Dynamik und Integration – making up the rules as we go along?, EuZW 2009, S. 724 ff.; zum IntVG s. *Hahn*, Die Mitwirkungsrechte von Bundestag und Bundesrat in EU-Angelegenheiten nach dem neuen Integrationsverantwortungsgesetz, EuZW 2009, S. 758 ff.

wg. Verstoßes gegen die **Menschenwürde als Teil des Identitätskerns** für verfassungswidrig erachtet hat (s. Rn. 279).

292 Im Zusammenhang mit den Maßnahmen zur Bewältigung der **Euro-Staatsschulden-Krise** (Griechenland-Kredite, EFSF, ESM etc.; s. auch oben Rn. 8) und der Europäischen Bankenunion hat das BVerfG den Gedanken der Integrationsverantwortung und der Verfassungsidentität auf den Bereich der staatlichen Haushaltspolitik angewandt und weiterentwickelt[59]. Die **Haushaltsverantwortung** als finanzielle Komponente der demokratischen Selbstbestimmung eines Gemeinwesens liege unübertragbar beim Deutschen Bundestag[60]. In der Konsequenz müssen alle größeren Hilfsmaßnahmen, die zu einer finanziellen Belastung der Bundesrepublik Deutschland führen können, vom Deutschen Bundestag – in der Regel im Plenum[61] – beschlossen werden und die Verwendung der Mittel strikter parlamentarischer Kontrolle unterliegen[62]. **Haftungsautomatismen auf europäischer Ebene**, bei denen Deutschland für autonome Entscheidungen anderer Mitgliedstaaten in die (Mit-)Haftung genommen werden könnte, sind danach unzulässig[63]. Welche genauen Konsequenzen dies für die Aufnahme eigener Schulden der EU, wie sie im gegenwärtigen Eigenmittelbeschluss der EU[64] vorgesehen sind (**„NextGenerationEU“**), im Einzelnen hat, ist umstritten[65].

2. Kontrolle des Abstimmungsverhaltens der Bundesrepublik Deutschland im Rat der EU

293 Ist ein Sekundärrechtsakt auf Ebene der EU einmal erlassen, ist die Bundesrepublik zu seiner Umsetzung (im Fall von Richtlinien) bzw. zu seinem unmittelbaren Vollzug (im Fall von Verordnungen) unionsrechtlich verpflichtet und eine (verfassungs-)gerichtliche Kontrolle deutscher Umsetzungs- und Vollzugsakte scheidet im dargestellten Rahmen aus (vgl. dazu oben Rn. 285 f.). Die Nutzung der sog. dynamischen Elemente (s. oben Rn. 290), die durch den VvL eingeführt wurden, führt sogar zu Änderungen des Primärrechts (bzw. aus Sicht des BVerfG zu sekundärrechtlichen Kompetenzausweitungen im Fall des Art. 352 AEUV). Für die Wirksamkeit der Vertragsergänzung, Verordnung oder Richtlinie ist es dabei unionsrechtlich ohne Belang, ob der Bund bzw. die Bundesregierung nach der im GG angelegten Kompetenzverteilung überhaupt zuständig ist oder ob das GG der Bundesrepublik die Mitwirkung an einem bestimmten Rechtsakt der Union aus materiell-rechtlichen Gründen eigentlich verbietet.

294 Angesichts dieser Umstände läge es an sich nahe, ein bestimmtes Abstimmungsverhalten der Bundesrepublik im Rat, das regelmäßig die letzte (Mit-)Ursache für das Inkrafttreten von Sekundärrecht setzt, **präventiv** auf seine Vereinbarkeit mit dem GG überprüfen und ggf. durch eine **einstweilige Anordnung** des BVerfG nach § 32 BVerfGG untersagen zu lassen. Ein diesbezügliches Interesse können zum einen Einzelne wegen der Grund-

59 BVerfGE 129, 124 (177 ff.); BVerfGE 151, 202 (296 ff., Rn. 140 ff.).
60 BVerfGE 129, 124 (179).
61 BVerfGE 130, 318 (341 ff.).
62 BVerfGE 129, 124 (180 f.).
63 BVerfGE 129, 124 (179).
64 Beschluss (EU, Euratom) 2020/2053 des Rates vom 14. Dezember 2020 über das Eigenmittelsystem der Europäischen Union und zur Aufhebung des Beschlusses 2014/335/EU, Euratom, ABl. 2020 L 424/1.
65 Nicht durch einstweilige Anordnung aufgehalten, BVerfGE 157, 332; die Hauptsacheentscheidung steht noch aus. Vgl. zum Hintergrund *Kube/Schorkopf*, Strukturveränderung der Wirtschafts- und Währungsunion – Normativer Grund und Akzeptanz, NJW 2021, S. 1650 ff.

rechtsrelevanz des zu erlassenden Sekundärrechtsakts haben, zum anderen die Bundesländer und der Bundesrat wegen Nichtbeachtung der Kompetenzordnung sowie der Regelungen des Art. 23 IV bis VI GG bzw. der §§ 4, 5 II, 6 II, 7, 8, 9 II, 10 III des IntVG. Ein entsprechendes Interesse des Bundestags ist zwar wegen Art. 23 III GG sowie der Bestimmungen des IntVG, die dem Bundestag ein präventives Zustimmungs- bzw. Gesetzgebungsrecht einräumen, prinzipiell ebenfalls denkbar, aufgrund der Verschränkung von Bundesregierung und parlamentarischer Mehrheit allerdings politisch weniger relevant.

a) Kontrolle auf Initiative von natürlichen und juristischen Personen

Das BVerfG hat in st. Rspr. Verfassungsbeschwerden gegen die Mitwirkung der Bundes- **295**
regierung an der Entstehung sekundären Unionsrechts sowie dahingehende Anträge auf einstweilige Anordnungen als **unzulässig** erachtet[66]. Die Mitwirkung bei der Abstimmung im Rat stelle keinen Akt der hoheitlichen Gewalt gegenüber Grundrechtsberechtigten in Deutschland dar. Soweit es um den Erlass einer Richtlinie geht, beschwert diese die Grundrechtsträger ohnehin erst nach Erlass entsprechender Umsetzungsrechtsakte. Diese unterliegen dann aber – soweit Umsetzungsspielräume bestehen – der verfassungsgerichtlichen Kontrolle. Im Übrigen, d.h. im Hinblick auf den zwingenden Inhalt einer Richtlinie sowie hinsichtlich Verordnungen, werde der Grundrechtsschutz durch den GHEU gewährleistet (vgl. auch oben Rn. 282). Diesbezügliche Defizite vermag das BVerfG nicht zu erkennen, wobei eine Auseinandersetzung mit dem Problem der beschränkten Direktklagebefugnis nach Art. 263 IV AEUV jedoch bislang unterblieben ist (vgl. oben Rn. 226 ff.).

b) Kontrolle auf Initiative von Bundesländern und Bundesrat

Auch die **Bundesländer** können sich gegen Sekundärrechtsakte unmittelbar beim EuGH **296**
nur nach Maßgabe des Art. 263 IV AEUV bzw. im Rahmen der neuen **Subsidiaritätsklage** (s. oben Rn. 243, unten Rn. 298) wenden. Soweit sie rechtliche Gründe anführen, die nicht im Unionsrecht, sondern im GG wurzeln, sind diese Möglichkeiten jedoch ohne Belang, da das GG keinen Maßstab für die Beurteilung von Sekundärrecht bildet. Zudem haben die Bundesländer in bestimmten Bereichen auch ein Interesse daran, auf die Rechtssetzung der Union inhaltlich Einfluss zu nehmen. Das Hauptaugenmerk der Bundesländer gilt dabei den Rechtssetzungsvorhaben, für die nach der Kompetenzverteilung des GG die Zuständigkeit bei den Ländern liegt bzw. durch die ihre politischen Handlungsspielräume materiell-rechtlich begrenzt werden. Das sind z.B. der gesamte Bereich von Schulen und Hochschulen, Rundfunk und Fernsehen oder auch weite Teile der Agrarpolitik[67].

Zur Kompensation der bei den Ländern und beim Bundesrat infolge der europäischen In- **297**
tegration eingetretenen Kompetenzverluste sehen Art. 23 II und IV bis VI GG i.V.m. dem Gesetz über die Zusammenarbeit von Bund und Ländern in Angelegenheiten der Europäischen Union (EUZBLG[68], vgl. Art. 23 VII GG) **Mitwirkungsrechte der Länder** vor. Gemäß Art. 23 II GG wirken die Bundesländer über den Bundesrat in Angelegenheiten der Europäischen Union mit. Hiervon erfasst wird die gesamte Sekundärrechtsset-

66 BVerfG, NJW 1990, S. 974 ff.; BVerfG, NVwZ 1993, S. 883 ff.; BVerfGK 2, 75 (76 f.).
67 *Kment*, in: Jarass/Pieroth, GG, 17. Aufl. 2022, Art. 70, Rn. 17 ff.
68 Gesetz über die Zusammenarbeit von Bund und Ländern in Angelegenheiten der Europäischen Union, BGBl. 1993 I, S. 313, zuletzt geändert durch Ges. v. 22.9.2009, BGBl. 2009 I, S. 3031.

zung durch die EU. Zu den Angelegenheiten der Europäischen Union im Sinne des Art. 23 II GG zählen nach der Rspr. des BVerfG auch **völkerrechtliche Verträge**, die bei einer „Gesamtbetrachtung der Umstände, einschließlich der Regelungsinhalte, -ziele und -wirkungen" in einem „**Ergänzungs- oder sonstigen besonderen Näheverhältnis** zum Recht der Europäischen Union stehen"[69].

Gemäß Art. 23 IV GG ist der Bundesrat an der Willensbildung der Bundesregierung zu beteiligen, soweit er an einer entsprechenden innerstaatlichen Maßnahme zu beteiligen wäre. Im Bereich der Gesetzgebungszuständigkeit des Bundes muss die Bundesregierung die Stellungnahme des Bundesrats „berücksichtigen". Wenn im Schwerpunkt Gesetzgebungsbefugnisse der Länder betroffen sind, ist die Auffassung des Bundesrats **„maßgeblich zu berücksichtigen"**, d.h. sie muss inhaltlich auf den Standpunkt der Bundesregierung durchschlagen (Art. 23 V GG). In letzterem Fall wird die Wahrnehmung der Rechte der Bundesrepublik als Mitglied der EU einem **vom Bundesrat benannten Vertreter** übertragen, was gemäß Art. 16 II EUV möglich ist, da im Rat Vertreter der Mitgliedstaaten „auf Ministerebene" handeln. Hierbei kann es sich durchaus auch um Landesminister oder Staatssekretäre handeln. Letzteres ist gewohnheitsrechtlich anerkannt, da in einer Reihe von Mitgliedstaaten auch die Staatssekretäre Regierungsmitglieder (Minister ohne Geschäftsbereich) sind. Die Einzelheiten dieser Mitwirkung sind im EUZBLG ausgeführt. Die durch Art. 23 II, IV bis VI GG begründeten Rechte des Bundesrats können von diesem selbst im **Organstreitverfahren** sowie von den Bundesländern ggf. unter ergänzender Heranziehung der Kompetenznormen (Art. 30, 70 GG) sowie des Grundsatzes der Bundestreue im **Bund-Länder-Streit** vor dem BVerfG geltend gemacht werden[70].

298 Mit dem VvL wurde zudem die Möglichkeit einer sog. **Subsidiaritätsklage** unmittelbar vor dem EuGH eingeführt (Art. 8 I des Protokolls über die Anwendung der Grundsätze der Subsidiarität und der Verhältnismäßigkeit). Dabei handelt es sich um eine Form der Nichtigkeitsklage nach Art. 263 AEUV (s. oben Rn. 210 ff.). Die Klage kann entweder von einem Mitgliedstaat oder nach Maßgabe seiner verfassungsrechtlichen Bestimmungen von einem nationalen Parlament oder einer Kammer eines nationalen Parlaments erhoben werden. Der neue Art. 23 Ia GG räumt dieses Klagerecht sowohl dem Bundestag (auf Antrag eines Viertels seiner Mitglieder) als auch dem Bundesrat ein (s. oben Rn. 243). Die Befugnis des Bundestags kann auch vom **Ausschuss für Angelegenheiten der Europäischen Union** wahrgenommen werden (Art. 45 GG, § 93b GOBT).

§ 8 Verfahren mit völkerrechtlichen Bezügen

299 Neben dem völkerrechtsspezifischen Normverifikationsverfahren nach Art. 100 II GG kann Völkerrecht auch in anderen verfassungsgerichtlichen Verfahren prüfungsrelevant sein, etwa zur Klärung des Verhältnisses zwischen Bund und Ländern oder zwischen Bundesregierung und Bundestag. Grundsätzlich ist die Pflege der auswärtigen Beziehungen **Sache des Bundes** (Art. 32 I GG). Die Außenpolitik als solche gilt dabei traditionell als **Sache der Exekutive**, d.h. der Bundesregierung. Der genaue Inhalt der Verbands- und Organkompetenzzuweisungen für den Bereich der **„auswärtigen Gewalt"** der Bun-

69 BVerfGE 131, 152; s. dazu *v. Kielmansegg*, Parlamentarische Informationsrechte in der Euro-Rettung, EuR 2012, S. 654 ff.

70 Vgl. als vertiefendes Fallbeispiel die Examensklausur in BayVBl. 2000, S. 411 ff.

desrepublik Deutschland (ein Begriff, den die Rechtswissenschaft aus Zweckmäßigkeitsgründen zusammenfassend verwendet)[1] ist jedoch nicht gänzlich unumstritten[2]. Relevant werden können diese Probleme in Streitigkeiten zwischen dem Bund und den Ländern (Art. 93 I Nr. 3 GG) sowie in Organstreitverfahren (Art. 93 I Nr. 1 GG) insbesondere zwischen Bundestag und Bundesregierung.

I. Bund-Länder-Streitigkeiten

Abweichend von der allgemeinen Kompetenzvermutung zugunsten der Länder (Art. 30, **300**
70 I GG) weist Art. 32 I GG die „Pflege der Beziehungen zu auswärtigen Staaten" dem Bund zu. Inhaltlich ist davon sowohl das **rechtsverbindliche Handeln** für die Bundesrepublik Deutschland durch Vertrag oder einseitige völkerrechtliche Akte als auch die **politische Repräsentanz** erfasst, also z.B. die politische Stellungnahme zu internationalen Sachverhalten. Anders als der Wortlaut vermuten lässt („auswärtige Staaten") gilt Art. 32 I GG für die Beziehungen zu sämtlichen Völkerrechtssubjekten, also etwa auch zu Internationalen Organisationen oder völkerrechtsfähigen Freiheitsbewegungen (mit Ausnahme des Heiligen Stuhls[3]).

Eine **sachliche Beschränkung** der Kompetenzzuweisung an den Bund im Verhältnis zu **301**
den Ländern enthält Art. 32 I GG an sich nicht. Das ist relativ unproblematisch, soweit Materien betroffen sind, für die der Bund auch nach innen die Gesetzgebungsbefugnis – sei es ausschließlich oder konkurrierend – besitzt. Jedenfalls aber in den Bereichen, in denen die Länder über eine ausschließliche Gesetzgebungszuständigkeit verfügen – insbesondere also in Kulturfragen – wirft das Auseinanderfallen von Abschlusskompetenz und Transformationskompetenz, also der Fähigkeit, die völkerrechtlichen Verpflichtungen durch Gesetzgebung auch umzusetzen, Schwierigkeiten auf. Hinzu kommt, dass Art. 32 III GG davon spricht, dass die Länder – soweit sie für die Gesetzgebung zuständig sind – mit Zustimmung des Bundes auch selbst völkerrechtliche Verträge abschließen „können". Ob es sich hierbei um eine **ausschließliche** oder nur **konkurrierende Zuständigkeit** der Länder handelt, ist rechtlich nach wie vor ungeklärt[4].

Für die Praxis haben Bund und Länder ihre diesbezüglichen Meinungsunterschiede mit **302**
dem **Lindauer Abkommen** vom 14.11.1957 pragmatisch gelöst. Die – hinsichtlich ihrer Verfassungsmäßigkeit nicht unumstrittene[5] – Kernregelung sieht vor, dass der Bund auch im Bereich der ausschließlichen Länderkompetenzen völkerrechtliche Verträge abschließen kann, vor Eintritt einer völkerrechtlichen Bindung aber das Einverständnis der Länder suchen muss. Im Übrigen sind die Länder bereits in der Verhandlungsphase so rechtzeitig zu informieren, dass sie auf die Verhandlungen Einfluss nehmen können[6]. Eine

1 Vgl. *Geiger*, Staatsrecht III, 7. Aufl. 2018, S. 107 f.
2 Vgl. eingehend hierzu *Geiger*, Staatsrecht III, 7. Aufl. 2018, S. 107 ff.; *Schweitzer/Dederer*, Staatsrecht III, 12. Aufl. 2020, Rn. 1222 ff.
3 BVerfGE 6, 309 (361 f.).
4 Zu den diesbezüglich vertretenen Auffassungen (zentralistisch, föderalistisch oder vermittelnd) vgl. *Geiger*, Staatsrecht III, 7. Aufl. 2018, S. 114 f.; *Schweitzer/Dederer*, Staatsrecht III, 12. Aufl. 2020, Rn. 310 ff.; *Bücker/Köster*, Die Ständige Vertragskommission der Länder, JuS 2005, S. 976 ff.; s. auch *Herrmann/Hofmann*, Referendarexamensklausur – Öffentliches Recht: Verfassungs- und Völkerrecht – Bildungspolitisches Kompetenzgerangel – Turbo-Abitur für alle!, JuS 2012, S. 543 ff.
5 Vgl. *Papier*, Abschluss völkerrechtlicher Verträge und Föderalismus, DÖV 2003, S. 265 ff. (268 f.).
6 Zum Inhalt des Lindauer Abkommens vgl. *Geiger*, Staatsrecht III, 7. Aufl. 2018, S. 116; vertiefend auch *Papier*, Abschluss völkerrechtlicher Verträge und Föderalismus, DÖV 2003, S. 265 ff.

spätere Verweigerung der Umsetzung eines solchen Abkommens durch die Länder wäre dann ein Verstoß gegen das im sog. **kooperativen Föderalismus** verwurzelte Prinzip der Bundestreue. Die Abstimmung von Bund und Ländern im Hinblick auf völkerrechtliche Verträge findet in der auf der Grundlage des Lindauer Abkommens ins Leben gerufenen **Ständigen Vertragskommission der Länder** statt[7]. Für die Mitwirkung in Angelegenheiten der Europäischen Union gehen die Art. 23 IV bis VI GG i.V.m. dem EUZBLG Art. 32 GG als speziellere Vorschriften vor[8] (s. dazu oben Rn. 296 ff.). Eine besondere Vorschrift für die Übertragung von Hoheitsrechten auf grenznachbarschaftliche Einrichtungen durch die Länder mit Zustimmung der Bundesregierung enthält Art. 24 Ia GG.

303 Die wechselseitigen Pflichten von Bund und Ländern aus Art. 32 GG sowie dem Lindauer Abkommen können im Wege des **verfassungsrechtlichen Bund-Länder-Streits** (Art. 93 I Nr. 3 GG) geltend gemacht werden[9].

II. Organstreitverfahren

304 **Fall 19:** Auf einer Sitzung des NATO-Rats im Jahr 1999 nahmen die Staats- und Regierungschefs der NATO-Mitgliedstaaten ein neues strategisches Konzept an. Darin wird – über den Wortlaut des NATO-Vertrags hinausgehend – der Katalog der Aufgaben der NATO, die insbesondere die kollektive Verteidigung ihrer Mitgliedstaaten beinhalten, in Reaktion auf die Entwicklungen infolge des Auseinanderbrechens der ehemaligen Sowjetunion und des ehemaligen Jugoslawiens auf sog. Krisenreaktionseinsätze außerhalb des NATO-Gebiets erweitert. Hierauf erhebt die Bundestagsfraktion der PDS (heute: Die Linke) vor dem BVerfG Organklage gegen die Bundesregierung. Das neue strategische Konzept beinhalte eine Änderung des NATO-Vertrags, der die Bundesregierung nur auf der Grundlage eines Zustimmungsgesetzes nach Art. 59 II 1 GG hätte zustimmen dürfen. Das Verhalten der Bundesregierung verletze daher den Deutschen Bundestag in seinen Rechten aus Art. 59 II 1 GG, die die Fraktion in Prozessstandschaft geltend machen könne. Wie wird das BVerfG entscheiden?

305 Nach der vertikalen Kompetenzvorschrift des Art. 32 GG liegt die Verbandskompetenz im Bereich der auswärtigen Angelegenheiten regelmäßig beim Bund. Die sodann anwendbaren horizontalen, die **Organkompetenz** betreffenden Regelungen enthält Art. 59 GG. Das im Bereich der auswärtigen Gewalt wichtigste Organ, die **Bundesregierung**, wird dabei allerdings mit keinem Wort erwähnt. Das BVerfG und die h.M. gehen jedoch davon aus, dass Außenpolitik bereits dem Wesen nach „Regierung" ist und daher der Bundesregierung zusteht. Art. 59 II GG gewähre den gesetzgebenden Körperschaften des Bundes lediglich als Ausnahme von diesem Grundsatz ein Mitspracherecht im Bereich der auswärtigen Gewalt[10]. Die in Art. 59 I GG angeordnete **völkerrechtliche Vertretung des Bundes** durch den Bundespräsidenten ist daher auch eine rein formal-repräsentative. Ein politisches Entscheidungsrecht kommt dem Bundespräsidenten nach dieser Vorschrift nicht zu[11].

---

7 Vgl. *Brücker/Köster*, Die Ständige Vertragskommission der Länder, JuS 2005, S. 976 ff.

8 *Streinz*, in: Sachs (Hrsg.), Grundgesetz – Kommentar, 9. Aufl. 2021, Art. 32, Rn. 9a.

9 S. hierzu das Fallbeispiel bei *Paulus*, Staatsrecht III, 2. Aufl. 2021, S. 1 ff. sowie *Herrmann/Hofmann*, Referendarexamensklausur – Öffentliches Recht: Verfassungs- und Völkerrecht – Bildungspolitisches Kompetenzgerangel – Turbo-Abitur für alle!, JuS 2012, S. 543 ff.

10 BVerfGE 1, 372 (394).

11 Vgl. *Geiger*, Staatsrecht III, 7. Aufl. 2018, S. 119.

Die **Mitwirkung der gesetzgebenden Körperschaften** richtet sich danach, ob ein völkerrechtlicher Vertrag die politischen Beziehungen des Bundes regelt oder ob er sich auf Gegenstände der Bundes- (oder Landes-) Gesetzgebung bezieht. Die politischen Beziehungen betreffen Verträge, die wesentlich und unmittelbar den Bestand des Staates und dessen Stellung und Gewicht innerhalb der Staatengemeinschaft oder deren Ordnung betreffen („hochpolitische Verträge"), also z.B. Friedens- und Bündnisverträge[12]. Entgegen dem Wortlaut gilt die zweite Alternative („Gegenstand der Bundesgesetzgebung") nicht nur für die Gegenstände der Bundes-, sondern auch der **Landesgesetzgebung**, soweit nach Art. 32 GG die Abschlusszuständigkeit des Bundes gegeben ist (vgl. oben Rn. 300 ff.). Voraussetzung ist aber in jedem Fall, dass überhaupt ein völkerrechtlicher Vertrag vorliegt, d.h. eine Vereinbarung zwischen mindestens zwei Völkerrechtssubjekten, durch die die zwischen ihnen bestehende Rechtslage auf dem Gebiet des Völkerrechts *geändert* werden soll. Hiervon zu unterscheiden sind insbesondere sog. **authentische Interpretationen** bestehender Verträge durch die Vertragsparteien (vgl. Art. 31 III lit. a), b) WVRK). Durch diese werden keine zusätzlichen Pflichten zwischen den Vertragsparteien begründet, sondern die bereits bestehenden verbindlich inhaltlich konkretisiert. **306**

Für den Abschluss von **Verwaltungsabkommen** (d.h. Abkommen, die nicht unter Art. 59 II 1 GG fallen) und für die **Vornahme einseitiger völkerrechtlicher Akte** (z.B. Anerkennung fremder Staaten) ist die Zustimmung der gesetzgebenden Körperschaften nicht erforderlich. Für Verwaltungsabkommen ergibt sich dies aus Art. 59 II 2 GG, für einseitige Akte aus der allgemeinen Kompetenzvermutung zugunsten der Bundesregierung. Auch die Abgabe hochpolitischer Erklärungen ohne rechtlichen Bindungsgehalt bedarf aus diesem Grund keiner Zustimmung des Bundestags oder Bundesrats. **307**

In **Fall 19** ist das Organstreitverfahren zulässig. Gemäß § 64 BVerfGG kann der Streitgegenstand auch in einer Unterlassung des Antragsgegners, hier also der Bundesregierung, liegen. Die PDS-Fraktion ist als Antragstellerin berechtigt, Rechte des Bundestags vor dem BVerfG im eigenen Namen geltend zu machen[13]. Zu diesen Rechten gehört auch die Mitwirkungsbefugnis des Bundestags beim Abschluss völkerrechtlicher Verträge. Im Fall des neuen strategischen Konzepts der NATO aus dem Jahr 1999 könnte es sich um einen formlosen völkerrechtlichen Vertrag zwischen den NATO-Mitgliedstaaten handeln, durch den der existierende NATO-Vertrag geändert werden soll. Ungeachtet der im Wortlaut des NATO-Vertrags nicht vorgesehenen, durch das neue strategische Konzept aber der NATO zugewiesenen Aufgabe im Zusammenhang mit Krisenreaktionseinsätzen, sah das BVerfG in dem neuen strategischen Konzept keine Änderung des NATO-Vertrags, die einer Zustimmung des Bundestags bedurft hätte, sondern (noch) eine Fortentwicklung und Konkretisierung der „offen formulierten Bestimmungen" des NATO-Vertrags. Eine solche Fortentwicklung mittels authentischer Vertragsinterpretation wird von Art. 59 II 1 GG jedoch nicht erfasst. Das BVerfG wies die Organklage daher als unbegründet ab[14]. **308**

---

12 Vgl. BVerfGE 1, 372 (380 ff.).

13 Vgl. hierzu *Hillgruber/Goos*, Verfassungsprozessrecht, 5. Aufl. 2020, Rn. 509 ff.

14 BVerfGE 104, 151 (199 ff.); vgl. hierzu *Lubig*, Mitwirkung der Legislative an völkerrechtlichen Vertragsinterpretationen?, JA 2005, S. 143 ff.

Teil 4

Verfahren vor dem EGMR und Grundzüge der Europäischen Menschenrechtskonvention (EMRK)

308a **Fall 20:**[1] Der in Frankreich wohnhafte amerikanische Staatsbürger B ist bei der staatlichen französischen Eisenbahngesellschaft angestellt. Nach einer Suspendierung stellt er bei Rückkehr an seinen Arbeitsplatz fest, dass sein Arbeits-PC untersucht worden war. Hierbei waren neben pornografischen Fotos auch zahlreiche E-Mails explizit sexuellen Inhalts, die er mit anderen Personen ausgetauscht hatte, gefunden worden. Nach französischem Recht darf der Arbeitnehmer berufliche Dateien auf der Festplatte eines Rechners öffnen, den er dem Arbeitnehmer zur Erfüllung seiner Aufgaben zur Verfügung gestellt hat. Dagegen darf er außer bei Vorliegen besonderer Umstände als persönlich gekennzeichnete Dateien nicht außerhalb der Gegenwart des Arbeitnehmers öffnen. Vorliegend waren die Dateien in einem als „Sonstiges" gekennzeichneten Ordner gespeichert, welcher auf dem Laufwerk, das üblicherweise zur Speicherung beruflicher Dokumente verwendet wird, abgelegt war. Der Arbeitgeber kündigte als Folge des Fundes dem B. Hiergegen wandte sich der B erfolglos vor den französischen Gerichten. Der B wendet sich nun an den EGMR. Wie sind die Erfolgsaussichten des Rechtsbehelfs zu beurteilen[2]?

309 Die **Europäische Menschenrechtskonvention (EMRK)** vom 4.11.1950[3] wurde im Rahmen des Europarats, einer 46 Mitgliedstaaten (darunter Aserbaidschan und die Türkei, aber nicht mehr Russland) umfassenden Internationalen Organisation, ausgehandelt und vereinbart. Sie gilt mit den von der BRD ratifizierten Zusatzprotokollen in Deutschland als Bundesrecht (Art. 59 II 1 GG). Nach der Rspr. des BVerfG sind die Grundrechte des GG im Lichte der EMRK sowie der Entscheidungen des EGMR auszulegen (vgl. zum dadurch faktisch erhöhten Rang der EMRK oben Rn. 58 ff.). Überdies zieht der EuGH die EMRK als Rechtserkenntnisquelle zur Ermittlung der EU-Grundrechte nach Art. 6 III EUV heran. Außerdem ordnet Art. 52 III GRC einen inhaltlichen Gleichlauf der EU-Grundrechte mit den entsprechenden EMRK-Rechten an. Hierdurch wird der Schutz des in der EMRK niedergelegten europäischen **Mindestgrundrechtsstandards** weitgehend verwirklicht. Der VvL sieht zudem vor, dass die Europäische Union der EMRK beitritt (Art. 6 II EUV; s. oben Rn. 258). Die hierfür erforderlichen Grundvoraussetzungen seitens der EMRK sind durch das 14. Zusatzprotokoll zur EMRK geschaffen worden. Der Beitritt hat aber bislang (2022) noch nicht stattgefunden, nachdem der EuGH den Entwurf eines Beitrittsabkommens für mit den EU-Verträgen unvereinbar erachtet hat[4] (s. auch oben Rn. 62).

310 Soweit der Schutz durch nationale (Verfassungs-)Gerichte, EuG und EuGH versagt, besteht die Möglichkeit, den **EGMR** in Straßburg im Wege der **Individualbeschwerde** nach Art. 34 EMRK anzurufen[5]. Dieser Rechtsbehelf, der zu einer erheblichen Aufwertung des Grundrechtsschutzsystems der EMRK beigetragen hat, existiert in der heutigen Form seit dem Inkrafttreten des 11. Protokolls zur EMRK[6] am 1.11.1998. Von Examens-

---

1 Angelehnt an EGMR, NZA 2018, 1609.

2 S. zur Vertiefung auch *Herrmann/Rosenfeldt*, Europäisches Prozessrecht, 2019, Rn. 701 ff. inkl. zweier Übungsfälle zum EMRK-System.

3 BGBl. 1952 II, S. 685; in Kraft getreten am 3.9.1953, vgl. BGBl. 1954 II, S. 14.

4 EuGH, Gutachten 2/13, EMRK-Beitritt, ECLI:EU:C:2014:2454.

5 Im Überblick *Jacob*, Der Europäische Gerichtshof für Menschenrechte – Eine aktuelle Bestandsaufnahme von Organisation, Arbeitsweise und Entscheidungsfindung, DVBl 2015, S. 61 ff.

6 BGBl. 1995 II, S. 578.

kandidaten kann mittlerweile – insbesondere auch vor dem Hintergrund jüngerer Entscheidungen von BVerfG und EGMR – erwartet werden, dass sie das Individualbeschwerdeverfahren als Rechtsschutzmöglichkeit kennen und nötigenfalls durch Arbeit am Text der EMRK die Erfolgsaussichten einer Individualbeschwerde in Grundzügen prüfen können[7]. Detailkenntnisse einschließlich der Rspr. des EGMR zu den einzelnen Normen der Konvention können im Pflichtstoff allerdings kaum erwartet werden, soweit sie nicht zum Pflichtstoff einzelner deutscher Grundrechte bzw. Rechtsinstitute gehören[8] (z.B. die ***Caroline***-Entscheidungen des EGMR zum Allgemeinen Persönlichkeitsrecht bzw. Gewährleistungsinhalte der Art. 3 und 6 EMRK im Strafprozessrecht).

§ 9 Zulässigkeit einer Individualbeschwerde zum EGMR

Die **Individualbeschwerde** bildet in der seit 1998 existierenden Form einen international vorbildhaften Durchsetzungsmechanismus, in dem Individuen auf internationaler Ebene eine Verletzung ihrer Rechte durch ihren eigenen Staat im Rahmen eines justizförmigen Verfahrens geltend machen können. Die Individualbeschwerde stellt damit einen der Verfassungsbeschwerde nach Art. 93 I Nr. 4a GG strukturell vergleichbaren außerordentlichen Rechtsbehelf dar. Die Zulässigkeitsvoraussetzungen ähneln dementsprechend denen der Verfassungsbeschwerde[1]. Eine etwaige Unzulässigkeit kann bereits von einem Einzelrichter oder von einem aus drei Richtern bestehenden Ausschuss endgültig ausgesprochen werden (Art. 26 I, 27, 28 EMRK). 311

Die Individualbeschwerde hat **keine aufschiebende Wirkung**. Gemäß Art. 39 seiner Verfahrensordnung kann der EGMR jedoch einstweilige Anordnungen erlassen, die nach der Rspr. des EGMR für die Konventionsstaaten verbindlich sind[2]. 312

Der EGMR ist für die Beschwerde des B **(Fall 20)** als Individualbeschwerde nach Art. 32 I i.V.m. Art. 34 EMRK zuständig. 312a

I. Beschwerdegegenstand

Tauglicher Beschwerdegegenstand ist **jede Konventionsverletzung** durch einen Mitgliedstaat. Dabei kommen sowohl aktives Tun des Mitgliedstaats als auch staatliches Unterlassen in Betracht, soweit den Staat eine Schutzpflicht hinsichtlich der Konventionsrechte trifft. 313

7 Vgl. z.B. *Schiedermair*, Gewaltandrohung im Verhör, JuS 2010, S. 993 ff. und *Stephan/Yamato*, Kündigung wegen Whistleblowing, JuS 2012, S. 821 ff. mit vollständigen Individualbeschwerden.

8 Exemplarisch *Braasch*, Einführung in die Europäische Menschenrechtskonvention, JuS 2013, S. 602 ff. (605 ff.).

1 Ein ausführliches Prüfungsschema findet sich bei *Peters/Altwicker*, Europäische Menschenrechtskonvention, 2. Aufl. 2012, S. 298 ff.

2 Vgl. hierzu *Oellers-Frahm*, Verbindlichkeit einstweiliger Maßnahmen: Der EGMR vollzieht – endlich – die erforderliche Wende in seiner Rechtsprechung, EuGRZ 2003, S. 689 ff.

314 Kein tauglicher Beschwerdegegenstand sind **Hoheitsakte der Union**, da diese bislang keine Vertragspartei der EMRK ist. Die Union ist daher selbst nicht unmittelbar an die EMRK gebunden (zur mittelbaren Bindung über Art. 6 III EUV und die GRC vgl. oben Rn. 257 ff.). Die Mitgliedstaaten der EMRK können sich aber auch durch den Beitritt zu Internationalen Organisationen nicht von ihren Verpflichtungen nach der EMRK freizeichnen. Ihre Verantwortung für die Einhaltung der Konvention besteht ungeachtet des Beitritts zur EU fort. So stellen insbesondere Hoheitsakte der Mitgliedstaaten beim Vollzug des Unionsrechts einen geeigneten Beschwerdegegenstand nach Art. 34 EMRK dar. Die Verpflichtung zum Vollzug des Unionsrechts wird vom EGMR aber als **Rechtfertigungsgrund** für Eingriffe in Konventionsrechte angesehen, wobei er sich ein Letztkontrollrecht jedoch vorbehält[3].

314a In **Fall 20** kann B sich gegen die Kündigung durch die Eisenbahngesellschaft (staatlich) sowie die Bestätigung der Kündigung durch die staatlichen Gerichte als Beschwerdegegenstand wenden.

II. Partei- und Prozessfähigkeit des Beschwerdeführers

315 **Parteifähig** sind nach Art. 34 EMRK natürliche Personen, nichtstaatliche Organisationen und Personengruppen. Die **Staatsangehörigkeit** spielt bei natürlichen Personen keine Rolle, d.h. auch Drittstaatenangehörige können sich gegenüber den Konventionsstaaten auf die Rechte aus der EMRK berufen. Voraussetzung ist allerdings, dass sie der Hoheitsgewalt eines Mitgliedstaats der EMRK unterstehen (vgl. dazu unten Rn. 327). Unter die nichtstaatlichen Organisationen fallen nicht nur juristische Personen, sondern auch sonstige nichtrechtsfähige Personenmehrheiten. Maßgeblich ist allein, dass ein Konventionsrecht seinem Wesen nach auf die Personenmehrheit anwendbar ist. Juristische Personen des öffentlichen Rechts sind nur insoweit parteifähig, als sie nicht als „staatliche Organisationen" handeln, d.h. Aufgaben der öffentlichen Verwaltung wahrnehmen. Dies entspricht im Wesentlichen der Rspr. des BVerfG zur Grundrechtsträgereigenschaft juristischer Personen des öffentlichen Rechts nach Art. 19 III GG[4].

316 Die **Prozessfähigkeit** ist weder in der EMRK noch in der Verfahrensordnung des EGMR besonderen Anforderungen unterworfen. Entscheidend ist daher allein, dass die **Fähigkeit zur Vornahme von Verfahrenshandlungen** faktisch vorliegt. Bei Minderjährigen und Geschäftsunfähigen wird daher regelmäßig ein sorgeberechtigter Vertreter die Prozesshandlungen vornehmen, was zulässig ist. Anwaltszwang besteht vor dem EGMR nicht, eine Vertretung kann jedoch gemäß Art. 36 II, IV der Verfahrensordnung angeordnet werden[5].

316a Bedenken hinsichtlich der Partei- und Prozessfähigkeit des B bestehen in **Fall 20** nicht. Seine US-amerikanische Staatsangehörigkeit ist hierfür irrelevant.

---

3 EGMR, NJW 2006, S. 197 ff.
4 S. dazu *Hufen*, Staatsrecht II, 9. Aufl. 2021, § 6 Rn. 38 ff.
5 Eingehend zur Partei- und Prozessfähigkeit *Grabenwarter/Pabel*, Europäische Menschenrechtskonvention, 7. Aufl. 2021, § 13 Rn. 6 ff.

III. Beschwerdebefugnis/Opfereigenschaft des Beschwerdeführers

Die Individualbeschwerde ist nach Art. 34 EMRK nur zulässig, soweit der Beschwerdeführer behauptet, in einem seiner Konventionsrechte verletzt zu sein. Daraus folgt, dass er selbst Opfer der behaupteten Verletzung, also durch sie **betroffen und beschwert** sein muss. Wie auch im Rahmen der Verfassungsbeschwerde genügt es hierfür, wenn der Beschwerdeführer substantiiert und schlüssig vorträgt, durch den Beschwerdegegenstand **selbst, unmittelbar**[6] **und gegenwärtig** in seinen Rechten aus der EMRK verletzt zu sein. Ist die Beschwerde offensichtlich unbegründet, d.h. erscheint die behauptete Konventionsverletzung unter keinem Gesichtspunkt zumindest als möglich, weist der EGMR die Beschwerde nach Art. 35 III EMRK als unzulässig zurück. 317

B ist in **Fall 20** durch die Urteile, die seine Kündigung bestätigen, selbst, unmittelbar und auch gegenwärtig betroffen. Vorliegend kommt eine Verletzung in Art. 8 I EMRK (Recht auf Privatsphäre) in Betracht, weil der Kündigung eine Durchsuchung privater Dateien auf dem dienstlichen Computer des B zu Grunde lag. 317a

IV. Rechtswegerschöpfung

Die Individualbeschwerde ist nach Art. 35 I EMRK nur zulässig, wenn zuvor der **innerstaatliche Rechtsweg** ausgeschöpft wurde *(local remedies rule)*. Hierdurch wird dem Konventionsstaat die Möglichkeit gegeben, den behaupteten Verstoß selbst zu heilen, und zugleich wird der EGMR verfahrensmäßig entlastet. Ausnahmen vom Erfordernis der Rechtswegerschöpfung gelten in Fällen, in denen der innerstaatliche Rechtsweg von vornherein völlig aussichtslos oder unzugänglich ist oder ein Rechtsbehelf sich nicht eignet, das angestrebte Rechtsschutzziel zu erreichen. Zum Rechtsweg in diesem Sinne gehört in Deutschland grundsätzlich auch die **Verfassungsbeschwerde** nach Art. 93 I Nr. 4a GG[7]. 318

B hat in **Fall 20** den Rechtsweg erschöpft. 318a

V. Form und Frist

Die Beschwerde ist schriftlich (Art. 45 ff. Verfahrensordnung des EGMR) und (seit Inkrafttreten des 15. Zusatzprotokolls[8]) binnen vier Monaten (Art. 35 I EMRK) nach der endgültigen innerstaatlichen Entscheidung zu erheben. 319

Von der Wahrung der Frist- und Formerfordernisse kann in **Fall 20** ausgegangen werden. 319a

6 Zur Möglichkeit einer mittelbaren Betroffenheit vgl. *Grabenwarter/Pabel*, Europäische Menschenrechtskonvention, 7. Aufl. 2021, § 13 Rn. 20.
7 Eingehend *Grabenwarter/Pabel*, Europäische Menschenrechtskonvention, 7. Aufl. 2021, § 13 Rn. 24 ff.
8 S. Art. 4 des 15. Zusatzprotokolls, BGBl. 2014 II, S. 1034; vgl. hierzu die intertemporale Regelung in Art. 8 III des Protokolls.

VI. Sonstige Zulässigkeitsvoraussetzungen

320 Art. 35 II, III EMRK enthalten weitere Unzulässigkeitsgründe, die sich aus der Lektüre der Vorschriften unmittelbar ergeben bzw. deren inhaltliche Bedeutung im Pflichtstoff keinesfalls gekannt zu werden braucht. Seit 2012 kann der EGMR eine Beschwerde gemäß Art. 35 III lit. b) EMRK auch dann für unzulässig erklären, wenn dem Beschwerdeführer kein erheblicher Nachteil entstanden ist, die Wahrung der Menschenrechte keine Prüfung der Beschwerde erfordert und sich bereits mindestens ein innerstaatliches Gericht mit dem Gegenstand der Beschwerde befasst hat.

320a Für das Vorliegen der Unzulässigkeitsgründe der Art. 35 II, III EMRK ist in **Fall 20** nichts ersichtlich.

§ 10 Begründetheit einer Individualbeschwerde

321 Die Individualbeschwerde ist begründet, wenn die vom Beschwerdeführer behauptete Verletzung eines oder mehrerer Konventionsrechte tatsächlich vorliegt. Bei der **Begründetheitsprüfung** durch den EGMR gilt es, einige Besonderheiten zu beachten, die sich aus der Funktion der EMRK als internationalem Grundrechtsmindeststandard ergeben. Die Struktur der Prüfung unterscheidet sich zwar je nach betroffenem Konventionsrecht; im Grundsatz kann aber zumindest bei den Freiheitsrechten nach dem von deutschen Grundrechten bekannten Dreischritt – Schutzbereich, Eingriff und Rechtfertigung – vorgegangen werden[1].

I. Allgemeine Auslegungsgrundsätze

322 Wie das BVerfG sieht sich auch der EGMR nicht als **Superrevisionsgericht** und unterzieht daher die Anwendung des nationalen Rechts ebenso wie die Sachverhaltsfeststellung durch nationale Behörden und Gerichte regelmäßig keiner Prüfung, sondern allenfalls – wo die EMRK ausdrücklich auf das nationale Recht verweist – einer **Willkürkontrolle**[2]. Überdies lässt der EGMR gegenüber den Mitgliedstaaten eine gewisse **richterliche Zurückhaltung** walten und gewährt den nationalen Behörden ausdrücklich einen **Beurteilungs- und Einschätzungsspielraum *(margin of appreciation)*** im Hinblick auf die Rechtfertigung von Grundrechtseingriffen[3].

323 Als völkerrechtlicher Vertrag unterliegt die EMRK den **allgemeinen Auslegungsregeln des Völkerrechts**, wie sie sich aus den Art. 31 bis 33 der WVRK ergeben. Dies führt insbesondere dazu, dass für die Auslegung der EMRK allein die englische und die französische Fassung maßgeblich sind (Art. 33 I WVRK, Schlussklausel EMRK). Für die Prüfungspraxis ist dies allerdings selbstverständlich irrelevant. Maßgeblich für die Fallbear-

1 Vgl. auch die Schemata bei *Peters/Altwicker*, Europäische Menschenrechtskonvention, 2. Aufl. 2012, S. 297 ff.

2 *Peters/Altwicker*, Europäische Menschenrechtskonvention, 2. Aufl. 2012, § 2 Rn. 7.

3 *Peters/Altwicker*, Europäische Menschenrechtskonvention, 2. Aufl. 2012, § 3 Rn. 18.

beitung ist insoweit der in den zugelassenen Hilfsmitteln abgedruckte deutsche Text der Konvention[4].

Die EMRK wird – wie das Unionsrecht – grundsätzlich **autonom ausgelegt**, d.h. die Er- 324
mittlung der Begriffsinhalte erfolgt unter Rückgriff auf die Rechtsordnungen der Mitgliedstaaten der Konvention im Wege eines **wertenden Rechtsvergleichs**. Die Konvention verweist durch die Verwendung bestimmter Begriffe jedoch nicht auf deren jeweilige Inhalte in den Rechtsordnungen der Mitgliedstaaten in dem Sinne, dass die Konventionsrechte je nach Mitgliedstaat einen – von der nationalen Rechtsordnung abhängigen – unterschiedlichen Gehalt hätten.

Im Vordergrund steht – vergleichbar mit der Methode des EuGH – die **teleologische** 325
Auslegung der EMRK, d.h. die Sicherstellung und Fortentwicklung eines möglichst effektiven Grund- und Menschenrechtsschutzes. Der EGMR sieht die EMRK als *„living instrument"*. Die Konvention ist daher **dynamisch** (bzw. evolutiv) im Lichte des jeweiligen zeitlichen Kontexts auszulegen. Dies kann, z.B. im Zusammenhang mit dem Wandel der Sexualmoral in den vergangenen Jahrzehnten, durchaus Bedeutung erlangen (etwa in Fragen der Abtreibung, der Homosexualität oder der Transsexualität). Insoweit bestehen in der Sache allerdings kaum Unterschiede zur Auslegung vergleichbarer nationaler Rechtsnormen[5].

II. Anwendbarkeit der EMRK

Besondere Bedeutung hat – im Unterschied zu nationalen Grundrechten – die Prüfung 326
der **Anwendbarkeit der EMRK** auf den in der Beschwerde vorgetragenen Sachverhalt. Diese ist regelmäßig zeitlich beschränkt und erfasst Sachverhalte vor Inkrafttreten der EMRK für den Mitgliedstaat nicht. Überdies können die Mitgliedstaaten nach Art. 57 EMRK bezüglich der meisten (nicht aller) Konventionsrechte spezifische Vorbehalte erklären, die z.B. die Überprüfung bestimmter innerstaatlicher Rechtsvorschriften einer Kontrolle des EGMR entziehen. Zahlreiche EMRK-Rechte sind zudem lediglich in Zusatzprotokollen zur EMRK niedergelegt. Ein EMRK-Vertragsstaat ist an diese Rechte nur gebunden, wenn er das jeweilige Zusatzprotokoll ebenfalls ratifiziert hat[6].

Wichtig für die Frage der Anwendbarkeit ist darüber hinaus **Art. 1 EMRK**. Danach si- 327
chern die Mitgliedstaaten die Beachtung der Konventionsrechte nur „allen ihrer **Hoheitsgewalt** unterstehenden Personen" zu. Darunter fallen zunächst einmal alle diejenigen, die sich im **Hoheitsgebiet** des jeweiligen Staates aufhalten. Darüber hinaus findet die EMRK auch dann Anwendung, wenn ein Staat außerhalb seines Staatsgebiets (z.B. im Rahmen einer militärischen Besetzung) effektive Kontrolle über ein Gebiet ausübt[7]. Dazu genügt eine bloße Bombardierung durch Kampfflugzeuge allerdings nicht, wie der EGMR für den Fall der NATO-Luftangriffe auf Jugoslawien in der Entscheidung ***Bankovi*ć** festgestellt hat[8].

4 Z.B. NomosTexte Europarecht, 26. Aufl. 2020, Nr. 30.
5 Vertiefend zur Auslegung der EMRK *Ehlers*, in: ders. (Hrsg.), Europäische Grundrechte und Grundfreiheiten, 4. Aufl. 2015, § 2 Rn. 41; *Grabenwarter/Pabel*, Europäische Menschenrechtskonvention, 7. Aufl. 2021, § 5.
6 *Ehlers*, in: ders. (Hrsg.), Europäische Grundrechte und Grundfreiheiten, 4. Aufl. 2015, § 2 Rn. 68.
7 S. jüngst EGMR, Beschwerde Nr. 38263/08, Georgien/Russland, BeckRS 2021, 389 – m. Anm. *Payandeh*, JuS 2022, S. 372 ff.
8 EuGRZ 2002, S. 133 ff.

327a Im **Fall 20** ist B als Bewohner der Jurisdiktion Frankreichs ohne Zweifel unterworfen. Art. 8 EMRK ist auf den Sachverhalt auch zeitlich anwendbar und spezifische Vorbehalte hat Frankreich hinsichtlich der Anwendung des Art. 8 EMRK nicht erklärt.

III. Schutzbereich der Konventionsrechte

1. Sachlicher Schutzbereich

328 Der sachliche Schutzbereich der Konventionsrechte ist aus den jeweils einschlägigen Normen der EMRK sowie – wichtig! – ihren (ratifizierten) Zusatzprotokollen zu ermitteln. So ist z.B. das Eigentumsrecht nach Art. 1 des 1. Zusatzprotokolls geschützt. Von den im GG gewährleisteten Grundrechten genießen die Berufsfreiheit, das Erbrecht und das Asylrecht keinen unmittelbaren Schutz nach der Konvention. Die freie Entfaltung der Persönlichkeit und auch Aspekte der Berufsfreiheit sind als Teil der Achtung des Privatlebens nach Art. 8 EMRK geschützt. Besonders wichtig ist das Recht auf ein faires Verfahren nach Art. 6 EMRK, welches insbesondere das Straf- und Strafprozessrecht erheblich beeinflusst.

328a In **Fall 20** kommt eine Berührung des Schutzbereichs des Art. 8 I EMRK in Betracht („Achtung des Privatlebens [...] und [...] Korrespondenz"). Der Begriff des Privatlebens ist nach dem EGMR grundsätzlich weit zu fassen und kann auch Teile des beruflichen Lebens umfassen. Der Begriff der Korrespondenz ist dynamisch auszulegen; Emails sind davon regelmäßig umfasst. Somit unterfallen auch auf einem Dienstrechner gespeicherte private Emails grundsätzlich dem sachlichen Schutzbereich des Art. 8 I EMRK.

2. Persönlicher Schutzbereich

329 Nach Art. 34 EMRK können Individualbeschwerden von natürlichen und juristischen Personen, Personengruppen und sonstigen Personenvereinigungen erhoben werden. Dementsprechend weit ist abstrakt-generell der mögliche persönliche Schutzbereich der Konventionsrechte. Auch gibt es keine allgemeine Beschränkung des Schutzbereichs nach der Staatsangehörigkeit (vgl. aber Art. 16 EMRK). Allerdings sind einige der Rechte ihrem Inhalt nach z.B. nur auf natürliche Personen oder Personen einer bestimmten Staatsangehörigkeit anwendbar[9].

329a Art. 8 I EMRK schützt „[j]ede Person". Darunter fällt in **Fall 20** jedenfalls auch B als natürliche Person ungeachtet seiner US-amerikanischen Staatsangehörigkeit.

IV. Eingriff

330 Anders als für die Grundrechte des GG existiert im Bereich der EMRK keine ausgefeilte Eingriffsdogmatik, die zwischen verschiedenen Arten von Eingriffen unterscheiden würde. Stattdessen legt der EGMR regelmäßig einen relativ **weiten Eingriffsbegriff** zugrunde, wonach jegliche Beeinträchtigung oder Belastung des Grundrechtsberechtigten inner-

9 Vgl. *Ehlers*, Die Europäische Menschenrechtskonvention, JURA 2000, S. 372 ff. (375).

halb des Schutzbereichs einen Eingriff darstellt. Die Beeinträchtigung muss allerdings eine gewisse Schwere aufweisen, d.h. sie darf sich nicht als bloße Bagatelle darstellen (s. nun auch Art. 35 III lit. b) EMRK). Der Eingriff muss dem Staat zuzurechnen sein. Hierfür genügt bereits eine qualifizierte Mitwirkung staatlicher Organe an der Beeinträchtigung[10]. Auch bloßes Unterlassen staatlicher Organe kann bei einer aus dem Grundrecht abzuleitenden Schutzpflicht einen Eingriff darstellen.

Die Durchsuchung der privaten Emails des B in **Fall 20** verkürzt den Gewährleistungsgehalt des Art. 8 I EMRK jedenfalls insoweit, als auf die hierbei gefundenen Dateien die Kündigung des Arbeitsverhältnisses gestützt wurde und diese wiederum von staatlichen Gerichten bestätigt wurde. Ein Eingriff liegt damit vor. **330a**

V. Rechtfertigung

Erweist sich das einem Konventionsstaat zurechenbare Verhalten als Eingriff in eines der **331** von der EMRK geschützten Rechte des Beschwerdeführers, so bedarf dieser Eingriff der Rechtfertigung. Zunächst kommt eine Rechtfertigung nach den **allgemeinen Schranken** der Art. 15 bis 17 EMRK in Betracht (lesen!).

Wichtiger sind jedoch die in den einzelnen Konventionsvorschriften vorgesehenen und **332** daher auch nur auf sie anwendbaren **speziellen Schrankenregelungen**. Deren Prüfung erfolgt stets nach einem dreistufigen Schema: (1) gesetzliche Grundlage für den Eingriff; (2) legitimes Ziel der Maßnahme; (3) Verhältnismäßigkeit. Als **gesetzliche Grundlage** genügt regelmäßig ein Gesetz im materiellen Sinn, sofern dieses hinreichend bestimmt und dem Bürger ausreichend zugänglich ist. Auch Gewohnheitsrecht und Richterrecht können im Einzelfall eine hinreichende „gesetzliche" Grundlage sein, z.B. wenn die Rechtsordnung des jeweiligen Konventionsstaats stark richterrechtlich geprägt ist. Die **zulässigen Ziele**, denen ein Eingriff dienen kann, sind in den jeweiligen Normen abschließend aufgezählt (vgl. Art. 18 EMRK). Die Prüfung der Verhältnismäßigkeit folgt aus der in den Schrankenbestimmungen zu findenden Formulierung „in einer demokratischen Gesellschaft notwendig". Der EGMR spricht mitunter auch von einem „dringenden sozialen Bedürfnis" als Voraussetzung der Verhältnismäßigkeit des Eingriffs und prüft in diesem Rahmen dann – wie auch das BVerfG – die **Geeignetheit**, **Erforderlichkeit** und auch – anders als zumeist der EuGH – die **Angemessenheit** des Eingriffs im Verhältnis zum Ziel der Maßnahme.

Scheitert die Rechtfertigung oder ist das Konventionsrecht, in das eingegriffen wurde, **333** vorbehaltlos gewährleistet, liegt ein Verstoß gegen die EMRK vor.

Eingriffe in den Schutzbereich des Art. 8 I EMRK können gemäß Art. 8 II EMRK gerechtfertigt **333a** werden. Danach muss der Eingriff gesetzlich vorgesehen sein sowie in einer demokratischen Gesellschaft für die dort genannten Ziele auch notwendig. Das französische Recht sieht in **Fall 20** eine Befugnis des Arbeitgebers zur Durchsuchung beruflicher Dateien auf dienstlichen Computern vor. Grundsätzlich durfte der Arbeitgeber vorliegend in Ermangelung einer gegenteiligen Kennzeichnung davon ausgehen, dass es sich bei den auf Bs Rechner gespeicherten Dateien und Emails um berufliche handelte. Die Durchsuchungsmöglichkeit des Arbeitgebers

10 Vgl. *Ehlers*, Die Europäische Menschenrechtskonvention, JURA 2000, S. 372 ff. (379); *Grabenwarter/Pabel*, Europäische Menschenrechtskonvention, 7. Aufl. 2021, § 18 Rn. 6.

dient dem legitimen Ziel, seine Interessen an der vertrags- und gesetzeskonformen Nutzung dienstlicher Computer zu wahren. Unter Berücksichtigung des Beurteilungsspielraums, der den Vertragsstaaten bei Eingriffen in die EMRK zukommt, stellt sich die französische Regelung auch nicht als unverhältnismäßig dar. Gleich wirksame und weniger eingriffsintensive Mittel zur Wahrung der berechtigten Arbeitgeberinteressen sind nicht ersichtlich. Angesichts der Umstände (Speicherung der Dateien auf einem beruflichen Computer, fehlende eindeutige Kennzeichnung als privat) war die Anwendung der französischen Vorschriften im konkreten Fall auch nicht unangemessen.

VI. Urteilsfolgen

334 Im Verfahren der Individualbeschwerde erlässt der EGMR gemäß Art. 41 EMRK grundsätzlich ein **Feststellungsurteil**, das auf eine zulässige Beschwerde hin im Tenor eine Verletzung des Beschwerdeführers in einzelnen Konventionsrechten ausspricht oder verneint. In Einzelfällen ordnet der Gerichtshof konkrete Umsetzungsmaßnahmen an oder verpflichtet den Konventionsstaat dazu, systemische Defizite in seinem Menschenrechtsschutz zu beseitigen (sog. **Piloturteilsverfahren**). Insbesondere letztere Entwicklung ist dem Vorwurf ausgesetzt, die Kompetenzgrenze richterrechtlich gebotener Rechtsfortbildung überschritten zu haben[11]. Auf das Piloturteil im Fall ***Rumpf***, in dem der EGMR überlange Verfahrensdauern als Strukturproblem der deutschen Gerichtsbarkeit ausmachte[12], reagierte der deutsche Gesetzgeber, indem er Rechtsschutz gegen überlange Verfahrensdauern und Entschädigungsmöglichkeiten für Betroffene einführte.

335 Darüber hinaus kann der EGMR eine **Geldentschädigung** nach Art. 41 EMRK zusprechen, soweit das Recht des verurteilten Staats eine vollständige Wiedergutmachung der Konventionsverletzung nicht zulässt. Die endgültigen Urteile des EGMR (vgl. Art. 42, 44 EMRK) sind für die Konventionsstaaten verbindlich, Art. 46 I EMRK. Ihre Durchführung wird vom **Ministerkomitee** des Europarats überwacht, Art. 46 II EMRK, Art. 13 ff. Europaratssatzung. Soweit der EGMR eine Verletzung der Konvention durch ein nationales Gericht feststellt, bleibt die **Rechtskraft** dieser Entscheidung von dem Ausspruch der Konventionsverletzung grundsätzlich unberührt. Inwieweit ein Konventionsverstoß zur Wiederaufnahme von Verfahren verpflichtet, ergibt sich aus der Rspr. des EGMR nicht eindeutig[13]. Nach § 359 Nr. 6 StPO stellt die Feststellung der Konventionsverletzung durch den EGMR einen Wiederaufnahmegrund für das Strafverfahren dar. Die deutschen Gerichte sind überdies verpflichtet, die Entscheidung des EGMR so weit wie möglich zu beachten, wenn sie über den Sachverhalt auch ohne eine ausdrückliche Wiederaufnahme erneut zu entscheiden haben[14].

11 *Peters/Altwicker*, Europäische Menschenrechtskonvention, 2. Aufl. 2012, § 37 Rn. 8–13.

12 EGMR, Urteil v. 2.9.2010, Rumpf gg. Deutschland, Nr. 46344/06.

13 *Herdegen*, Europarecht, 23. Aufl. 2022, § 3 Rn. 20 ff.

14 Vgl. vertiefend zu den Urteilsfolgen *Grabenwarter/Pabel*, Europäische Menschenrechtskonvention, 7. Aufl. 2021, § 16; *Haug*, Die Pflicht deutscher Gerichte zur Berücksichtigung des EGMR, NJW 2018, S. 2674 ff.

Teil 5

Übungsfragen

Die Randnummernangaben verweisen zur Selbstkontrolle auf die einschlägigen Textpassagen des Buchs.

1. Was versteht man unter der „Völkerrechtsfreundlichkeit“ des GG und aus welchen Normen des GG lässt sich diese ableiten? **Rn. 12**
2. Was kennzeichnet einen Staat? Auf wen geht diese Lehre zurück? **Rn. 14**
3. Seit wann verfügt die Bundesrepublik Deutschland wieder über die volle völkerrechtliche Souveränität? **Rn. 15**
4. Aus welchen Rechtsquellen speist sich das Völkerrecht? Woraus ergibt sich das? **Rn. 18**
5. Was versteht man unter „Europarecht“? **Rn. 20**
6. Welche terminologischen Änderungen brachte der VvL mit sich? **Rn. 20**
7. Was ist der Unterschied zwischen primärem und sekundärem Unionsrecht? **Rn. 21 ff.**
8. Welche Handlungsformen/Rechtsakte gehören zum Unionssekundärrecht? **Rn. 22**
9. Was ist der Unterschied zwischen einer EU-Verordnung und einer EU-Richtlinie? **Rn. 23 f.**
10. Welche Theorien beschreiben das Verhältnis zwischen Völkerrecht und nationalem Recht? **Rn. 27**
11. Wie unterscheiden sich diese Theorien inhaltlich? **Rn. 27**
12. Auf welche verschiedenen Arten lässt sich Völkerrecht in das nationale Recht einführen? **Rn. 28**
13. Wie versteht das BVerfG das Verhältnis zwischen Völkerrecht und deutschem Recht? **Rn. 29**
14. Was ist der Unterschied zwischen Geltung und Anwendbarkeit einer Rechtsnorm? **Rn. 30**
15. Was ist der Geltungsgrund völkerrechtlicher Verträge in der deutschen Rechtsordnung? **Rn. 32**
16. Unter welchen Voraussetzungen sind völkerrechtliche Verträge unmittelbar anwendbar? **Rn. 33**
17. Nach welcher Norm gelten allgemeine Regeln des Völkerrechts als Teil des Bundesrechts? Welche völkerrechtlichen Rechtsquellen fallen darunter? **Rn. 35**
18. In welchem Verfahren kann das BVerfG die Frage beantworten, ob eine allgemeine Regel des Völkerrechts Bestandteil des Bundesrechts ist? **Rn. 37**
19. Wie begründet der EuGH die unmittelbare Wirkung des Unionsrechts? **Rn. 39 ff.**
20. Auf welcher Grundlage gelten EU-Verordnungen unmittelbar in den Rechtsordnungen der Mitgliedstaaten? **Rn. 43 f.**
21. Unter welchen Voraussetzungen haben auch EU-Richtlinien unmittelbare Wirkung? **Rn. 45 ff.**
22. In welchen Rechtsbeziehungen ist eine unmittelbare Wirkung von Richtlinien problematisch? **Rn. 48 ff.**
23. Welchen Rang genießen völkerrechtliche Verträge im deutschen Recht? **Rn. 55**
24. Darf der deutsche Gesetzgeber völkerrechtliche Verträge der Bundesrepublik Deutschland bewusst nicht beachten? **Rn. 56**
25. Welchen Rang genießt die EMRK? **Rn. 58 ff.**
26. Welchen Rang genießen allgemeine Regeln des Völkerrechts? **Rn. 63**

27. Wie begründet der EuGH den Vorrang des Unionsrechts? **Rn. 65 f.**
28. Warum akzeptiert das BVerfG diese Rspr. des EuGH? **Rn. 68 ff.**
29. Welche Arten der europarechtskonformen Auslegung kann man unterscheiden? **Rn. 72 ff.**
30. Sind die Gerichte der Mitgliedstaaten auch zu einer richtlinienkonformen Rechtsfortbildung verpflichtet? **Rn. 74**
31. Worauf beruht der unionsrechtliche Staatshaftungsanspruch? **Rn. 81 ff.**
32. Umfasst er auch eine Haftung für rechtswidriges Verhalten der Legislative und Judikative? **Rn. 82 f.**
33. Unter welchen Voraussetzungen haften die Mitgliedstaaten für Verstöße gegen das Unionsrecht? **Rn. 84**
34. Nach welchen Kriterien beurteilt sich, ob ein Verstoß gegen das Unionsrecht „hinreichend qualifiziert" ist? **Rn. 87 f.**
35. In welchem Verfahren können nationale Gerichte Fragen zur Auslegung und Gültigkeit des Unionsrechts dem EuGH vorlegen? **Rn. 94 ff.**
36. Welche Gerichte sind zu einer solchen Vorlage berechtigt? **Rn. 97 f.**
37. Wann ist eine Vorlagefrage „entscheidungserheblich"? **Rn. 100**
38. Welche Gerichte sind zu einer Vorlage verpflichtet? **Rn. 102 ff.**
39. Dürfen die mitgliedstaatlichen Gerichte in einem Verfahren von der Ungültigkeit einer Vorschrift des Unionssekundärrechts ausgehen? **Rn. 104**
40. Was versteht man unter einer Inzidentrüge? **Rn. 105**
41. Welche Rechtsschutzmöglichkeit besteht, wenn ein letztinstanzliches Gericht gegen seine Vorlagepflicht verstoßen hat? **Rn. 108**
42. Durch wen wird das Unionsrecht im Regelfall vollzogen? **Rn. 110**
43. Welche beiden unionsrechtlichen Grundsätze gelten für die Anwendung nationaler Verfahrensvorschriften beim Vollzug von Unionsrecht? **Rn. 110 ff.**
44. Was beinhalten diese Grundsätze? **Rn. 112 ff.**
45. Was müssen nationale Behörden tun, bevor sie eine Beihilfe an ein Unternehmen auszahlen? **Rn. 122**
46. Als was ist Art. 108 III AEUV nach deutschem Recht zu qualifizieren? **Rn. 123**
47. Inwiefern wird die Anwendung des § 48 VwVfG auf die Rückforderung von unionsrechtswidrigen Beihilfen durch das Unionsrecht modifiziert? Auf welchem Rechtsgrundsatz beruht diese Modifikation? **Rn. 125 ff.**
48. Unter welchen Voraussetzungen hat ein Einzelner einen Anspruch auf erneute Überprüfung und ggf. Rücknahme eines bestandskräftigen, belastenden Verwaltungsakts? **Rn. 132 ff.**
49. Inwieweit beeinflusst das Unionsrecht die Anordnung der sofortigen Vollziehbarkeit durch deutsche Behörden? **Rn. 137**
50. Unter welchen Voraussetzungen können deutsche Gerichte einstweiligen Rechtsschutz gegen Verwaltungsakte gewähren, durch die eine EU-Verordnung vollzogen wird? **Rn. 139 f.**
51. Welche Funktion haben die Grundfreiheiten des Unionsrechts? **Rn. 146**
52. Welche zwei Grundformen von Eingriffen in die Grundfreiheiten kann man unterscheiden? **Rn. 154 ff.**
53. Bestehen neben den geschriebenen auch ungeschriebene Rechtfertigungsgründe? **Rn. 158 f.**
54. Können die Grundrechte des Unionsrechts Eingriffe in die Grundfreiheiten rechtfertigen? **Rn. 160**
55. Was besagt die *Dassonville*-Formel? **Rn. 167**

56. Zwischen welchen Arten von Vorschriften muss man nach der *Keck*-Rspr. unterscheiden? Welche von beiden stellt stets einen Eingriff in die Warenverkehrsfreiheit dar? **Rn. 168**
57. Nach welchen Kriterien bestimmt sich die Arbeitnehmereigenschaft im Unionsrecht? **Rn. 173 f.**
58. Können auch tarifvertragliche Regelungen gegen die Arbeitnehmerfreizügigkeit verstoßen? **Rn. 179**
59. Ist die „Sitztheorie" mit dem Unionsrecht vereinbar? **Rn. 184**
60. Wie grenzt man die Dienstleistungsfreiheit von der Niederlassungsfreiheit ab? **Rn. 190**
61. Welche Arten der grenzüberschreitenden Dienstleistungserbringung kann man unterscheiden? **Rn. 192**
62. Welche Rechte umfasst die Unionsbürgerschaft? **Rn. 202 ff.**
63. Welche Verfahren vor dem EuGH gibt es? **Rn. 207**
64. Wer ist für Nichtigkeitsklagen von natürlichen Personen gegen Rechtsakte der EU-Organe zuständig? **Rn. 213**
65. Was besagt die sog. *Plaumann*-Formel? **Rn. 228**
66. Welche Änderung betreffend die Klagebefugnis natürlicher und juristischer Personen bewirkte der VvL? **Rn. 231**
67. Welche Grundsätze gelten für die Kompetenzverteilung zwischen der EU und ihren Mitgliedstaaten? **Rn. 237, 241**
68. Unter welchen Voraussetzungen kann die EU, gestützt auf Art. 114 I AEUV, auch Maßnahmen zum Schutz der Gesundheit von Menschen erlassen? **Rn. 239**
69. Nach welchem Verfahren werden EU-Sekundärrechtsakte regelmäßig erlassen? **Rn. 249**
70. Ist EU-Sekundärrecht auch an den Grundfreiheiten zu messen? **Rn. 254 f.**
71. Ist die EU-Grundrechtecharta rechtsverbindlich? **Rn. 257**
72. In welchen Fällen sind die EU-Mitgliedstaaten an die EU-Grundrechtecharta gebunden? **Rn. 258**
73. Aus welcher Rechtsquelle leitete der EuGH die Grundrechte des Unionsrechts vor dem VvL her? **Rn. 258**
74. Wie ermittelte er vor dem VvL deren Inhalt? **Rn. 259**
75. Welche Änderungen des Grundrechtsschutzes ergaben sich aus dem VvL? **Rn. 257 ff.**
76. Mit welchem Verfahren vor dem EuGH kann die Kommission einen Mitgliedstaat zur Einhaltung des Unionsrechts zwingen? **Rn. 264 ff.**
77. Wird die Klage der Kommission unzulässig, wenn der Mitgliedstaat den behaupteten Verstoß nach Ablauf der von der Kommission gesetzten Fristen, aber vor der letzten mündlichen Verhandlung vor dem EuGH abstellt? **Rn. 270 f.**
78. Welche Maßnahmen haben die Mitgliedstaaten zur Umsetzung von EU-Richtlinien zu treffen? **Rn. 274**
79. Unter welchen Voraussetzungen kontrolliert das BVerfG Unionsrechtsakte auf ihre Vereinbarkeit mit den Grundrechten? **Rn. 282 ff.**
80. Welche Maßstäbe kann das BVerfG bei einer Verfassungsbeschwerde gegen Beschwerdegegenstände, die auf unionsrechtlichen Vorgaben beruhen, heranziehen? **Rn. 285 ff.**
81. Was versteht das BVerfG unter gestaltungsoffenem Unionsrecht? **Rn. 285a**
82. Worin besteht die sog. formelle Übertragungskontrolle? **Rn. 289**

83. Auf welches grundrechtsgleiche Recht kann eine Klage gegen ein Zustimmungsgesetz zur Änderung der vertraglichen Grundlagen der EU gestützt werden? **Rn. 290**
84. Ist das Abstimmungsverhalten der Bundesregierung im Rat der EU ein tauglicher Prüfungsgegenstand im Verfahren der Verfassungsbeschwerde? **Rn. 295**
85. Welche Mitwirkungsrechte hat der Bundesrat in Angelegenheiten der EU? **Rn. 297**
86. Wer kann die durch den VvL eingeführte Subsidiaritätsklage erheben? **Rn. 298**
87. Welcher der drei Staatsgewalten ist die „auswärtige Gewalt" im Regelfall zugewiesen? **Rn. 299**
88. Wie sind die Kompetenzen zum Abschluss völkerrechtlicher Verträge zwischen Bund und Ländern verteilt? **Rn. 300 ff.**
89. Was ist Gegenstand des Lindauer Abkommens? **Rn. 302**
90. Hat der Bundestag ein Mitwirkungsrecht an der authentischen Interpretation eines von der Bundesrepublik abgeschlossenen Vertrags? **Rn. 306 f.**
91. In welchem Verfahren kann ein Einzelner vor dem EGMR Rechtsschutz suchen? **Rn. 310 ff.**
92. Muss er zuvor Verfassungsbeschwerde beim BVerfG eingelegt haben, wenn er eine Verletzung seiner Rechte aus der EMRK durch die Bundesrepublik Deutschland geltend machen will? **Rn. 318**
93. Von welchen Grundsätzen lässt sich der EGMR bei der Auslegung der EMRK leiten? **Rn. 322 ff.**
94. Wie versteht der EGMR den Begriff „Hoheitsgewalt" in Art. 1 EMRK? **Rn. 327 f.**
95. Welche Grundrechte des GG genießen keinen Schutz nach der EMRK? **Rn. 328**
96. Unter welchen Voraussetzungen ist ein Eingriff in die Konventionsrechte ausnahmsweise zulässig? **Rn. 331 ff.**
97. Welche Folgen hat ein Urteil des EGMR, durch das ein Konventionsverstoß festgestellt wird? **Rn. 334**

Teil 6

Ausgewählte aktuelle Übungsklausuren

Arnold/Miller, „Demokratieförderung aus dem Ausland (un)erwünscht", ZJS 2021, S. 182 ff. (Vorabentscheidungsverfahren, Kapitalverkehrsfreiheit [mit Abgrenzung zur Niederlassungsfreiheit], Unionsgrundrechte)

Aufgabe 6 der Ersten Juristischen Staatsprüfung 2009/1 (Bayerische Examensklausur), BayVBl. 2012, S. 287 ff., S. 315 ff. (Kompetenzen der EU, Grundfreiheiten, nationale und EU-Grundrechte)

Aufgabe 6 der Ersten Juristischen Staatsprüfung 2015/2 (Bayerische Examensklausur), BayVBl. 2018, S. 610, S. 642 ff. (Kommunalabgaben, Diskriminierungsverbot)

Aufgabe 6 der Ersten Juristischen Staatsprüfung 2018/1 (Bayerische Examensklausur), BayVBl. 2021, S. 536, S. 569 ff. (Hochschulzulassung, Diskriminierungsverbot, Verwerfungskompetenz)

Behme/Jukić, „Bon appétit!", JA 2015, S. 923 ff. (Grundfreiheiten, Vorabentscheidungsverfahren)

Behme/Jukić, „Totalschaden mit Sonnenschein", JA 2015, S. 280 ff. (Grundfreiheiten [insbes. Arbeitnehmerfreizügigkeit], Vorabentscheidungsverfahren)

Beyerbach, „Ein Dorf bleibt unter sich", JA 2018, S. 121 ff. (Kommunalrecht [Rechtsaufsicht], Einheimischenmodell als Verstoß gegen Grundfreiheiten)

Brigola, „Arzneimittel aus dem Automaten – oder doch nur Schokolade?", JA 2020, S. 915 ff. (Anfechtungsklage, Warenverkehrsfreiheit)

Chatziathanasiou, „Der grenzüberschreitende Bücherwurm", JuS 2020, S. 843 ff. (Warenverkehrsfreiheit, Verfassungsbeschwerde)

von der Decken/Telschow, Des Herrn Creys Freud und Leid, JA 2019, S. 440 ff. (Examensübungsklausur, Beamtenstreikrecht nach GG und EMRK)

Denga, Referendarexamensklausur – Europarecht: Verfassungsrecht und Gesellschaftsrecht, JuS 2020, S. 247 ff. (Verfassungsbeschwerde, EuGH als gesetzlicher Richter, Niederlassungsfreiheit)

von Detten/Frenzel, Referendarexamensklausur – Öffentliches Recht: Internetglücksspiel – Rien ne va plus?, JuS 2010, S. 811 ff. (Dienstleistungsfreiheit, Deutschen-Grundrechte und Diskriminierungsverbot)

Dörr/Köber, Ärger mit dem Dosenpfand, JA 2012, S. 197 ff. (Warenverkehrsfreiheit, Staatshaftung)

Faßbender, (Original-)Referendarexamensklausur – Öffentliches Recht: Allgemeines Verwaltungsrecht und Europarecht – Subventionen für ökologische Landwirtschaft, JuS 2016, S. 538 ff. (Allgemeines Verwaltungsrecht, Subventionen, Aufhebung/ Rücknahme von VAs)

Fikentscher, „ÖR-Fortgeschrittenenklausur zum Grundrechtsschutz im Mehrebenensystem", JURA 2021, S. 718 ff. (Recht auf Vergessen I)

Glöckle/Guilliard, „Verantwortungsvolle Solidarität? – EU Verteilungsquote für Geflüchtete", JA 2019, S. 1198 ff. (Nichtigkeitsklage, Unionskompetenzen, Beschlussverfahren im Rat, institutionelles Gleichgewicht, Solidaritätsprinzip)

Grosche, Übungsfall: Von erschlichenen Einbürgerungen und Sprachnachweisen, ZJS 2015, S. 91 ff. (Verwaltungsrecht und Unionsbürgerschaft)

Herrmann/Krätzschmar, Grimmiger Großbauer sucht diskrete Datenverarbeitung, JURA 2013, S. 61 ff. (Verwaltungs[prozess]recht und EU-Recht, EU-Grundrechte)

Herrmann/Rosenfeldt, „Der Schlagbaum muss weg!", JURA 2018, S. 398 ff. (Referendarexamensklausur, straßenverkehrsrechtliche Anordnung, Rechts- und Fachaufsicht, Anwendung und Prüfung einer EU-Verordnung [Schengener Grenzkodex])

Hindelang/Berner, Referendarexamensklausur – Öffentliches Recht: Europarecht, Verfassungsrecht und Verwaltungsrecht – Jagdgenosse wider Willen, JuS 2013, S. 925 ff. (Verwaltungsprozessrecht, Nationales Recht und EMRK)

Hindelang/Berner, Fortgeschrittenenklausur – Öffentliches Recht: Europarecht und Verwaltungsrecht – Hier kommt die Maut!, JuS 2014, S. 812 ff. (Verwaltungsrecht, Diskriminierungsverbot)

Hussendörfer, „ÖR-Examensklausur zur Verfassungsbeschwerde im Mehrebenensystem", JURA 2021, S. 705 ff. (Recht auf Vergessen II)

Jukić, „Winterfreuden?", JA 2018, S. 761 ff. (Grundwissen Europarecht, Grundfreiheiten [insb. Niederlassungsfreiheit], unionale Gewaltenteilung, Rechtssache Dassonville)

Jukić, „Diese Ferienanlage verursacht Stress!", JA 2021, S. 660 ff. (Vorabentscheidungsverfahren, Dienstleistungsfreiheit, Kapitalverkehrsfreiheit)

Koppe, Zwischenprüfungsklausur: 30 Fragen zum Europarecht, ZJS 2018, S. 56 ff. (Grundzüge Europarecht)

Krenn, Fortgeschrittenenklausur – Öffentliches Recht: Europarecht – Steuerplanung im Binnenmarkt, JuS 2013, S. 428 ff. (Niederlassungsfreiheit, Unionsbürgerschaft, EU-Grundrechte, Nichtigkeitsklage)

Krätzschmar/Nastoll, Wenn einer eine Reise tut…, JURA 2014, S. 63 ff. (Vertragsverletzungsverfahren, Unionsbürgerschaft, EU-Recht und Völkerrecht)

Krönke, Referendarexamen – Öffentliches Recht: Allgemeines Verwaltungsrecht, Europarecht – „Beef um Beef", JuS 2012, S. 347 ff. (EU-Recht und nationales Verwaltungsverfahren)

Kühling/Drechsler, Semesterabschlussklausur – Öffentliches Recht: Europarecht – Schockbilder vor dem EuGH, JuS 2017, S. 335 ff. (Art. 114 AEUV als Kompetenzgrundlage, Verletzung von Unionsgrundrechten, Nichtigkeitsklage)

Kühling/Weiß, „Gute Nachbarschaft in Pandemiezeiten?", ZJS 2022, S. 54 ff. (Vertragsverletzungsverfahren, Warenverkehrsfreiheit, allgemeine Freizügigkeit aus Art. 21 AEUV, allgemeines Diskriminierungsverbot aus Art. 18 AEUV)

Lange, Referendarexamensklausur – Öffentliches Recht: Europarecht und Verfassungsrecht – Die verweigerte Vorlage, JuS 2016, S. 50 ff. (Vorabentscheidungsverfahren, Durchsetzung der Vorlagepflicht)

F. Michl, „Mia san mia" – Einheimischenmodell auf Bayerisch, JURA 2015, S. 202 ff. (Einstweiliger Rechtsschutz, Grundrechte und Grundfreiheiten)

Motzkus, (Original-)Referendarexamensklausur – Europarecht: Belgische Sprachenregelung und Art. 35 AEUV, JuS 2018, S. 1226 ff. (Warenausfuhr, Vorabentscheidungsverfahren)

Otto/Hein, Fortgeschrittenenklausur – Öffentliches Recht: Europarecht – Jetzt geht's um die Wurst!, JuS 2014, S. 529 ff. (Warenverkehrsfreiheit, Drittwirkung von Grundfreiheiten, EU-Grundrechte)

Pechstein/Serafimova, Fall Europarecht – Die freizügigkeitswillige Gesellschaft, JURA 2014, S. 203 ff. (Grundfreiheiten [insb. Niederlassungsfreiheit], Vorabentscheidungsverfahren)

Pollmann, Referendarexamensklausur – Öffentliches Recht: Grundrechts- und grundfreiheitenkonforme Zwangsmitgliedschaft – Strategische Erdgasreserven, JuS 2010, S. 626 ff. (Grundfreiheiten, Diskriminierungsverbot)

Safoklov, „Kauft deutsche Milch!", JA 2018, S. 194 ff. (Grenzüberschreitender Warenverkehr, Schranken der unionsrechtlichen Grundfreiheiten)

Safoklov, „Kein Glück mit dem Glückspiel", JA 2020, S. 601 ff. (Dienstleistungsfreiheit, Niederlassungsfreiheit)

Schiedermair/Koppe, Europarecht – Die Pkw-Maut, JURA 2016, S. 406 ff. (Primärrecht, Grundfreiheiten, Diskriminierungsverbot)

Schiffbauer, Fortgeschrittenenklausur – Öffentliches Recht: Völkerrecht, Europarecht und Verfassungsrecht – Kontrolle von EU-Außenhandelsbeziehungen, JuS 2017, S. 1190 ff. (Identitäts- und Ultra-vires-Kontrolle im Hinblick auf EU-Handelsbeziehungen, Verfassungsbeschwerde)

Schmidt am Busch/Kögel, „Demokratie hat ihren Preis!", JA 2015, S. 439 ff. (Informationsrechte des Bundestages im Rahmen des europäischen Integrationsprozesses, ESM, Organstreitverfahren)

M. Schröder/Berger, „Germany first", ZJS 2022, S. 210 ff. (Vertragsverletzungsverfahren, Art. 35 AEUV, Solidaritätsprinzip)

Schuster, Schwerpunktbereichsklausur – Öffentliches Recht: Europarecht, JuS 2019, S. 39 ff. (Europäisches Verfassungsrecht)

Semizoglu, „Nicht ohne mein Kopftuch", JA 2021, S. 579 ff. (Vorabentscheidungsverfahren, EU Grundrechte)

Staufer/Steinbach, Recht auf Freizügigkeit und Hochschulzulassung, JURA 2012, S. 883 ff. (Diskriminierungsverbot, Freizügigkeit, EU-Recht und nationales Verwaltungsverfahren)

Thiemann, Referendarexamensklausur – Öffentliches Recht: Unionsrecht und Verfassungsrecht – Die urheberrechtlich geschützten Sessel, JuS 2012, S. 735 ff. (Vorrang des Unionsrechts, Prüfungsumfang des BVerfG, Diskriminierungsverbot, Vorlagepflicht)

Ulber/Lukes, „Unbestelltes aus Europa", JA 2016, S. 255 ff. (Verbraucherschutz, Richtlinien als Auslegungskriterien bei zivilrechtlichen Ansprüchen)

Wiater, Schwerpunktbereichsklausur – Öffentliches Recht: Europarecht – Demokratie in Europa, JuS 2013, S. 720 ff. (Unionsrechtlicher Rechtsschutz, Demokratieprinzip)

Stichwortverzeichnis

Die Angaben beziehen sich auf die Randnummern des Buches